AF371279

Cité aussi comme populaire par plusieurs dictionnaires français.

AGOURRA. f. Gourrer. l. *v. a.* Tromper, frauder.

> Par que donc douna vous a comprendre,
> Que je vouay m'*agourra* et me rompre lou couay.
>
> Ant. Chapelon, p. **235.**

> Par ne pas m'*agoura,*
> Jy me mariarai pas.
>
> Boyron, *Chansons,* p. **16.**

Molard et M. Breghot du Lut, *Mél.,* t. II, p. **139,** donnent *gourer* et *agourer* comme du langage lyonnais.

Langued. et limousin. : *agoura, goura ;* tromper. (De Sauvages et Honnorat.)

Anc. franç. : *gourrer.* On le dit encore, mais en dehors du Dict. de l'Académie.

AGREVOU. f. *s. m.* Houx : Ilex aquifolium.

> Appouy sus un bâton
> D'*agrevou.*
>
> Chapelon, Noël VIII, p. **97.**

— P. dauphinois.

Aigrevo, houx. — Champollion-Figeac. (*Nouv. recherch.,* p. **166**).

Langued. : *agrevou.* (De Sauvages et Honnorat, v° *agarrus*).

Espagnol : *agrefolio.* — Italien : *agrifolio.*

Anc. franç. : *aigrefeuille ; grefeuille* ; le houx, ainsi nommé des piquants dont ses feuilles sont hérissées : *aquifolium, agrifolium.* (Roquefort).

AGRIME. l.   f. Larme.

> Ce que li fit tombo los *agrimes* dous yns.
>
> Parab. de l'Enf. prodig. en patois de Condrieu,
> par Cochard.

Langued. et Provenc. : *lagremo. lagrumo. grumo, lagrima.*

> Lou vici Ramoun eme sa femo,
> Touti dous gounfle de *lagremo.*

(Le vieux Ramon et sa femme, — Tous deux gonflés de larmes).

Mireio, ch. iv.

Anc. franç. : *lacrime, lacrimée.*

Ce dérivé du latin *lacryma* se retrouve avec une forme analogue dans toutes les langues néo-latines et dans la plupart des patois.

— P. savoyard.

> Helas ! Monseignou, per ma fey,
> La *grouma* m'en venave à l'ouei.
> (... La larme m'en venait à l'œil).

Farsa de Touannou dou trou.

AIGUE, aiguy. l. aigua, eygua. f. *s. f.* Eau, ruisseau, rivière.

Le Duchat, sur un passage de Rabelais, I, 24, où l'on lit, du vin *aigué,* pour du vin mêlé d'eau, dit que *aigue* est usité dans une partie de la Gascogne et à Lyon, où les bateliers disent : Beau rousseau, voulez-vous passer l'*aigue,* pour dire, la rivière.

Rubys, p. 366, rapporte qu'en l'année 1534, dans le Lyonnais, « les processions blanches furent si fréquentes que l'on ne voyait soir et matin que ces pauvres gens de village, qui alloient criants en leur gavot : *Sancta Maria, d'aiguy, d'aiguy, d'aiguy !* »

> Parque melle tu d'*aigua* o vin.

CHAPELON, *Chansons,* p. 156.

> D'*aigua* de la Font-Fort.

Id., *Testam.,* p. 80

(La Font-Fort est le nom populaire de la source minérale de Saint-Galmier).

You ere bien fota d'*aigua* si cy lous ant pas neyi.
(C'était bien faute d'eau s'ils ne les ont pas noyés).

Poëme sur le 9 thermidor.

A c'est pas étonnant si lou Feron (le Furens) n'a plus d'*aigue*
pour faire la buye, puisqu'on la mette dans le vin.

Lanossier, *Moussue Progrès*, p. 6.

Le *Ballet forésien* écrit *eygua*.

Guillot, touta l'*eygua* de Leyri
Me farit pas autra que neyri.

(Guillot, toute l'eau de la Loire — Ne me ferait pas autre que noire).

C'est aussi par un *e* que ce mot est écrit dans les
pièces de Rive-de-Gier et Saint-Chamond.

La puyantsou, l'*ega*, lo foué volajo,
Rien dins lo poué n'ébrande son corajo.

(L'infection, l'inondation, le feu grisou, — Rien dans la mine
n'ébranle son courage). Roquille, *Lo Pereyou*, p. 4.

Gni fan sintre dez *egue*.
(On lui fait sentir des eaux).

Savel, *Mariage de Jean*, p. 5.

— P. dauphinois.

La bon' *eyga* toujours se trove vers la soursa.

Pastor. de Janin, acte III, sc. II.

Dins toute le meison de pertout l'*aigua* entrave.

Grenoblo malherou.

Aigua vient-il du latin *aqua*, ou d'une autre langue
de même famille que le latin? Vient-il notamment du
celtique *aig* ou *eyg?* Ce qui est certain, c'est qu'il se
retrouve avec de légères variantes dans toutes les langues néo-latines. L'italien lui-même, qui a *acqua,* employait aussi jadis *aigua.*

Apprenda virtute com' *aigua* spungia.
(Que votre cœur saisisse la vertu comme l'éponge prend l'eau).

Guitton d'Arezzo.

Aigue était aussi usité en ancien français.

Il li doit donner à manger et à boire suffisamment. au moins pain et *aigue.*
Assises de Jérusalem, cit. par le Gloss. de Ducange.

Il est resté dans presque tous les patois de langue d'oc et de langue d'oil. Il a laissé en français les noms de ville, Aigues-Mortes, Aigue-Perse, Aigue-Belle, etc., et on le reconnaît encore dans les mots, Aiguière, aiguade, aiguayer, etc.

AIME, AYMO, EMO. L. EMOU, EIMOU, EYMOU. F. *s. m.* Esprit, intelligence, bon sens, discernement.

Il a mais d'*aime* que n'est grand.
(Il a plus d'esprit qu'il n'est grand).
Chanson lyonnaise du XVIIIe s., Coll. des Biblioph. lyonnais, p. 70

Retiens met cet adajo
Qu'est plein d'*aymo* et surtout qu'est ami de la paix.

(Retiens-moi cet adage — Qui est plein de sens, et surtout, etc.)
Hymna à la Concorda, p. 22.

Le P. Menestrier écrit *emo* dans le passage suivant où il donne son opinion sur l'étymologie du mot :

« On dit en proverbe, à Lyon : *Tu n'as jin d'*EMO, *vas en cherchi à Trévoux*, pour dire tu n'as point d'esprit : parce qu'on y vend en deux manières les denrées, au poids, ou à l'estime, ce que l'on dit à Paris, à la main; et à Lyon, *à l'emo*, en vulgaire et langage du peuple. Or la monnaie de Trévoux se marquait autrefois à l'M, à cause de la maison de Bourbon-Montpensier à qui était cette souveraineté, et comme on y faisait quantité de liards marqués de cette sorte qui avaient cours à Lyon. de là vint le proverbe qui est une vraie énigme, parce qu'il est entendu de peu de gens. »
La Philos. des images énigmat., p. 45.

On lit aussi *emo* dans Roquille.

Or donc, si queles geins ant l'*emo* de compreindre

Que ce qu'o bolie in jour l'autro jour o pot preindre.

(Or donc, si ces gens ont le bon sens de comprendre — Que ce qu'on donne un jour on peut un autre jour le prendre).

Discours, 1858, p. 9.

Les auteurs forésiens écrivent toujours ce mot par *e*, *ei*, *ey*.

El te jurou par mon batemou
Tout de bon sen et de bon *emou*.

Ballet forésien.

A que sert ou de tant s'écourpela
Par avez d'*emou* et d'argent de tous la ?

(A quoi sert de tant s'échiner — Pour avoir de la science et de l'argent de tous côtés). Ant. Chapelon, *Bobrun*, p. 251.

L'*eimou* et la raison ne sant plus où lougier.
(..... Ne savent plus où loger).

Chapelon, *La Misera*, p. 190.

Quante noutron Seignou fezit la part de l'*eymou*,
Vou n'y aguit, par ma fey, que leveront lou deymou.
Par met, gros pereyzou, je ne foüai que glana ;
Aussi l'*eymou* que j'ai me baille pas dina.

(Quand notre Seigneur fit le partage de l'esprit, — Il y en eut, par ma foi, qui levèrent la dime. — Pour moi, gros paresseux, je ne fis que glaner ; — Aussi l'esprit que j'ai ne me donne pas à dîner).

Id., *Thèse*, p. 228.

Imagina in hommou, par z'o dire tout net,
Sageou, pouli, plein d'*eymou*.

Poëme sur le 9 thermidor.

— P. dauphinois : *aymo*, bon sens : Champollion-Figeac, *Nouv. recherch.*, p. 55.

— P. bressan : *emo. Noëls bressans*, édit. Le Duc., p. 17, 63, etc.

— Langued : *imé*, bon sens, discernement, etc. *Fa qicon d'imé* ; faire quelque chose d'idée, ou sans modèle. (De Sauvages).

Honnorat cite *esme*, *eime* et *eyme*, dans le même sens, comme limousin, languedocien et provençal.

On trouve fréquemment *esme* en ancien français.

> Après souper qu'on perd souvent son *esme*.
>
> J. Bouchet, *Ep.* 34.

Voir le Gloss. de Roquefort, aux mots *eme*, *eyme*, *eysmer*, *aesmer*, *aesmance*.

Le Lexique de Raynouard et le Gloss. de Ducange, aux mots *esmerare*, *esmerum*, ne le donnent qu'avec le sens d'Estimation.

Ce mot a fort exercé les linguistes. M. Champollion-Figeac, sous l'influence des préoccupations philologiques qui étaient alors dominantes en France, attribue *aymo* au celtique, sans autre explication. La plupart, comme le P. Menestrier, dans le passage ci-dessus cité, y voient une abréviation de l'ancien français *aesmer*, syncope du latin *œstimare ;* d'autres un dérivé de *animus* et d'*anima*, *aneme* et *anme* en ancien français.

Je serais porté à croire, avec Roquefort, qu'il y a là deux mots originellement différents, confondus ensuite en un seul :

Aime, esprit, intelligence (il n'a point d'aime), venant d'*animus*, *anima ;*

Et *esme*, estimation (acheter à l'esme), venant d'*œstimare*.

Nous aurions dans ce cas un exemple de ces mots que le *Dictionn. histor. de la lang. franç.*, p. ix, appelle des mots mixtes, apportés à la langue par la jonction d'un double courant.

AMAT. ꜰ. *s. f.* Pétrin, huche à pétrir la farine et qui sert aussi de coffre aux paysans.

Sa grilli, son charbon, son *amat*, sa saleiri.

CHAPELON, Testam. de Bellemine, p. 181.

— P. dauphinois.

D'où je seu plus boudra que la pala en l'*amat*.

Pastor. de Janin, acte IV, sc. III.

Langued.: *mach. mak.* — Provenç.: *mastra.*

Catalan : *mait*; — roman : *mag*; — italien et basse latinité : *madia*; — grec : μαγις et μακτηρ.

Anc. franç., *Mée, met, meyt.* (Roquefort et Ducange, v° *Madia*).

Mon nez s'eslevoit et croissoit comme la paste dedans la *met.*

RABELAIS, liv. I, ch. XL.

Mée est encore usité avec quelques diversités d'orthographe en Bresse et en Bugey, en Bourgogne, en Picardie, dans le Haut-Maine, etc.

ANCHI, INCHI, ANCHE. L. et F. *s. f.* Cannelle, robinet.

Un *anchi* de tounai.

CHAPELON, Testam. de Bellemine, p. 180.

Molard cite *anche* comme une expression vicieuse employée à Lyon pour désigner un tuyau de bois qu'on met aux cuves et aux tonneaux afin d'en tirer du vin; il faut dire, ajoute-t-il, Cannelle ou canelle, Tirer du vin par la canelle.

On dit *inchi* dans les campagnes du Lyonnais.

Le Gloss. de Roquefort donne *enche* comme la meilleure orthographe de ce mot en anc. français; il le traduit par Canal, conduit, gouttière, et le dérive du grec εγχεω, *verser*.

Le Diction. de l'Académie cite encore *anche*, petit conduit par lequel la farine coule dans la huche du moulin; *anche*, bec du basson, du hautbois et de la clarinette ; *anche d'orgue*, demi-tuyau de cuivre qui se met dans les tuyaux d'orgue.

ANEILLE. F. **ANILLE**. L. *s. f.* Espèce de béquille.

> Mais lou destin fatal que ne l'amave pas
> Ly mettet douay z'*ancille*, una sous chaque bras :
> *Aneille* précieuse, o sutin respectablou
> Quaut pourtat un guerrier, si fier, si redoutablou.
> Jac. Chapelon, *Testam. de Tourran lou raccord*, p. **276**.

Molard, 1810, et M. Breghot du Lut., *Mél.*, t. 1, p. 267, citent *anille* comme du langage lyonnais. M. Breghot du Lut le fait venir d'*anilis*, Ce qui appartient à une vieille femme.

Cité aussi par le Gloss. de Roquefort et par plusieurs Dict. franç. comme de l'ancien langage.

— P. bressan.

> E dancheron, lou matassin,
> Sans *anille*,
> Sans béquille,
> *Noëls bressans*, édit. Le Duc, p. **22**.

ANOT. — V. ANUY.

ANQUILIN, **ENQUILIN**. L. *adj.* et *sub. m.* Habitant, locataire, voisin, ami.

> Vo ne m'aii po solomen dono in motru chouro par me devarti avai mous *anquilins*.

> (Mot à mot : Vous ne m'avez pas seulement donné un méchant chevreau pour me divertir avec mes amis).
> Parab. de l'Enfant prodigue, trad. en patois de Condrieu par Cochard.

Enquelin dans les *Mél.* de M. Breghot du Lut, t. I, p. 270.

C'est une altération de *inquilin*, venu du latin *inqui-*

linus, dont le sens primitif est Habitant, locataire, et, par extension, Voisin, ami, familier.

> *Anima est* INQUILINA *carnis.*
> TERTULLIEN, *De resurr. carnis*, cap 46.

« Laquelle maison appartient à M. Guyot, le revendeur de vieux drapeaux, où habite aussi comme *inquilin* maistre Arthus le Cornu, huyssier et sergent à verge au Chastelet de Chambery. »

> *Formulaire fort récréatif de tous contrats*, édit. Techener, p. 64.

— P. dauphinois.

> Celou porou quartie sont ben si matraita
> Que tous lous *inquelins* songeon de lou quitta.
>
> *Grenoblo malhérou.*
>
> Lous *inquelins* déjà sont monta chez lour maitres.
>
> *Grenoblo inonda.*

Dans le langage populaire de Genève, *inquilin* est employé au sens de Locataire, et au sens d'Étranger, suivant Topffer, *Le Presbytère*, XLIII et LII.

ANUY. L. ANOT. F. *adv.* Ce soir, cette nuit.

Il a parfois un sens moins restreint et signifie simplement Aujourd'hui.

> Si *anuy* to galan te povon veny vey.
> Je loz assomerai à grands cou de pavey.
>
> (Si ce soir les galants te viennent voir. — Je les assommerai à grands coups de pavé).
>
> *La Bernarda buyandiri*, p. 11.
>
> *Anot* de vez lou sey.
>
> (Aujourd'hui, vers le soir).
>
> CHAPELON, Noël I, p. 77.

Ce mot paraît avoir une double origine : 1° un composé du latin *nox* ou du français *nuit ;* 2° un composé de l'ancien français *huy, hui, ui,* aujourd'hui.

Le double sens qui dénote cette double origine se remarque dans l'ancien français et dans plusieurs patois, notamment dans les expressions langued. et provenç.: *Anuech, anech, aneu, aneit, anet.* (De Sauvages et Honnorat).

Il faut même reconnaître que le sens de Aujourd'hui est beaucoup plus fréquent que l'autre en ancien français.

> Tu mourras, il est tout certain,
> Et ne sçais *ennuyt* ou demain.
>
> *Moralité de charité.* Anc. Théât. Franç., t. III, p. 354.

« Colin Raoullians, oncle de Barigot, lui dit : Beau neveu, va-t-en, tu es bien taillie de faire *ennuit* une grant folie. »

> *Lett. remiss.*, 1390. Gloss. Ducange.

— P. dauphinois.

> La grand' eygruisassi
> Que lo sanglard a fat a votron frare *anot.*
> (La grande déchirure que le sanglier a fait à votre frère aujourd'hui).
>
> *Pastor. de Janin*, acte II, sc. II.

— P. du Velay.

> N'ay rien mandja d'*aneuy*, donna m'en pau de soupa.
> (Je n'ai rien mangé d'aujourd'hui, donnez-moi un peu de soupe)
>
> *M. Lambert*, comédie d'Ant. Clet, du Puy.

C'est encore un exemple de deux mots différents qui se sont confondus dans le langage du peuple en y perdant l'un et l'autre un peu de leur précision.

APIA, APIO. F. *v. a.* Atteindre, saisir, gagner.

> O l'allave de not *apia* quauque jalena
> Qu'au venit peu mingie entre lu et sa fena.

(Il allait de nuit marauder quelque poule — Qu'il venait ensuite manger avec sa femme).

> Jac. Chapelon, *Educat. dos effants*, p. 268.

> O vet par la fratarguito
> Que n'*apiarous* l'étarguito.

(C'est par la fraternité — Que nous gagnerons l'éternité).

> Roquille, *La Gorlanchia*, p. 38.

Apio lo paradzi. (Gagner le paradis).

Id.. Ballon d'essai, p. 39.

— P. mâconnais.

> Y e vay qu'i l'ussian maussacray,
> Mai i ne puron l'*apiai*.

(Il est vrai qu'ils l'eussent massacré, — Mais ils ne purent l'atteindre).

Noëls mâconnais, p. 62.

Provençal : *apiar*, approcher.

Apia paraît avoir pour origine un ancien mot latin, *apere*, dont le sens était Joindre, lier. Je lis au Glossaire de Ducange, v° *apex :* « Apex est pileum subtile « quo sacerdotes gentiles utebantur, appellatus ab « *apiendo*, id est a ligando. Isidor. lib IX. Orig. cap. « 30. — Festus vero ; Apex, qui est sacerdotum insi-« gne, dictus est ab eo quod comprehendere antiqui « vinculo *apere* dicebant, undè *aptus* qui convenienter « alicui junctus est. »

Apere a laissé en latin *apisci* et *adipisci*.

APINCHIE. F. **APINCHER.** L. *v. a.* Epier, guetter, attendre.

> Y parmenant lous yo
> Par *appinchie* de loin si ey verant lour vassio.

(Elles promènent leurs yeux — Pour épier de loin si elles verront leur amoureux).

Ant. CHAPELON, Caracterou de' le filles, p. 236.

> O sarre les dents quand o crache,
> O fat qu'*appinchie* ses moustaches
> Et sous galoun de courpoura.

(Il serre les dents quand il crache, — Il ne fait que lorgner ses moustaches, — Et ses galons de caporal).

Chans. de PHILIPPON, 1842, p. 23.

> Enfin a po compto su cou long personnajo,
> Don lo noz gigantesque efface lo visajo,

> Parvu qu'a l'y promete ou bout d. quoque jours
> lna decoration qu'al *apinche* toujours.
>
> (Enfin il peut compter sur ce long personnage — Dont le nez..... —
> Pourvu qu'il lui promette... — Une décoration..)
>
> Roquille, *Lo Deputo manquo*, p. 11.

V. aussi Molard, **1810**.

Langued. et prov : *espinchar*, Regarder, guigner.

Roman : *espinctar, espingar*.

Italien : *espieggiare*.

V. plus loin pinchie.

APLECHI. f. v. a. Approvisionner, fournir.

> Le saque bien garnia, bien *aplechi* en fenes.
>
> (Les poches bien garnies, bien approvisionnés en femmes).
>
> Jac. Chapelon, *Testam. de Tourran*, p. 275.

L'abbé Baudin, dans son *Poème sur le 9 thermidor*, dit ironiquement d'un individu qui avait été maire à Saint-Etienne :

> Durant dizivet mey que n'on fimou *aplechi*.
> (Pendant dix-huit mois que nous en fûmes affublés).

Langued. et limousin : *aplecha, oplecha*, Ajuster, façonner, former. (De Sauvages et Honnorat).

Le Gloss. de Roquefort cite *aplejer, applegier*, qu'il fait dériver de *pleige*, gage, et qu'il traduit par Cautionner, dans le passage suivant de Joinville :

> Il m'*apleja* en la ville ce qu'il me failli pour vestir et pour moi atourner.

Le Gloss. de Ducange donne aussi *aplegiare, plegium seu vadem dare*.

APPONDRE. l. et f. v. a. Atteindre, joindre, ajouter.

> Quand méme qu'on pourrait *appondre* à cette somme.
>
> *Epit. à mon cousin Greppo. Petites sœurs des pauvres*, p. 12.

> La rue Impériale,
> Qui de la Comédie et sans un seul détour,
> Vient *appondre* tout droit au coin de Bellecour.
>
> *Embelliss. de Lyon*, p. **15**.

> Tu dzis pro, Phalibart ; mais venont le faetzures,
> Si l'os pas de que *appondre*, i te n'ein faut de dzures.

> (Tu dis prou, Philibert ; mais viennent les factures. — Si tu n'as pas
> de quoi joindre, *de quoi payer*, on t'en fait de dures).
>
> Roquille, *Les Guaduaises*, p. **34**.

Langued.: *apoundre* : — Provençal : *appoundre*.
Roman : *aponher*, *apondre*.

Il a certainement pour origine le latin *apponere*, et
a des analogues dans les langues néo-latines : *apporre*
en italien, *aponer* en anc. espagnol. Roquefort cite en
ce sens *aponer*, anc. fr.

Le contraire d'*apondre*, en patois, est *dépondre*.
V. ce mot.

APONSE. L. *s. f.* Pièce qu'on met à une robe ou à un meuble
pour l'agrandir. Cité avec cette interprétation par Molard, 1810.

Le Gloss. de Ducange donne : *aponsam facere ; im-
mittere tigna :* Mettre ou appuyer des poutres sur un
mur voisin ; et il cite cette locution dans une charte
de Thoissey en Dombes de 1449.

ARAIRE, ARORE. L. et F. *s. m.* Charrue.

> Des la pointe do jour et memoue avant l'aurore,
> Il attalon lou bao par traina louz *arore*.

> (Ils attèlent les bœufs pour...)
>
> Savel, *Mar. de Jean*, p. **19**.

Ce mot désigne dans notre province la plus simple
comme la plus ancienne des charrues. — V. le *Dict. de*

Nicot et M. Breghot du Lut, t. 1, p. 267. — Les charrues nouvelles y ont des noms spéciaux.

Il est évidemment formé du latin *arare*, labourer; *aratrum*, charrue.

Il était usité en roman et en anc. franç.

> Sangar picque ses bœufs et d'un luisant *araire*
> Retrace les sillons de son champ tributaire.
>
> DUBARTAS, La Semaine.

Il a son analogue dans toutes les langues néo-latines et dans tous les patois du midi de la France.

— P. dauphinois.

> Tantou l'on la veyet come una isla flotan'a,
> Garnia d'abro frutier, d'*araro*, de charriots.

(Tantôt on la voyait (*l'Isère*) comme une ile flottante, — Couverte d'arbres fruitiers, de charrues, de chariots qu'elle entrainait).

Grenoblo malhérou, p. 17.

— Langued. :

> Negus meteats la sua ma el *araire* e esgardans atras no es covinable del regne de Deu.

(Quiconque ayant mis la main à la charrue regarde derrière lui n'est point propre au royaume de Dieu).

Dict. de De SAUVAGES.

— Provenç.:

> Que li sagaire e labouraire
> Quiton li daio et lis *araire*.

(Que les faucheurs et les laboureurs — Quittent les faulx et les charrues).

Mireio, ch. ix.

ARCHA. F. *s. f.* Coffre.

> Se jaivie, sou zusiaux, se z *arche*, son buffet.
> (Ses cages, ses oiseaux, ses coffres, son buffet).
>
> CHAPELON, Testam. de Bellemine, p. 181.

C'est le mot latin *arca* conservé avec son véritable sens.

Il l'avait en roman (Raynouard) et en anc. français (Roquefort et Ducange).

> Que la dicha communauta aia *archa* communa.
> (Que ladite communauté ait caisse commune).
>
> *Charte de Grealon*, rapp. par Raynouard.

> Mieux vault gaige en *arche*
> Que pleige en place.
>
> *Proverbes français*, Leroux de Lincy, t. II, p. 63.

Il l'a encore en languedocien, en provençal, en espagnol, en portugais et en italien.

— P. dauphinois.

> La pora dolcirousa u lumen du cruzicu,
> Patcave son *archi*.

> (La pauvre malheureuse, à la lumière de sa lampe, — Brassait son coffre).
>
> *Le Banquet de le faye*, p. 13.

On appelait à Saint-Etienne, *les arches*, de grands coffres en bois à demi enterrés sur la rive droite du Furens, au Pré de la Foire (place Royale), et recevant l'eau de la rivière par des ouvertures garnies de grilles. Depuis le XVIe siècle, ces coffres servaient de réservoirs pour le poisson. Les portes, placées à la partie supérieure, servaient aussi de lit de camp la nuit et de salle de jeu le jour aux vagabonds et aux gamins de la ville. — V. le *Dict. gaga* de Linossier.

C'est en ce sens que Philippon a dit dans une de ses chansons, 1853, p. 25 :

> Tous lous rolos ne sount pas sur les *arches*.
> (Tous les rouleurs ne sont pas...)

ARCHIPOT. F. *s. m.* Étuvée, hochepot, viande hachée et cuite dans un pot.

> Et son petit tupin par faire d'*archipot*.
>> CHAPELON, *Testam. de Bellemine*, p. 181.

Langued. et provenç. : *archipot*.

> Te boutarai en *archipot*.
> (Je te mettrai en chair à pâté).
>> DE SAUVAGES, *Dicton languedocien*.

On dit aussi dans quelques provinces *hachepot*, ce qui est peut-être la véritable forme étymologique de ce mot.

ARPA, ORPA. F. *s. f.* Griffe, serre.

> Faut faire un effort
> Par pouaire s'empachier de l'*arpa* de la mort.
>
> (..... Pour pouvoir échapper aux griffes de la mort).
>> CHAPELON, *La Misera*, p. 199.

> Ly voué faire sientzi l'*orpa* de la Gotou.
> (Je vais lui faire sentir...)
>> ROQUILLE, *Les Ganduaises*, p. 17.

— P. bugiste.

> Libera nos de l'*arpa*
> De celtoz usuri.
>> *Noël du Bugey*, édit. LE DUC, p. 120.

— P. dauphinois.

> Et garda ma maison de l'*harpa* du larron.
>> *Pastor. de Janin*, acte IV, sc. IV.

Langued.: *arpo*. — Provenç.: *harpa*.

Roman : *arpa*.

Anc. franç.: *harpe*, griffe.

De Sauvages le fait dériver du latin *arripio*; Honnorat du grec Αρπαξ

Le Diction. de l'Acad., 1835, a conservé comme familier *harper*, Prendre et serrer fortement avec les mains.

ARPION. F. et L. *s. m.* Ongle, griffe.

> Et de so cinq z *arpions* ly broyant la corgniole
> (Et de ses cinq griffes lui broyant la gorge).
>
> ROQUILLE, *Les Ganduaises*, p. 8.

ARPI, HARPIE. L. *s. f.* Perche armée d'un crochet dont se servent principalement les bateliers des environs de Lyon ; croc. — V. Molard, *Mauvais langage.*

— P. dauphinois.

> Avei croc et *arpi.*
>
> Lo Balifel de la Gisen, p. 44.

Armati securibus et *harpis.* — Vita de Ottonis, cit. au Gloss. de Ducange, v° *arpagare.*

ARQUETA, HARQUETA, F. *v. a.* Parer, ajuster.

> Aussi bien *arquetats* que de princes du sang.
> Habillit propramen et très-bien *harqueta.*
>
> CHAPELON, *Entrée solenn.*, p. 129, 131.

Langued. : *arquetar, arketa.*

Le Gloss. de Roquefort donne, comme anc. français, *arquoi*, Ajustement, parure de femme.

ARRANCA. F. *v. a.* Traîner, arracher.

> Et fodra don toujours que lo dzablo t'imbanche
> Ou bus de vet Cozon onte Piarre l'*arranche*.
>
> (Il faudra donc toujours que le diable te conduise—Au bois de Couzon où Pierre t'entraine).
>
> ROQUILLE, *Ballon d'essai*, p. 29.

Langued. et provenç. : *arrancar.* On le trouve en catalan, en espagnol et en portugais.

Il est aussi roman. Raynouard le fait dériver du roman *renc*, rang, ligne; et Honnorat du latin *eradicare. radix.*

Le Gloss. de Ducange « a *arrancare, evellere : Quicumque furabitur vel* ARRANCABIT *aliquam arborem. Statut massil.* »

ARRAPA. F. ARRAPER. L. *v. a.* Saisir, prendre, attraper.

ARRAPA (S'), S'ARRAPER. *r. pronom.* S'attacher à.

> L'amour l'at *arrapé*, cet enfant.
>> *Les Canettes*, p. 221.

> La chamizy *arrapal* o quio.
>> *Ballet forésien*, p. 10.

> Se l'y *arrapet* lou na et lou coupet tout net.
> (Il s'y prit le nez et le coupa tout net).
>> CHAPELON, *Entrée sol.*, p. 120.

> A n'eut pot termino qu'in nommo Moucheron
> L'*arrape* brusquament et lo mene de rond.
>> ROQUILLE, *Les Ganduaises*, p. 38.

Molard cite Arraper et s'arraper comme du langage populaire de Lyon. Il le fait venir du latin *arripere*.

— P. dauphinois.

> Je scavo mieu que vo où se faut *arrapa*.
>> *Pastor. de Janin*, acte III, sc. 1..

Provençal :

> Per pousque ben tenir tout ce qu'an *arrapats*
>> DIOULOUFET, épître, p. 13.

Langued. : *arapa* ; catalan et espagnol : *arrapar* ; italien : *arrapare.*

Roman : *arrapar.*

Roquefort et Ducange citent Araper et arraper, anc. français, et *arrapare* usité dans la basse latinité. « Jaquemetus insequtus fuit ipsum Johannem et cum *arrapavit.* Indic. 1370. — De chaulde colle ou meslée le suppliant *arapa* ledit Pierre au col. Litt. remiss. 1456. »

ARTA BALARTA (A L' . F. Au hasard, à l'aventure.

> Ere un homou d'esprit qu'entendit bien la carta
> Et que n'a jamais ren fat *a larta balarta*.
>
> (C'était un homme d'esprit...)
>
> Chapelon, *Entrée sol.*, p. **122**.

Il faut écrire *a l'arta, bal'arta*.

On trouve dans le Diction. du patois du bas Limousin par Beronie :

Artobal, o bel artobal, expression adverb., Au hasard, à l'aventure, inconsidérément.

ARTYO. F. ARTEIL. L. *s. m.* Orteil, le gros doigt de pied ; doigt de pied, en général.

> Endé la scima do chavyo
> Tan qu'a le z ongle doz *artyo*.
>
> (Depuis la pointe des cheveux—Jusqu'aux ongles des doigts de pied).
>
> *Ballet forésien.*

Artès, dans Roquille, *La Ménagerie*, p. **13**, et *La Gorlanchia*, p. **27**.

M. Breghot du Lut cite un passage de Paradin, *Mém. de l'hist. de Lyon*, où on lit, La pointe du gros *arteil*. Il fait observer, après Ch. Nodier, que *arteil*, employé par le peuple de Lyon, est formé directement sur le latin *articulus* et beaucoup plus étymologique que *orteil*, qui en est une altération.

Arteil se disait, d'ailleurs, en anc. français. Il est resté avec cette forme dans les patois du midi de la France et dans la plupart des langues néo-latines.

— P. dauphinois.

Arteu, dans le *Banquet de la faye*, p. **18**.

— P. savoyard.

> Per avey dy que valei mio

Es *artay* que to notron dou.

(Pour avoir dit qu'il — *Le roi de France* — Valait mieux dans son
orteil que notre duc tout entier).

Farsa de Touannou dou trou.

ASSADA. F. *v. a.* Goûter, essayer.

O n'y a chassi que de vio chin,
N'abiorajou que de vin vio,
Que d'*assada* on n'ame mio.

(Il n'y a chasse que de vieux chien. — Ni breuvage que de vin vieux,
— Que de goûter on n'aime mieux). *Ballet forésien.*

J'*assadou*
Lou vin un po fort,
Trey vey mio qu'un maladou.

(Je goûte le vin un peu fort, — Trois fois mieux qu'un malade.
CHAPELON, *Chans.*, p. 159

Dzit ais : Tout nous tonte ;
Mais po nous countonte ;
Par mio-z-*assada*,
Vous faut-z-'affana.

(Il dit : Tout nous tente ; — Mais peu nous contente ; — Pour
mieux le savourer, — Il faut le gagner).
Chans. de PHILIPPON, 1853, p. 15.

Je regarde *assada* comme un dérivé du roman
assaljar, assaiar, Éprouver, essayer. *Assagear,* provençal ; *assaljar,* catalan ; *assaggiare,* italien.

Le Glossaire de Ducange, qui donne, comme employés en basse latinité, *assaghare* ; tentare, experiri ;
et *assaia,* examen, probatio, cite le texte suivant, où
l'on retrouve précisément le sens de nos citations patoises :

Major et ballivi in temptatione seu *assaia* hujusmodi panis et
cervisiæ negligentes.

(Le maire et les baillis négligents dans la vérification du pain et
de la bière).

ASSUPA, ASSUPER. F. *v. a.* Heurter, choquer.

> Un lozou m'*assupet*, je bouquio la charreyri.

(Une pierre me heurta, je baisai le pavé de la rue).

CASELLES, *Requéte*, p. 205.

> Quand o cret bien marchie, vou eyt adonc qu'au s'*assupe*.

(Quand il croit bien marcher, c'est alors qu'il se heurte).

Id., *Thèse*, p. 226.

Langued. : *supa, assupa;* provenç. : *assupar, assipar.*
Anc. franç. : *asouper.*

Ducange, v° *assopire*, lui donne originellement le sens de Suspendre, retenir, arrêter, et, par extension, celui de Choquer :

> Ledit Jehan qui portoit ledit faiz... en alant à son hostel... il se *assopa* à aucune chose en la rue et chut en un fangaz.

Lettr. rem., 1383, citées par Ducange.

ASSURE. F. *v. a.* Achever, terminer.

> Tranta jouaïnous cadets que s'eriant assemblat.
> Sur la fin do charna, *assuiront* lou plat.

(Trente jeunes cadets qui s'étaient assemblés, — Sur la fin du carnaval, achevèrent le plat).

CHAPELON, *Entrée sol.*, p. 140.

> Nous commençons ben l'an, sat-on qui l'*assura* ?

(.... Sait-on qui le finira ?)

Id., *Misera de Sant-Eliève*, p. 202.

> Son corps ey tant *assut* de tion et de vieillessa.

(Son corps est tant usé par le temps et la vieillesse).

Id., *Requéte*, p. 206.

> O l'aït coumonci, o pouit po *assure*.

(Il avait commencé, il ne put pas finir).

Poème sur le 9 thermidor.

> Voué tzun vin que pot sola
>   Que de se maria ;
> Avant voulou *assure* a loun
> Ma piquetta de garçoun.

(C'est un vin qui peut enivrer. — Que le mariage ; — Auparavant
je veux finir à fond — Ma piquette de garçon).

Chans. de PHILIBON, 1853, p. 3.

— P. bressan.

Quin l'eut bin *assui*, la famena se bete din lou pays que l'ere.

(Quand il eut tout dépensé, il survint une grande famine dans le
pays où il était.

Parab. de l'Enfant prodig., trad. en pat. bressan par M. SIRAND.

Honnorat, dans son Diction. provenç., cite *assouire*,
Achever, qu'il fait venir du latin *adsopire*, Assouvir, et
qu'il dit peu usité.

Notre mot a probablement la même origine que l'ancien français, Assouvir, assovir, qui signifiait Achever,
conclure, accomplir : *absolvere*.

A l'aide de Dieu, le livre est *assouvi* en deux parties.

JOINVILLE, édit. CAPPERONNIER, p. 1.

Le Gloss. de Roquefort cite aussi un passage de
Villehardouin, où ces mots : *ne emi*, *ne assum*, signi-
fieraient, Ni à demi, ni complètement.

ASTURA. L. *adv.* A présent, à cette heure.

J'ai toujours ayeu (eu) soin du bien,
Et *astura* gè n'arai ren (aurai rien).

Lyon en vers burlesques, part. I, p. 18.

Cette abréviation, qui n'a pas passé dans le langage
de l'Académie, était usitée en ancien français.

Moy *asteure* et moy tantost sommes bien deux.

MONTAIGNE, *Essais*, liv. III, ch. IX.

Elle est restée dans un grand nombre de patois.

— P. dauphinois :

Le caffé parisién qu'est *astheura* à la moda.

BLANC LA GOUTTE, *Epit. sur les réjouissances. etc.*, p. 16.

— P. normand :

> Or *asteure* chy qu'oz a vaincu Mégère.

> (Or à présent celui qui a vaincu Mégère.

David, La Muse normande, p. 77.

V. aussi le Vocabul. du Haut-Maine, v° Asteure.

ATOU, ato, haste. l. et f. *s. m.* Broche à faire rôtir les viandes.

> Qua tu non vau qua viri l'*atou*,
> Et en un carou de cuffin
> Garda de rama lou tupin.

(Car tu n'es bon qu'à tourner la broche — Et dans un coin du foyer
Garder le pot de brûler).

Ballet forésien.

> Un *atou* vio inquo qu'o set de bois.

(Une broche vieille, encore qu'elle soit en bois).

Ant. Chapelon, Inventoirou, p. 246.

> Son tavet frappa d'un tranchu,
> Ne sery ty pas ben fachu
> Et puy d'un grand *ato* de fer ?

'Si on t'avait frappé d'un tranchoir. — Ne serais-tu pas bien fâché,
— Et puis d'une grande broche en fer,?

L'ordre tenu en la chevauchée faicte à Lyon, 1566.

(Ces vers du programme débité par les supposts du seigneur de la Coquille sont expliqués par le passage suivant du récit en prose :

« Et au dernier d'icelle compagnie y avoit un homme monté sur un asne et une femme après luy qui portoit un tranchoir de boys d'une main et en l'autre un grand *haste* de fer représentant celuy qui avoit ainsi esté battu de sa femme, au lieu et distroict de la juridiction dudit chevalier de Sainct-Romain. »)

L'historiette suivante, rapportée par Louys Garon dans son recueil d'anecdotes, intitulé *Le Chasse-ennuy*, prouve qu'on employait encore le mot *haste*, à Lyon, au XVIIe siècle.

> « Bernardin de Pistoye, demeurant à Lyon, à la maison du sieur Ponuize, banquier, avoit ouy dire qu'une *broche* estoit meilleur françois qu'un *haste*. Quelques jours après, un paquet de lettres tomba entre ses mains, qui s'adressoit à Paris, sur lequel estoit écrit : à *l'haste, à l'haste*. Bernardin pensant que ces lettres fussent envoyées à l'hostellerie de *l'haste*, prit sa plume, et effaçant *à l'haste*, il écrivit : *à la broche, à la broche*. »
>
> *Le Chasse-Ennuy*, 1633, t. I, cent. v., p. 436.

Atou, haste, ont été formés du latin *hasta*.

Langued., provenç. et catalan : *aste*.

Roman . *ast*.

Anc. franç.: *haste*.

ATRUT. F. *adj.* Heureux, fortuné.

> Ren pru gourrye nou se pot veyre
> Ren pru *atrut*, ny pru héron,
> Alizon, que d'estre amourou.

(Rien de plus beau ne se peut voir. — Rien de plus fortuné, ni de plus heureux, — Alizon, que d'être amoureux.)

Ballet forésien.

Roman : *astruc*, heureux. — Ancien catalan : *astruch*. — Anc. espagnol et anc. portugais : *astroso*. On le fait dériver du latin *astrosus*.

Atrut est le radical de *benatru*, bienheureux, et de *matru, motru*, malheureux. V. ces mots.

AVARRI. F. *v. a.* Rejeter, repousser, perdre.

> Pruto lez eygïe par marvelly
> S'en tournaran en lour suerzelly.
> . . . .
> E lou bo *avariran* l'erba.

(Plutôt les ruisseaux, par miracle, — Retourneront vers leur source... — Et les bœufs rejetteront l'herbe.)   *Ballet forésien.*

Creyant de m'effray i avoué voutro discours,
Et me faire *ararri* mon galant par toujours.

Roguill., *Ballon d'essai*, p. 30.

— P. dauphinois.

La Len s'est *arali*, et lo ma et venu.

La Batifel de la gisen, p. 36.

Langued. et provenç.: *arari*, *arali*, *abali*; perdre, dissiper.

Aralisco, *abalisco* est un juron languedocien qui équivaut à : Que le diable l'emporte. Si vous êtes de l'autre, *aralisco Satanas*, dit Panurge dans *Rabelais*.

(Chapelon a aussi employé ce terme dans le Noël x, p. 101.

Yo n'en saray quitte per m'entournaz
Et vous dire *avalisquo*.

(J'en serai quitte pour m'en retourner — Et vous dire, allez au diable).

Mais le pâtre auquel le poète donne la parole dans ce Noël ne parle pas le patois forésien. Chapelon a sans doute voulu mettre en scène un berger du Vivarais, du Velay ou l'un de ces pâtres du Midi qui louent pour le pâturage les montagnes du Centre et de l'Est de la France. L'éditeur de 1779 des Chapelon n'a pas compris cet *avalisquo* : il le traduit en note par *l'aventure*, ce qui rend le passage cité tout à fait inintelligible.)

Un autre mot des dialectes de langue d'oc qui a les mêmes formes : *arari*, *arali*, *abali*, a un sens directement contraire à celui que nous venons d'indiquer. Il signifie Conserver, garder, élever. On le dérive du latin *alere*, tandis qu'on donne *aval avaler*, pour origine à notre mot.

AVEILLE. F. *s*. *f*. Abeille.

> Lous fifres, lous obois betavont les oureilles
> Comme qui le-z-orit prés d'un essein d'areilles.

> (Les fifres, les hautbois mettaient les oreilles de chacun — Dans l'état
> de celles d'un homme qui les aurait prés....)

> CHAPELON, *Entrée sol.*, p. 136.

La substitution du v au b est fréquente dans tous les dialectes du midi ; mais *areille* était usité même en anc. français. On y disait aussi *arette*.

> Comme *areilles* chassent les frestons d'entour leurs rousches.
> RABELAIS, *Gargantua*, ch. XL.

> Qu'est-ce qui presse si fort ces *arettes* d'accroistre leur miel ?
> S. FRANÇOIS DE SALES, *Traité de l'amour de Dieu*, XII, 2.

V. l'histoire du mot *abeille* dans le *Diction. histor. de la lang. franç.*, p. 125.

— P. dauphinois, *aville* : *Lo Banquet de le faye*, p. 19.

— P. bugiste, *avouille*. Fables du P. Froment, p. 5.

AVERA. F. *v*. *a*. Oter, enlever, faire perdre.

> Par nous *arerà* la vargouni,
> Chaque joue nous porte soun cot :
> Onqu'un sans rougi chacun pot
> Au grand soulé gratà sa rougni.

> (Pour nous faire perdre toute honte, — Chaque jour nous porte son
> coup. — Aujourd'hui sans rougir chacun peut....)

> *Chans.* de PHILIPPON, 1853, p 35.

Langued. : *avera*, *areire*, *avé*, *aredra* ; Aveindre ou tirer une chose d'un endroit hors de portée. *Averas aquel libre* ; aveignez-moi ce livre. (De Sauvages)

Provenç. : *averar*, même sens.

Le Diction. de l'Académie, **1835**, donne *aveindre*

comme familier. *Areignez*-moi ce livre de dessus cette tablette.

> L'argent fait notre question ;
>
> . . . .
>
> Et vous n'avez pas la main preste
>
> A m'en *areindre* promptement.
>
> SOMAIZE, *Le Procès des précieuses*, édit. Livet, p. 80.

AVIT. F. *s. m.* Etau.

> Car quand je veyou mon *avit*.
>
> M'eyt evire que je decorou.....
>
> Mon *avit* semble d'empoueson
>
> Et me fat fure la meison.

(Car quand je vois mon étau, — Il me semble que je prends mal au cœur... — Mon étau me parait du poison — Et me fait fuir la maison).

> Jac. CHAPELON, *Contrition d'un fénéant*, p. 270.

> Au laisset rulir son *avit*.

(Il laissait rouiller son étau).

> Ant. CHAPELON, *Epitaphe de Bobrun*, p. 255.

Avis, en provençal, est synonyme de *vis* ; et la vis a donné son nom à l'étau dont elle est une des pièces principales.

B

BABAU. F. *s. m.* Fantôme, lutin, ogre, être imaginaire dont on fait peur aux enfants.

> Ma mare grand me fazit entendre
> Do tion que j'era tant petit,
> Que lou *babau* me vindrit prendre
> Quand je n'orin pas prou mingit.

(Ma grand'mère me faisait entendre, — Lorsque j'étais petit, — Que l'ogre viendrait me prendre — Quand je n'aurais pas assez mangé).

CHAPELON, *Chansons*, p. 160.

Languedoc.: *babaou;* — Prov.: *babau;* — Portugais: *babao;* — Italien : *il baa.*

On trouve au Gloss. de Ducange *babosus, baburrus,* stultus, ineptus, qui paraissent appartenir au même radical.

BABARAUCHY. F. *s. f.* paraît avoir un sens analogue dans le passage suivant du *Ballet forésien :*

> La *babarauchy* et lou drot
> Que farit de tous lou juchie
> Le zalène zevarachie.

(Le fantôme et l'épouvantail — Qui ferait de tous les perchoirs — Fuir les poules effrayées).

Prov.: *babarachoun, babarouchoun,* baboin; *babaraula,* domino.

Langued.: *babaraoudo,* domino, habit de masque.

BACHAT. l. et f. *s. m.* Auge, bassin de fontaine, abreuvoir.

Mon buye, mon *bachat*, ma gerla.

Ballet forésien.

Cochard, dans les *Mélanges* de M. Breghot du Lut, t. II, p. 257, dit que « on l'emploie à Lyon dans le sens d'Auge, vase ou bassin en pierre, destiné à recevoir les eaux d'une fontaine ou d'une pompe. Paradin s'en est servi dans ses *Mémoires sur l'histoire de Lyon*, p. 433. Inscrip. ant, à l'occasion d'un tombeau creux dont on a formé le bassin de la fontaine de Saint-Rambert. Ceste pierre, dit-il, sert de *bachat* ou auge et réceptacle de l'eau d'une fontaine d'un village, près l'église, auprès de l'abbaye de l'Ile-Barbe. »

Langued. et prov.: *bachas*.

Roquefort cite aussi *bachas*.

Bachasse. l. et f. *s. f.* Même sens que *bachat*, dont il est parfois un augmentatif.

On la verra marchi, faire milla grimace,

S'asseta, decouera, vomi dans la *bachasse*.

(On la verra marcher, faire mille grimaces. — S'asseoir, se trouver mal, vomir..)

Savel., *Mariage de Jean*, p. 54.

Paradin l'a aussi employé. *Inscript. antiq.*, p. 421. « C'est une arche ou *bachasse* de pierre creuse (comme on l'appelle à Lyon) qui est une belle sépulure, hors des murailles de la ville près l'hospital Saint-Laurent-des-Vignes, laquelle sert à présent à recevoir l'eau d'une belle fontaine. » — Voir les *Mélang.* de M. Breghot du Lut, t. I, p. 222, et t. II, p. 258.

On trouve *bachasse* dans les Noëls mâconnais du P. Lhuillier, mais avec un sens un peu différent. L'Ex-

plication des mots dans l'édit. s. d. le traduit par
Coffre à paitrir.

Provenç. : *bachassoun*, auge, baquet.

Le Gloss. de Ducange a *bachassium*, aquarium, aquæ
receptaculum, et le cite dans un titre dauphinois de
1502 :

« Abbas de Leoncello et frater Ralhe, ejus procu-
rator, alte se jactando dixerunt quod facerent alia abre-
veragia et *bachassia* pro potu et abevratione ipsorum
animalium in dictis pascuis. »

Bacha et ses analogues ne viennent-ils pas du latin
vas, *vasculum* par la transmutation si fréquente du
v. en *b*?

BACHASSOLA. F. *s. f.* Grand vase, le plus souvent en bois
de hêtre, d'une seule pièce et de forme arrondie, qui
sert aux grosses préparations du ménage.

> Couma sarit de po, de *bachassole*.
> (Comme seraient des pots, des ....)
> Ant. CHAPELON, Bobrun, p. 248

> Vou m'eyt eyvi déjà que veyou le pistoles
> Que se vant paleyer a plenes *bachassoles*.
>
> (Il me semble déjà que je vois les pistoles. — Qui se vont remuer à
> pleines....)
> CHAPELON, Requête, p. 214.

Bacholata, basse latin., et *bachole*, anc. franç.,
cités par le Gloss. de Ducange, paraissent désigner un
ustensile de même espèce.

BACHU. L. *s. m.* Bateau à garder le poisson ; coffre percé
qu'on tient dans l'eau et qui sert au même usage.

> Nous sommes devant les *bachus* :
> Nous allons rire tant et plus.

> Nous entendrons cent scandales,
>
> Les poissonnières de la halle :
>
> Mon cher ami, nous y voici.
>
> *Lyon en vers burlesques*, 2ᵉ part., p. **26**.

Cité par Molard, 1810.

Honnorat donne comme appartenant au dial. du bas Limousin *bachoun*, Caquète où les poissonnières tiennent des carpes. Il dérive tous les mots de cette famille du celtique *bag* ou *bak*, bateau, barque. Ne peut-on pas penser plutôt que *bachu* se rattache, comme BACHA, BECHE , etc. , au latin Vas, vasculum ?

BACON. L. et F. *s. m.* Lard, viande de porc salée.

> Nous prenons de tout en payamen
>
> Un bon piat de *bacon* salamen.

(Nous prenons de tout en payement ;—Un bon morceau de cochon seulement).

> CHAPELON, *Mi de Mai.* p. **149**.

> Pillie lou zues. le poule et lou *bacoun*.
>
> (Piller les œufs....)

> *Chans.* de BOYRON, p. **13**.

> Migi quoque lard rancie et seupa de *bacon*
>
> Que barbouolle toujours dan zin grand chauderon.

> SAVEL. *Mariage de Jean*, p. **13**.

Le Duchat sur Rabelais , l. **15** , dit que *bacon*, en Lyonnais, en Dauphiné, en Poitou et en Lorraine , signifie du lard ; en Angleterre, de même qu'en Provence, c'est un porc salé ; et il cite un vers d'une chanson messine dont le sens dit que chair de pourceau, c'est du *bacon*.

— P. bressan.

> Ka can ell' an mania lo *bacon* et lo lar,
>
> Qui ne san ple que fere, et n'an ne sey ne fau,

Y se faran encor arria de matafan.

Car lorsqu'ils ont gâté le cochon et le lard, — Qu'ils ne savent plus
que faire et n'ont ni soif ni faim, — Ils se feront encore apporter des
matefains).

Lou guercen dou pouro lebory.

— P. dauphinois.

U son plu gra que lo *baccon*
Que pendole din l'our taverna.

La vieille Lavandière, p. 71.

Langued. et provenç. : *bacou, bacoun.*
Roman : *bacon.*

Bacon était fort usité en anc. français. Il est cité par
Roquefort et par le Gloss. de Ducange qui, aux mots
bacc, bacco, bacho, porte : « Ex gallico et anglico *bacon,*
qua voce promiscue donantur porcus saginatus, ustu-
latus et salitus, et petaso aut perna. »

Une des grandes compagnies qui, au XIVe siècle,
après les guerres des Anglais, ravageaient nos contrées,
portait le nom de *mange-bacon.*

On retrouve *bacon* en catalan, en portugais ; et il
signifie encore aujourd'hui, en anglais, Lard et jambon.

Sa présence simultanée dans des dialectes très-divers
appuie l'opinion qui lui donne une origine plus ancienne
que le latin.

BADA, A LA BADA. — V. ABADA.

BAGNON. L. *s. m.* Vase de bois ou de métal qui sert aux
usages du ménage, ainsi qu'aux récoltes.

J'ai trouvé bien joli, malgré cette morale,
L'homme qui fait son vin au fin fond de la salle.
L'avez-vous remarqué campé dans son *bagnon?*

Visite à l'exposition, p. 11.

M. Breghot du Lut, *Mél.*, t. II. p. 6, dit que le *ba-gnou* est une espèce de *benot* (V. plus loin BENA) dans lequel on lave du linge et on prend des bains de pied. Cette dernière circonstance lui fait penser qu'il vient du latin *balneum*. Il peut, en effet, s'y rattacher par le roman *bagnar*, mouiller, tremper, et *bagno*, bain, avec lesquels il a une analogie manifeste.

On trouve au Glossaire de Ducange *bagnum* pro Balneum.

BAILLI, BAILY, BAILLIE, BALLY. L. et F. *v. a.* Donner.

> Et s'on l'avet frappa a plein
> Atou un eguiry d'etain
> Et t'en *bailly* su la cerveau.
>
> *La Chevauchée de l'âne*, 1566.

Le récit en prose porte :

« Un charriot où estoit une femme qui battoit son mary lui *baillant* d'une esguyère d'étain sur la teste. »

> Si es fo *baily* huit sous à une lavandiri
> Elle l'appeleron sourciri.

(S'il faut donner huit sous à une lavandière, — Elles l'appelleront sorcière).

> *La Bernarda buyandiri.*

> Paure, *baillis* me la paurt dou bien que dé me revegni.

(Père, donnez-moi la part de bien qui doit me revenir).

> Parab. de l'Enfant prodig. en pat. de Saint-Symphorien-
> le-Château, par COCHARD.

> A forci de piato me vequa de retour
> Deins cou bravo pays que m'a *baly* lo jour.

(A force de trotter, me voilà de retour — Dans ce brave pays. ...)

> ROQUILLE, *La Gorlanchia*, p. 3.

> Ou ne *baillave* pas d'épines par de roses.

(Il ne donnait pas....)

> CHAPELON, *Entrée*, p. 122.

Ji te *baliou* ma filli. mai a ena conditioun
Ke lou public va *balie* soun aproubatioun.

(Je te donne ma fille, mais.....)

Linossier, Remou et Baroueni, p. 20.

Le futur fait régulièrement *baillirai*, *baillarai*, et quelquefois par syncope *baray*.

Par met je *baillarez* tous lou vers de ma teta.

Chapelon, Requête, p 215.

Je l'y *baray* cent cou de poin, de pi.

(Je lui donnerai cent coups de poing, de pied).

La Bernarda buyandiri.

On trouve aussi le conditionnel *barin* et *borin*, je donnerais.

O l'amarit quand e vo *borit* rien.

(On l'aimerait quand même il ne vous donnerait rien).

Roquille, Les Ganduaises, p. 22.

Ce verbe existe sous des formes un peu diverses dans presque tous les patois de France.

P. bressan.

Quatre u ein degordi
Se *baliron* per lo gron
De la poce e du çaudron.

Noëls bressans, édit. Le Duc, p. 6.

Vo vo *baré* vo memo
A c'li gran Ray dé ray.

Id., id., p. 63.

Langued. : *baila* ; provenç, : *bailar*, *bailhar*.

Le roman *bailar* et l'anc. français *bailler*, *bailier* avaient un sens beaucoup plus étendu. Ils signifiaient à la fois, Prendre, porter, donner, atteindre, administrer, gouverner. C'est avec ce sens multiple qu'on

4

trouve au Gloss. de Ducange *bailia, baylia, balia* et *baillagium*.

Bailli était synonyme de Gouverneur, administrateur, et l'on appelle encore *baile* dans le midi de la France, le berger en chef d'un grand troupeau.

Au surplus *bailler*, dans le sens de Donner, a été employé par tous les auteurs français antérieurs au XVIIe siècle. On le lit plusieurs fois dans Malherbe.

Esprits mal avisés qui blâmez un échange
Où se rend et se *baille* un ange pour un ange.

Liv. III, Stances.

Molière l'a mis souvent dans la bouche de ses paysans; mais il l'emploie aussi dans le langage ordinaire.

Tudieu, l'ami ! sans vous rien dire,
Comme vous *baillez* des soufflets !

Amphitryon, acte I, sc. ii.

Le Diction. de l'Acad., 1835, l'a conservé comme terme de pratique : *bailler à ferme, bailler par contrat;* et comme usité familièrement dans les locutions : *Vous m'en baillez d'une belle, vous me la baillez belle.*

BAMBANER, BAMBANO. L. *v. n.* — Se bambaner. *v. pron.* — Se promener sans but, flâner; perdre son temps.

Et je me *bambanais* tout le long du bitume.

Visite à l'Exposition, p. 1.

De pères de familles
Que sourant educo lous garçons et lous filles,
Que los layssirant pos *bambano* par les ruels,
En los abandonnant a lou guise solets,

(....qui sauront élever les garçons et les filles,—Qui ne les laisseront pas flâner dans les rues....)

Hymna à la Concorda, p. 32.

O me falit *bambano* tot lo jour.

ROQUILLE, Lo Pereyoux, p. 5.

> Enfin j'apercevio quatro deguenilys
> Tous quatro *bambanant* de vios fusis roulis.

Id., Breyou, p. 71.

(Il a ici le sens peu usité de Brandir avec négligence).

BAMBANE. **L.** *s. m.* Homme lent, indolent.

> On ne dira pas que je suis bambocheur,
> Que l'on me reconnait partout pour un *bambane*.

Déclaration d'un canut.

Il est cité par Molard.

Le grec Ϭαμϐαίνϫ , balbutier, bégayer, présente beaucoup d'analogie avec notre mot qu'il a peut-être produit, ainsi que l'italien *bambino*, et le français *bambin*.

BARDOIRE. L. *s. f.* Hanneton.

> Tout le monde n'ont pas un permis pour la gloire
> Et celui qu'a fait l'aigle a créé la *bardoire*.

Les Embell. de Lyon (suite), p. 5.

Il a été recueilli par Molard, 1803 ; et par Roquefort qui n'indique pas le dialecte dans lequel il l'a trouvé.

Ce nom du hanneton ne lui vient-il pas de ce que ses ailes lui forment une sorte d'armure, ou de *barde*, suivant l'expression de l'anc. français ?

BARFOLLI, BARFOUILLER. L. *v. n.* Barboter, bavarder.

> A l'hora d'inqueu vodriant su ma conduitsi
> *Barfolli* choque jour et n'in reglo la suitsi.

(A l'heure d'aujourd'hui ils voudraient sur ma conduite — **Bavarder** chaque jour et en régler la suite).

ROQUILLE, Ballon d'essai, p. 26.

BARFOLIOU, BARFOUILLON. L. *adj.* Bavard.

> Onte est t'é donc, cou vio rumairo,
> **A gorgi de paramolairo**,

Cou *barfoliour*, qué lalangueur ?

Onte est l'é donc, cou grand blagueur ?

(Où est-il donc . . . . .)

Roquille, *Les Ganduaises*, p. 20.

Barfolliada , barfolliari. s. f. Barfouillage. s. m. l. Ba-vardage.

Sera lo robinet de ta grand *barfolliada*.

(Ferme le robinet de ton grand bavardage).

Hymne à la Concorda, p. 21.

Ne vos occupos plus de cela moquari,

Et betos de couto tota *barfolliari*.

Id., p. 35.

Molard, 1803, a relevé *barfouiller*, *barfouillon* et *barfouillage* qu'il traduit par Barboter, Barboteur, et Barbotage.

BARITEL, bariteau. l. et f. s. m. Blutoir ou bluteau ; tamis, instrument destiné à séparer la farine du son.

Dans une Ordon. de la municipalité de Lyon du commencement du XVI siècle portant règlement de la boulangerie, citée par M. Breghot du Lut, *Mél.*, t. I, p. 302, on lit que la miche « sera de fine fleur de bon froment à main de boulanger passé au plus fin et prin *bariteau*, environ la tierce partie d'une asnée » et que le pain farin sera fait avec le reste de l'asnée « passé avec le reprin resté de la dicte miche et dudict fin et prin *bariteau*, au deuxième *bariteau* appelé bastard. » V. les mêmes *Mél.*, t. I, p. 267.

— P. dauphinois.

Un cur mantel

Legie, pertuzola coman un *baritel*.

(Un manteau court, léger, percé comme un tamis.)

Le Banquet de le faye, p. 20.

Langued. et proveng. : *barutal, barutel, baruteau, baluteou.*

Deux citations fournies par le lexique de Raynouard montrent ce mot également usité en langue d'oc et en langue d'oil.

> Semblans es a *barutel,*
> Reten lo lach et laissa 'l ben.

(...Il retient le laid et laisse le bon).
>> *Un Troub. anon.*

> Ils ressemblent le *buretel*
> Qui giete la blanche farine
> Fors de lui, et retient le bren.
>> *Fabl. et contes anc.*

Basse latin. : « *barutellum,* cribrum quo excernitur farina. » (Gloss. Ducange).

BARITELLA. f. *v. a.* Bluter, tamiser, passer.

> En *baritellan* lou tion.

(En passant le temps).
>> *Ballet forésien.*

Roman : *barutelar.*

Basse latin. : « barutellare ; barutello seu cribro farinam excernere. » (Gloss. Ducange).

— **P. bressan.**

> De farena *bartelo*

(De la farine tamisée).
>> *Noëls bressans,* édit. Le Duc, p. 7.

BARITELERY. f. *s. f.* Blutoire, coffre à bluter.

> Et de soure n'empliron
> La *baritelery.*

(Et nous remplirons des restes notre coffre.)
>> *Ballet forésien.*

— P. dauphinois.

> Tout à l'entour de si ne laissit elageiri,
> Armeiro, cabinet, archi, bariteleiri.
>
> *Le Banquet de le faye*, p. **13**.

Langued. : *baruteleiro ;* une blutoire, grand coffre qui renferme le bluteau.

BARRAL. L. **BARRAT.** F. *s. m.* Mesure des liquides; vase en bois de cette mesure.

> Saiqu'un *barral* partuza vez lou quio.
>
> (Certain barral troué au fond).
>
> Ant. Chapelon, *Inventoirou*, p. **248**.

La contenance du barral variait dans chaque province.

Cochard, dans les *Mél.* de M. Breghot du Lut, t. II, p. 258, dit que le barral en Lyonnais était de 40 à 50 pintes.

Le Gloss. de Ducange, v° *barallus vini*, dit :

« Bellijoci baralis vini valet semiasinatam; asinata autem octo quartas seu 96 potos. »

On lit dans une pièce imprimée à la suite de l'*Hist. de Lyon*, du P. Menestrier, p. **13** : « Item Petrus Fabri de S. Cirico posuit in domo Johannis de Rhodano XIV asinatas de vino puro et unum *barallum.* »

En Dauphiné, où l'on s'en sert encore, le barral équivaut à 50 litres.

Suivant De Sauvages, en Languedoc le *baraou* changeait d'une ville à l'autre. Il en était de même en Provence du *barral* suivant Honnorat.

Barrial en roman, *barral* en catalan.

Ce mot, dont le radical est sans doute le même que

celui de Baril et de barrique, a été employé par Ronsard.

> Douze moutons, un bœuf de grand corsage,
> Gras, bien charnu, et six *barraux* de vin.

BARREULA. F. BAROULER. L. *v. n.* Rouler, dégringoler.

> Les escayers de bois étiont mouillés et pleins de bassouille :
> elle glisse et *baroule* jusqu'au quatrième.
>
> *Les Canettes*, p. 223.

> Ne voudrit ou pas mio porta lour chandaley
> De peu de *barreula* lou long doz echaley.
> (Ne vaudrait-il pas mieux porter leur chandelier — De peur de
> dégringoler dans l'escalier ?)
>
> CHAPELON, *Requête*, p. 214.

> Et cependant l'argent *barreule* vez chiez vous.
>
> (... l'argent roule chez vous).
>
> Id., *Bouquet*, p. 229.

> Lou malheu que me sio s'e proumé de m'assure ;
> Aussitôt qu'un secoue me vint de quoquou la,
> On se bettant davant lou couquin lou fat fure,
> L'oncoble avouai lou pie et lou fat *bareula*.

> (Le malheur qui me suit s'est promis de m'achever ; — Aussitôt
> qu'un secours me vient de quelque côté, — En se mettant devant
> le coquin le fait fuir, — Lui donne un croc-en-jambe et le fait
> dégringoler).
>
> Chans. de PHILIPPON, 1853, p. 68.

> Me n'allant *bareula* par la chareri.
>
> (M'en allant rouler par la rue).
>
> *Remou et Baroueni*, p. 9.

— P. dauphinois.

> Veiqui donque coman
> U vo fou *barrieula* lo poro courtizan.
>
> *La Vieutenanci du courtizan*, p. 26.

> Je ferai *barula* tout per louz eschalie.
>
> *Pastor. de Janin*, act. II, sc. I.

Langued. : *barrula.*

Provenç. : *barroular, barrullar.*

BARREYL. L. et F. *v. a.* Charrier, traîner; brasser, mêler, brouiller.

> Que lo vaillant B.... riri de son couto,
> Liu que *barreye* tant par zou ressuscito.

> (Que le vaillant B.... riait de son côté, — Lui qui brasse, qui intrigue tant pour les ressusciter).
>
> ROQUILLE, *Greyou,* p. 13.

> L'una *barreye* dos efans.

> (L'une traîne deux enfants).
>
> Chans. de PHILIPPON, 1842, p. 22.

> Ji *bareyou* avouai mous efans.

> (Je roule avec mes enfants).
>
> Id., 1853, p. 9.

Langued. : *barejha.*

BARREYAJO. L. et F. *s. m.* Action de brasser, de brouiller, de traîner; tripotage.

> J'ai vu la fin de tot cou *barreyajo,*
> Qué survegné choque jour on menajo.

> ROQUILLI, *Les Ganduaises,* p. 21.

> Dieu que de *barreyajos*
> A çu pouro guichet ! ly a fat quoques voyajos !
>
> *Hymna a la Concorda,* p. 37.

BARREARY. F. *s. f.* Objets sans valeur; mélange de divers menus objets.

> Vou ly ori quauqua *barreary.*

> (Il y aurait bien quelques menus objets).
>
> Ant. CHAPELON, *Invent.,* p. 248.

Langued. : *barejhadis, baregcadis.*

Roman : *baralh, barrei;* trouble, bruit, dispute;

barreiar, baralhar; confondre, troubler, disputer, attaquer.

Catalan : *baralla; barallar, barejar;* — anc. espag. : *barajar;* — portugais · *baralha, baralhar :* — italien : *baraja.*

Anc. franç. : *barroyer.*

Et pour ce souvent on y trouve avantage a fort *barroyer* la matière.... si rien n'y peut être *barroyé*, peut encore le défendeur demander garand.

Somme rurale. De Laurière.

Je crois que *bareyi* a beaucoup d'analogie avec VAREY: bruit, tapage, embarras. — V. ce mot.

BATILLON. L. *s. m.* Battoir, instrument avec lequel les blanchisseuses frappent le linge.

Si ella ne te pigne a cou de *batillon*.

La Bernarda buyandiri. p. **8.**

Laissons là cette lavandière ;
Car leur langue va sans raison
Plus vite que leur *batillon*.

Lyon en vers burlesques, 2e journ., p. **25.**

Tout de même la langue est un bon BATILLON! dit Guignol dans une des pièces les plus célèbres de son répertoire.

Molard, *Le mauvais Langage,* 1803, cite : *Batillon,* instrument de bois pour frapper le linge quand on le lave ; dites, Battoir. Il cite aussi : *Batillonner,* se servir du batillon en lavant le linge, et il ajoute qu'il faut dire au lieu de Batillonner, *assanger le linge :* mais, dit-il, cette expression est peu connue. — Il est certain que si on l'employait à Lyon, on ne serait absolument compris de personne.

BÉATILLES, l. *s. f.* Débris, abattis de volailles ou d'autres animaux.—Il signifie aussi en patois tous menus objets de peu de valeur. Chapelon dit des ajustements qui composent la toilette d'une jeune fille coquette :

> Si je saïns lous noms d'iquelos *beatilles*.
>
> (Si je savais le nom de tous ces riens).
>
> *La Misera*, p. 196.

> Jean de La Valla que va din le famille
>
> Apprendre a la meynat cent gente *beatille*.
>
> (Jean de La Valla qui va dans les familles — Apprendre aux petits enfants cent gentilles amusettes.)
>
> Id., *Testament*, p. 182.

Beatilhas a le même sens en provençal.

Le Diction. de l'Acad., 1835, n'a conservé *béatilles* que dans le sens de Menues choses délicates que l'on met dans les pâtés, dans les ragoûts, etc. Mais il avait en anc. franç. le sens beaucoup plus général que nous trouvons dans les textes patois.

> Damoiselles pour paroistre gentilles
>
> Portent ennuyt de si justes coquilles
>
> Qu'il semble avis qu'elles soient descoiffées,
>
> Et par dessus ont belles *béatilles*
>
> Couvertes d'or et de pierres subtiles.
>
> *Les Pardons de S. Trotet.*

Le Gloss. de Ducange donne aussi un sens plus étendu au latin *beatillæ* : « Ornamenta vilioris quidem materiæ, vel pretii, sed magni laboris et artis eximiæ : vox ducta a Gallico *beatilles*, Trunculi, cupedia, quæ metaphorice ad multas res alias transferri solet. »—Le texte suivant qu'il cite appartient au Bugey : « Loculamentum interim novum apparatur quod *Bellicenses* religiosæ Visitationis tam diligenter aptarant totque *beatil-*

lis... ornarant, ut de eo dici potuerit, Materiam supe-
rabat opus. »

BÊCHE, BESCHE. L. *s. f.* Petit bateau qui était encore en
usage à Lyon au commencement de ce siècle pour
traverser la Saône ou y faire de petits trajets : il était
le plus souvent conduit par une femme.

> Nous serons assis à notre aise
> En *bèche* comme en une chaise.
>> *Lyon en vers burlesques*, 2ᵉ journ., p. 24.

> Plus de degrés moussus, plus de *bèche* à Jacquot.
>> *Les Embell. de Lyon*, p. 7.

M. Breghot du Lut, *Mél.*, t. I, p. 267, en rapporte
les deux exemples suivants :

« Au milieu de la rivière de Saône couverte de petits
bateaux qu'ils appellent *besches*. »
> Du Troncy, *Discours du grand triomphe*, p. 17.

« Auquel lieu se trouva grande multitude de gon-
doles et *besches* chargées de diverses pièces d'ar-
tillerie. »
> Paradin, p. 371.

Molard l'a aussi recueilli, et dans sa préoccupation
de corriger le langage lyonnais, il ordonne, au nom de
la grammaire, de remplacer *bêche* par *batelet*. Or, batelet, qui est un terme générique, ne peut pas remplacer
bêche qui est le nom local d'une espèce particulière de
batelet. Il en est ainsi de la plupart des corrections que
des grammairiens trop zélés veulent faire aux langages
spéciaux.

V. nos observations sur *bachu*.

BENA, BENNE. L. et F. *s. f.* Grand vase de bois employé particulièrement à recueillir la vendange. La *benne* était aussi à Lyon la mesure du charbon.

> Que sier ton de se trazeyrie ?
> Vou n'e que charchie de veyie.
> E se revondre din la *bena*
> De calamitat et de pena.

(A quoi sert de se tourmenter ? — Ce n'est que chercher du souci.
— et se plonger dans un vase — De calamités et de peines.)

Ballet forésien.

> Una fena
> Qu'aït lou ventrou plein aussi gro qu'una *bena.*

Chapelon, *Requête*, p. 203.

« Maître Pati, Lyonnois, a vécu au commencement de ce siècle. Quoiqu'il n'ait jamais passé par les charges, il a rendu de grands services à sa patrie, dans un emploi qu'il a exercé avec dignité et assez long temps. Il travailloit plus la nuit que le jour... Il distribuoit ses gens dans plusieurs quartiers : c'est là qu'armés de deux fortes barres de bois et d'un vaisseau appelé *benne*, ils portoient dans la rivière, sans bruit et sans scandale, l'extrait des meilleurs repas de nos citoyens. »

(*Supplément aux Lyonnais dignes de mémoire.* — V. sur cet ouvrage la note au mot *bugne*).

> On va te banqueter aux Brotteaux, aux Charpennes ;
> A ta santé, cousin, qu'on videra de *bennes.*

2ᵉ *Lettre à mon cousin Greppo*, 1849.

Benot, bennot, benou. l. et f. *s. m.* Vase de même espèce et plus petit que la benne.

M. Breghot du Lut, *Mél.*, t. II, p. 60, a donné une explication excellente du sens lyonnais de ces deux mots : « Le *bennot*, dit-il, est beaucoup moins grand que la *benne* et s'emploie comme elle pour la vendange. Les cueilleux, c'est-à-dire, ceux qui sont chargés de cueillir le raisin, vident d'autres vases de bois plus petits, plus minces et plus légers, et qu'on appelle *seilles*, dans les benots que les porteux ou porteurs vont vider à leur tour dans les bennes. »

Molard a aussi cité *benne* et *benot*.

On lit dans Rubys, *Hist. vérit. de Lyon*, 1604, p. 402 : « Portant le *benot* par les manilles. »

Chapelon a employé *benou*, *Test.*, p. 182.

— P. bressan.

> Maria, sancti marc.
> Rogamus, audi nos :
> Fay tan que Di lo parc
> Amplisse lo *benos*.
>
> Noël de Vaux, dans les *Noëls bressans*, édit. **Le Duc, p. 119.**

Honnorat donne *bena* et *benoun*, d'après Beronie. comme désignant en bas limousin une petite cuve de bois ou de paille.

On trouve aussi dans Roquefort *benne* et *benneau* avec notre sens et quelques acceptions analogues.

Benna et *banna* sont cités au Gloss. de Ducange avec des acceptions diverses. Deux textes latins du Lyonnais de 1206 et de 1493, qui y sont rapportés, donnent le sens ci-dessus.

Benna est un des vingt-cinq ou trente mots authentiquement celtiques qui nous ont été transmis par les auteurs latins. Suivant Festus, il désignait *genus quoddam vehiculi*. Il est fort probable qu'il a désigné aussi par extension les vases qui servent à transporter les récoltes, et que nos campagnes donnent encore à ces ustensiles le nom qu'elles leur donnaient il y a deux mille ans, avant la conquête romaine.

Suivant M. Ch. Nizard (Curios. de l'étymol. franç., p. 115), il y a encore en Bourgogne un genre de véhicule servant au transport du charbon de bois qui a le nom de *benne* ou *banna*.

BENATRU. F. *adj*. Bienheureux.

C'est un composé de *atru*, et le contraire de *matru*, *motru*, malheureux. — V. ces mots.

> Au va tant preïe Dio par le *benatrue* zames
> Que sous Libera me arretarant lour larmes.

(Il va tant prier Dieu pour les bonnes âmes (*les âmes du purgatoire*),
— Que ses *libera me* feront cesser leurs larmes.)

Chapelon, Requête, p. 207.

> J'ai vez chie met un ne sai que de bai
> Qu'eyt un ecrit do *benatru* Grabiai.

(J'ai chez moi quelque chose de beau, — Qui est un écrit du bon Gabriel.)

Id., p. 223.

Dans ce passage, comme dans un autre du même auteur (Entrée solennelle, p. 118), *benatru* semble s'appliquer à un homme simple, une sorte de fou à la folie douce, un innocent, comme dit encore le peuple de nos provinces.

— P. dauphinois : *banatru*.

Roman : *benastruc*.

> E com lo *benastruc* cors santo
> Li fou aparegut enant.

(Et comme le bienheureux corps saint — Lui fut apparu devant.)

Vie de saint Honorat, citée par Raynouard.

BENTO. F. DETOU. L. *adv*. Bientôt. Il a souvent le sens de Peut-être.

> *Bento* d'ici à Paris vous n'y a pas doucy pareilles.

(Peut-être d'ici à Paris il n'y en a pas deux pareilles.)

Ant. Chapelon, Caracterou de le filles, p. 235.

Y l'criant bien veet vingt et *bento* davantageou.

(Ils étaient bien huit vingts (cent soixante), et peut-être davantage.)

CHAPELON, *Entrée solenn.*, p. **133**.

D'autre,j que sont *bento* sourti de vez les larges
Acheton tous lou jours quanque nouvelle charge.

(D'autres qui sont peut-être sortis des forges — Achètent tous les jours
quelque nouvelle charge.)

ID., *La Misera*, p. **195**.

Betou, dans Roquille.

Son hommo m'a batzu ;
A m'ari *betou* tuo, si n'etsins po si dura.

La Gorlanchiu, p. **27**.

De même en languedocien et en provençal, *Benlœou,
belcou*, qui signifient originairement Bientôt, ont très-
souvent le sens de Peut-être. Il en est encore de même
de *beliau* en patois dauphinois. — V. MENTO.

BETO, BETTO, BETTA. L. et F. *v. a.* Mettre,

E se *betti* en condicion chi in païsan de queloi païs.

(Il se mit au service d'un des habitants du pays.)

Parab. de l'Enfant prodigue, trad. en patois de **Condrieu**
par COCHARD.

Betaux gli una baga ou dé.

(Mettez-lui une bague au doigt.)

ID. en patois de St Symphorien-le-Château.

Alours i s'en allit et se *bettit* u sarvece d'oun des habitacnts
du paï.

ID. en patois de Beaujeu.

Ne *betta* pos los daygts entre l'obro et la corci.

(Ne mettez pas les doigts entre l'arbre et l'écorce.)

Hymna à la Concorda, p. **22**.

In deputo s'y nomme, et plusieurs concurrents
Ignoront que je voué me *beto* su lo rangs.

ROQUILLE, *Lo Deputo manquo*, p. **9**

> Se ton groin heyre coevelat
> Et quauque po moyo apretat,
> A lou bouqua gy *betrin* pena.

(Si ton groin était nettoyé. — Et un peu mieux arrangé, — A le baiser
je prendrais peine.)

> *Ballet forésien.*

> Lou patapatapan que couront le chareyre
> Say *betont* tout en jouai jusqu'a le revendeyre.

(Les tambours qui parcourent les rues. — Mettent ici en joie tout le
monde jusqu'aux revendeuses.)   Chapelon, *Entrée*, p. 120.

> De lou dous las
> Par li empécha de cheyre.
> I ly ant *beta*
> Dous braves soudas.

(Des deux côtés, — Pour lui empêcher de tomber, — Ils lui ont mis,
— deux braves soldats.)

> Chanson en patois de Montbrison.

Le futur *betarai* fait quelquefois par contraction *be-
trai*.

> Te *bettarey* sur mon bilan.
> (Je te mettrai sur mon bilan.)

> Chans. de Boyron, p. 18.

> J'ons vu darrerimuint queloz etres mandzits
> Que ne *bettrant* jamais lo noz cin paradzi.
> (..... Qui ne mettront jamais le nez en paradis.)

> Roquille, *Lo Deputo manquo*, p. 6.

On a vu plus haut le conditionnel *betrin*.

Tous les patois de France et toutes les langues néo-
latines ont ce mot sous des formes un peu différentes.

— P. bressan : *buto, beto, betre*.

> Per afatie l'outo et per pano le chire
> Ze si se ben drecha coman a *buto* cuire.

(Pour arranger la maison et pour essuyer les chaises, — Je suis aussi
bien dressée que pour mettre cuire.)   *Margueta.* p. 4.

> Cel'anfan
> Que venie *betre* an delivrance
> Le bonc zan.
>
> *Noëls bressans*, édit. Le Duc, p. **22**.

— P. savoyard : *boula*.

> Notron Dou m'a fait ici *bouta*..
> (Notre duc m'a fait mettre ici.)
>
> *Farsa de Touannou dou trou.*

— P. bourguignon : *bôtre*.

> Vos aircin priai vote Peire
> De *bôtre* fin ai nos traivau.

(Vous auriez prié votre père. — De mettre fin à nos peines.)

> Noëls d'Aimé Piron, p. **83**.

Le languedocien et le provençal disent *bouta*, *boutar* ; l'italien, *buttar* ; le catalan, l'espagnol et le portugais, *botar*.

Le roman disait *botar* et *boutar* ; l'anc. français, *buter*.

E pur quci as *buted* en veie del talun mes sacrefises ? (Quare calce abjecistis victimam meam ?)

> *Les 4 livres des Rois*, en français du XIIᵉ s.. liv. I, p. **9**.

On a dit ensuite *bouter*, qui a été employé par tous les auteurs français antérieurs au XVIIᵉ siècle. Molière s'en est encore servi, mais seulement en faisant parler des villageois. — V. le *Médecin malgré lui*, act. I, sc. v et vi, — act. II, sc. ii.

Dans le langage de la conversation, *boutez dessus* signifiait Mettez dessus, mettez votre chapeau sur votre tête, couvrez-vous.

Bouter est encore cité dans le Dict. de l'Acad. 1835 comme usité dans le bas langage, en terme de marine, et dans ses composés *boute-en-train*, *boute-feu*, *boute-selle*.

Débouter, qui est resté en usage dans la pratique du palais, y est synonyme de Démettre ; et on appelle *rebouteur* dans nos campagnes un empirique qui Remet les membres cassés.

BICHE. f. *s. f.* Espèce de pot.

Bichon. f. *s. m.* Autre espèce de pot plus petit que la biche.

> Un vio *bichon.*
>
> Ant. Chapelon, *Invent.*, p. 248.

> Vingt *biches* ou *bichons* sen conta lou poutets.
>
> Chapelon, *Testam.*, p. 181.

Le *bichon* est à St-Etienne un pot à une anse dans lequel les gens du peuple font cuire leur soupe et la mangent. Jadis tous les ouvriers déjeunaient d'un bichon de soupe, et ce repas du matin se prenait dans la rue, sur la porte de la boutique ou de l'allée, en faisant la conversation avec les voisins qui se traitaient de la même façon.

Langued.: *biché*, petit broc.

Anc. franç.: *biché*, *bichié*, *pichié*, Petit broc de grès.

Le Gloss. de Ducange cite : « *Bicarium*, vas, calix, cyathus, vel mensura potoria : Italis *bicchiero...* Hinc *bichier*, *pichier*. » Et il le rapporte au grec βίκος, vase à anse.

V. Pechie.

BICHET. l. et f. *s. m.* Mesure pour les grains.

> Voicy un homme qui lui demanda combien valait le *bichet* du froment.   Le *Chasse-Ennuy de Louys Garon.* t. I, p. 439.

> Si ci l'ogmentont lou blat de cinq so par *bichet.*
>
> (S'ils augmentent le blé de cinq sous par bichet.)
>
> Chapelon, *La Misera*, p. 197.

Anc. franç.: *bichol*, *bichet*, mesure de grains.

Le Dict. de l'Acad. 1835 a conservé le nom de cette mesure qui était employée en Bourgogne et dans la plupart des provinces de l'Est. Il évalue la contenance du bichet en blé froment à 22 livres, mais il eût dû désigner la province dont il évalue ainsi le bichet. Comme toutes les anciennes mesures, celle-ci différait de province à province. Suivant le Gloss. de Ducange, le bichet lyonnais était de 60 livres ; celui de Dombes était moindre ; il était au contraire plus grand dans d'autres localités.

BICHERÉE. L. *s. f.* Mesure agraire. Elle est encore en Lyonnais la mesure la plus usitée pour l'évaluation de la contenance d'un terrain. Elle y répond à 12 ares 90 centiares.

Dans l'ancienne législation, la bicherée représentait, suivant les uns, la contenance de terrain que peut ensemencer un *bichet* de grains, et, suivant d'autres, celle qui peut rendre un *bichet* de grains.

C'était là, on le comprend, un mode d'évaluation très-incertain et très-variable. Le Gloss. de Ducange explique à ce propos, v° *bicherata*, qu'en Dombes l'étendue de la bicherée différait suivant la nature du grain destiné à l'ensemencer ; elle variait de 2,000 à 4,000 pas, et elle était supérieure à la bicherée lyonnaise (1764 pas), bien que le bichet de Lyon fût plus grand que celui de la Dombes.

BISQUA. F. BISQUER. L. *v. n.* Pester, avoir du dépit, être fâché.

Gnagneau si vigore, la flou de le pereres.
Bisque comm'in pendzu de coudre le charrères.

(Gagneau si vigoureux, la fleur des mineurs, — Peste comme un pendu de courir les rues.)   ROQUILLE, *Lo Pereyou*, p. 17.

Miox vaut rire que *bisqua*.

(Mieux vaut rire qu'être fâché.)

Chans. de Philippon, 1853, p. 52.

Provenç. *biscar*. Suivant les étymologistes provençaux, *biscar*, c'est prendre la chèvre, la *bisca*, s'emporter ou s'impatienter comme cet animal.

V. sur cette expression, Prendre la chèvre, Genin, *Récréat. philol.*, t. I, p. 272.

Bisquer n'est pas au Dict. de l'Académie, mais il est donné comme populaire par plusieurs autres dictionn. français.

BLET. L. et F. *adj*. Mou, flasque, tendre.

Mon ventrou est *blet* et samble una panoussa.

(Mon ventre est flasque et ressemble à une guenille.)

Ant. Chapelon, *Dobrun*, p. 240.

Y sont tre houre a trabla et metton lour pensetta
Plus ronde qu'un peru, je ne dio pas si *bletta*.

(Ils restent trois heures à table et mettent leur petite panse, — Plus ronde, mais je ne dis pas si molle, qu'une poire.)

Chapelon, *La Careyma*, p. 190.

On le trouve aussi dans le *Ballet forésien*.

Jusqu'a la paillassi do liet,
Quan l e se couchont tout est *blet* ;
Ron de dzu ne lio fat de dotte.

(Jusqu'à la paillasse du lit, — Quand elles se couchent tout est tendre; rien de dur ne les meurtrit.)

Chans. de Philippon : *Ah! que le dame ant do bounheu!* 1853, p. 42.

Je su pro bien taly par faire a pid coble,
Mais sio faut battre un sie, j'ai lo jarre trop *blé*.

(Je suis assez bien taillé pour sauter sur une jambe, — Mais s'il faut battre un six, j'ai le jarret trop mou.)

Roquille, *La Corlanchia*, p. 5.

Il est cité dans Molard, qui regrette que ce mot manque à la langue française.

Langued. et provenç.: *blet, bleda* ou *bleta.*

Bousso bleto, bourse vide : locution languedocienne. (De Sauvages).

La terro *bleto* et silenciouso
Plan plan devans la riho au souleu se durbie.

(La terre friable, en silence, — Devant le soc au soleil s'entr'ouvrait.)
Mireio, ch. vii.

Blet me parait être une forme du roman *blesi, blasi ;* amolli, usé, fané, affaibli. — V. Raynouard, v° *blezir.*

Il était employé en anc. français (Roquefort). Le Dict. de l'Acad. 1835 n'en a conservé que le féminin *blette* et ne l'applique qu'à certains fruits.

BLOGI. f. s. f. Boue.

J'era lou capitaine et toujours lou parmey
Par habilie le gens ou de *blogi* ou de ney.

(J'étais le capitaine et toujours le premier (des polissons de la ville),
— Pour habiller les passants de boue ou de neige.)
Jac. Chapelon, *Educat. dos effants,* p. 266.

La *blogi* m'ere entrat finament jusqu'o zio.

(La boue m'était entrée absolument jusqu'aux yeux.)
Chapelon, *Requeta,* p. 205.

Par nous lava de la *blogi* do crimou,
Tout votron sang, moun Dio, suffira-t-ai?

(Pour nous laver de la souillure du crime, — Tout votre sang, mon
Dieu, suffira-t-il ?)
Philippon, 1853, p. 26.

A se rique le pi, s'étend tout de son lon,
Par malheur dans la *blaoge,* ontou gnia de sabouollie.

(Il se heurte le pied, s'étend tout de son long — Malheureusement
dans la boue, où il y a un bourbier.)
Savel, *Mariage de Jean.* p. 51.

Brauda, *braoudo*, langued., parait appartenir au même radical.

On trouve au Gloss. de Ducange, v° *blesta*, l'anc. franç. *bloche*, auquel il donne le sens de Glèbe, motte de terre.

EMBLOGI. F. *v. a.* Couvrir de boue.

> Aussi né que le dzable, *emblogi* de parteut.
> Au gni vé que le dent et lou dou blan do zieux.

(Aussi noir que le diable, couvert de boue tout entier. — On ne lui voit que les dents et le blanc des deux yeux.)

SAVEL, Mar. de Jean, p. 51.

BOILLA, BOGLI. I. *s. f.* Jeune fille.

Noutra bogli, notre fille, en patois de Condrieu, suivant Cochard. Notice sur Condrieu, p. 104.)

On le trouve dans la chanson de Revérony sur le ballon de Montgolfier.

> Ponai apercevant le *boille*
> Que l'ayant ravicolau.

(Puis apercevant les jeunes filles — Qui l'avaient ravigoté.)

— **P.** bressan.— Un Noël bressan de **M.** Philibert Le Duc, imprimé à Bourg en 1852, a pour titre *La Bolia aveulia*, la Jeune fille aveugle. Il est imité d'un Noël provençal, de Roumanille, *la Chato avuglo*.

— **P.** mâconnais : *boiglia, boilla.*

> Le z anfan dedan de carosse
> Chantian de Noé en latain ;
> Le garson e le *boigle* sasain,
> Tieu de bone groce.

(Les enfants dans des carosses — Chantaient des Noëls en latin, — Les garçons et les filles ensemble, — Tous de bonne grâce.)

Noëls mâconnais.

- P. savoyard : *bouilla*.

> Y zia de *bouille* en cela vella,
> Mai de frey.

Il y a des jeunes filles en cette ville, — Plus de trois.
Joyeuse farce d'un curia.

Bolhi, dauphinois, parait avoir le même sens dans la *Pastor. de Janin*, act. V, sc. III.

Je ne trouve dans les autres patois aucun analogue à ce mot, dont le radical ne m'est pas connu et dont l'usage parait limité aux provinces qui avoisinent le Lyonnais.

BOLLIE. L. et F. s. f. Entrailles, boyaux.

> Ma courat, me *bollie*, mon fejou.
> (Ma corée, mes entrailles, mon foie.)
> *Ballet forésien.*

Le *bollie* do poulats, do dindons, do levrauts,
Eriant par la plupart d'agreablous moureiaux.
CHAPELON, *La Misera*, p. 201.

Meno.....
Que par l'argint de pot arrachirio le *bollie*
D'in pouro malherou.

(Gaillards... — Qui pour la valeur d'une bouteille arracheriez les entrailles — D'un pauvre malheureux.)
ROQUILLE, *Ballon d'essai*, p. 18.

Anc. franç.: *boel, boele, buele*.

> Defors sun cors voit gesir la *buele*.

(Hors de son corps il voit gir les entrailles.)
Chanson de ROLAND, ch. III, v. 809.

Basse latin.: « Boelli, intestina; bodellus, botulus, intestinum. Italis, *budello*; armoricis, *bouzell*. Galli dicimus, boyau; olim Boel et bouele. » (Gloss. Ducange.)

Ebollie, eboullie. L. et F. *v. a.* Eventrer, crever, écraser.

> N'avons de chansons nouvelles
> Que vous fariant *ebouillie.*

(Nous avons des chansons nouvelles — Qui vous feraient crever de rire.)   Chapelon, *Mi de Mai*, p. 149.

> Jy n'y *ebol'iou* lou nez.
> (Je lui en écrase le nez.)
>   Linossier, *Moussue Progrès*, p. 4.

> Je m'*ebollio* de rire in veyant sa figura.
> (Je me crevai de rire en voyant sa figure.)
>   Roquille, *Ballon d'essai*, p. 8.

— P. bressan.

> Et quand l'an devret *ebollie.*
> (Et quand il en devrait crever.)
>   *Noëls bressans*, éd. Le Duc, p. 14.

— P. dauphinois.

> Et lo petit patron s'en rit tant qu'il *eibolhe.*
>   *Pastor. de Janin*, prol.

— P. limousin : *eboullia.* (Dict. de Beronie.)

Anc. franc.: *eboeler, esboeler, ebouailler* (Roquefort et Gloss. Ducange, v° *boelli*).

> Et maint destrier mort et *esboelé.*
>   Roman de Garin.

BONIGENS, bonegein. L. Ce mot, qui littéralement signifie Bonnes gens, est aussi employé comme exclamation pour exprimer la pitié, la compassion, la douleur.

> Son pauie lo vit, *bonigens*, et a n'en sentiit compassion.

(Son père l'aperçut et en fut touché de compassion.)
     Parab. de l'Enfant prodigue, en patois de St-Symphorien-
         le-Château, par Cochard.

> Mais cou qu'etsé maçon,
> A la chu, *bonegein*, de dessus le z etsoules.

(Mais celui qui était maçon. — Il est tombé, hélas! de dessus...)
     Roquille, *La Gorlanchia*, p. 32.

— P. saintongeois.

> L'an darie, dan Luchat iu paure vieux pahon
> Avait, *boungen*, morut de raque.

(L'an dernier, à Luhac, un pauvre vieux paon — Etait, hélas ! mort de langueur.)

Fables de Burgaud des Marets.

L'abbé de Sauvages fait observer très-justement que cette exclamation équivaut au *pechaire* des Languedociens. « Les paysans de l'Angoumois et du Poitou, dit-il, disent, au lieu de *pechaire*, *bonnes gens*. « Eh ! vraiment, monsieur, j'avons bien du mal, *bonnes gens !* quand j'avons payé les charges, je n'avons plus rien, *bonnes gens !* » Le terme *pechaire* répond au vieux français le Pauvret, la pauvrette, qui sont les mêmes que les *poverino, poverelo, poverello*, des Italiens. » Dict. langued., v° *pechaire*.

BORLI. Borlio, Borliou. L. et F. *adj.* Aveugle, dans sa signification primitive ; borgne, aujourd'hui.

Il a le sens d'*aveugle* dans le passage suivant de Chapelon.

> N'allons tous à la mort, noutroun hora s'approche,
> La *borli* ey sen marci.

(Nous allons tous à la mort, notre heure s'approche ; — Aveugle qu'elle est, elle n'a point de merci.)

Avis, p. 208.

Borliou a encore le sens d'*aveugle* dans les Chansons de Philippon, 1853, p. 30.61.

Il signifie *borgne* dans le passage suivant de Roquille.

> Cou que juge a tenant lo *borlio*, los bossus.
> (Celui qui juge à la fois les bor_nes, les bossus.)

La Gorlanchia, p. 27.

Borni, dans l'ancienne langue d'oc, signifiait, comme

le font observer De Sauvages et Honnorat, Privé de la vue. L'expression ancienne, *borgne d'un œil*, n'était donc pas dans le langage populaire un pléonasme ridicule; elle signifiait, celui qui n'y voit pas d'un œil.

Les anciens poètes provençaux appelaient Cupidon *lou picho borni*, le petit aveugle.

— P. dauphinois.

> La chanson du *borliou*.
> Je seu *borliou* de mou dou zieux.
>
> Poésies de Mexil. Grand.

Borlho, aveugle, dans la *Pastor. de Janin*, act. V, sc. III.

Eborlie. f. *v. a*, Aveugler.

> Coum'e se vet su mer dins un bai jour d'itio.
> Lou soulé ey si cla qu'ol *eborlie* louz yo.
>
> (Comme on voit sur la mer dans un beau jour d'été. — Le soleil est si brillant qu'il aveugle les yeux.)
>
> Poëme sur le 9 thermidor.

V. Ebarliaude.

BORLO, beurlo. l. et f. *v. n.* Beugler, crier.

> J'uro mon grand gosi, tant que poyins *borlo*.
>
> (J'ouvris mon grand gosier. pour crier tant que je pouvais.)
>
> Roquille, *Breyou*, p. 70.

> Et j'ai vu l'autro jour lo père Ravachoux
> Que *borlove* a sept francs la dozena de choux.
>
> Roquille, *Les Ganduaises*, p. 30.

> Dans cetu dari tiamps quoquau gens a mania
> Ant *beurlo* de partot qu'o faut d'economia.
>
> (Dans ces derniers temps, quelques gens à manie — Ont crié partout qu'il faut de l'économie). *Hymna à la Concorda*, p. 2.

> Vou jape avouais lou chin, vou *beurle* avouais lou Lo.
>
> (Il jappe avec les chiens, il beugle avec les bœufs.)
>
> Chans. de Philippon, 1853, p. 74.

BOULICA. f. Bouliguer. l. *v. a.* Remuer, agiter; et *v. n.*
S'agiter. se démener.

> A ce point parvenu, fallait bien que je sache
> Ce qu'on pouvait avoir *bouligué* dans Perrache.
> > *Embelliss. de Lyon*, p. 12.

> Tout *bouliquave* drolamont.
> (Tout se remuait drôlement.)
> > Chans. de Philippon, 1853, p. 30.

> Ardi, meynet, *boulica* veyre,
> Prency courageou, tout va bien.

> (Hardi! enfants, démenez-vous, — Prenez courage, tout va bien.)
> *Un boucher au grand festival*, Chans. de Linossier, p. 4.

— P. dauphinois.

> Dimenchi quan fut jour chacun se *bolicave*.
> > Blanc la Goutte, *Epître sur les Réjouiss.*, p. 4.

On trouve aussi *bolica* avec le sens neutre dans *la Vieille Lavandière de Grenoble* et dans la *Pastor. de Janin*, acte III, sc. II.

Langued. et provenç.: *boulega*, *boulegear*, avec les deux sens.

Roman : *bolegar*, *bolleguar*.

Catalan : *bolejar*.

BRAMA. l. et f. *v. n.* Crier, gémir.

> J'entendou *brama* ma conscienci,
> Que dit : Faut faire penitenci.
> > Jac. Chapelon, *Contrition d'un fénéant*, p. 269.

> Je vouai *brama* couma un pataire.
> (..... Comme un marchand de chiffons.)
> > Chapelon, *Requéte*, p. 216.

> Au *bramara* jusqu'à la fin :
> Vive la joie èt lou bon vin.
> > Chans. de Philippon, 1853, p. 17.

Portant j'ai sic zefans que *bramont* la misera.

ROQUILLE, *Ballon d'essai*, p. 6.

— P. dauphinois.

U la feriet
Si dru et si cip'et que la pora n'aviet
Lo leizi de *brama*.

(Il la frappait — Si fort et si dru que la malheureuse n'avait pas —
Le loisir de crier.) *Lo Banquet de le faye*, p. 12.

— P. savoyard.

Y se fecha en grand colère
E *brammave* com' on pati,
En appelant to sou archi.

(Il se mit en grande colère — Et criait comme un marchand de chif-
fons — En appelant tous ses archers.)

Farsa de Touannou dou trou.

Langued. et provenç.: *brama*, *bramar*.
Il est aussi catalan, espagnol et portugais.
Roman : *bramar*.
Bramer était usité en ancien français.

Quand il *brasmoit* demandant à boyre.

RABELAIS, *Gargantua*, liv. I, ch. 7.

Il désigne encore en français le cri des cerfs. Dict.
de l'Acad. 1835.

Le nom de *bramafan*, Crie la faim, désigne fréquemment en Lyonnais, en Dauphiné et dans le midi de la
France, un lieu stérile ou sauvage.

Lou vallon de Casteau-Rous, *bramo fam.*

La Bugado proucnsalo.

BRAME. L. *s. f.* Vache qui n'a pas encore fait de veau ; vache
stérile.

En 1670 il était perçu (au marché de St-Symphorien-le-Château)
deux liards par chaque bœuf, vache, taureau, génisse ou *brame*, et
mouton.

COCHARD, *Notice sur St-Symphorien-le-Château*, p. **111**

— P. bourguignon.

> El emeune une vache *braime*
> Qui ne fezou laissou ni craime.
>
> *Virgille virai. ch. vi.*

V. aussi le Gloss. des Noëls de La Monnoye, v° *braime*.

C'est une contraction de l'anc. franç. *brehaigne*, stérile, qu'on trouve encore cité comme populaire dans le Dict. de l'Acad. 1835.

V. aussi Roquefort, v° *braime* et *braine*; et le Gloss. de Ducange, v° *brana*.

BREN, ʙʀᴏɴ. ꜰ. *s. m.* Son; partie la plus grossière du grain.

> Una coupa de *bren*.
> (Une mesure de son.)
>
> Chapelon, *Testam.*, p. **178**.

> De pailli et de fein, de farena et de *bron*,
> Vouera plein vai chic se, et peu a n'aït ron.

(De paille et de foin, de farine et de son, — C'était plein chez lui, et puis il n'avait rien.)

> *Poëme sur le 9 thermidor.*

Le passage suivant de Pline, qui donne le nom celtique d'une espèce de grain particulière à la Gaule, a paru à plusieurs auteurs fournir le type primitif de notre mot :

« Galliæ quoque suum genus farris dedere : quod illi *bracem* (quelques éditions portent *brance*) vocant, apud nos sandalam, nitidissimi grani. » — Lib. XVIII, **7**, **XI**, édit. Brotier.

Bien que Pline désigne dans ce passage une espèce de grain, et non point une partie du grain, on peut y trouver pour l'origine celtique de *bren* un appui suffisant. Le bas breton de nos jours appelle le son *bren*; le gallois l'appelle *brann*.

Bren a le sens de Son en langued. et en provençal.

Destrech aou bren et largan a la farino.

(Avare du son et prodigue de la farine.)

Prov. langued., De Sauvages et Honnorat.

En roman :

Coma aquel que purga la pura farina del *bren*.

Citat. donnée par Raynouard.

En anc. espagnol.

En anc. franç.: *bren* et *bran*

Faisoit de l'asne pour avoir du *bren*.

Rabelais, liv. I, ch. ii.

Tout m'estoit bon *bran* et farine.

La farce du munyer.

Bran signifiait encore en anc. français toute espèce d'ordure. Bien qu'au premier abord il semble naturel de ne voir là qu'une extension du sens primitif de *bren*, Son, je serais porté à croire qu'il s'agit d'un mot d'origine différente.

BRESA, BREYSA, BREZA. L. et F. *s. f.* Débris, morceau, brin, miette, bribe.

Vo tu pa o ta compagnonna
La genta Alizon si galeysa,
Veny cambada una *breza*?

(Ne veux-tu pas avec ton amie, — La gentille Alizon si joyeuse, — Venir sauter un brin ?) *Ballet forésien.*

Un rond de tabla ente migeou me *breyse*.

(..... Où je mange mes miettes).

Ant. Chapelon, *Bobrun*, p. 246.

Tau que vous a prou balit,
Eyra quarre en pora figura
Le *breyse* de ce qu'au l'aït.

(Tel qui vous a donné beaucoup — Ira chercher en pauvre tournure — Les restes de ce qu'il avait.) Chapelon, *Requête*, p. 215.

Demanda ce qu'ey souay, quand j'amou quauqua *breysa*.
Demandez ce que je suis quand j'aime quelque peu.)

Id. à M. de St-Priest. p. 105.

A t'entendre parla tzi sé plus blanc que platrou,
Je te creyou pourtant una *bresa* rougeatrou.

(A t'entendre parler, tu es plus blanc que plâtre, — Je te crois pourtant un peu rouge.)   Chans. de Philippon, 1853, p. 73.

Et je creyo, menos, m'y cognutre ina *bresa*.
(Et je crois, amis, m'y connaître un peu.)

Roquille, *La Ménagerie*, p. 22.

— P. dauphinois.

Memo lour chamisi
Ne saviet de lour fat solamen una *brisi*.

Lo Batifel de la Gisen.

BRISON, BREZON. L. et F. *s. m.* Même sens.

Vo vede bien quou fallie faire in fricot par nos galo in pitu *brison.*

(Mot à mot : Vous voyez bien qu'il fallait faire un repas pour nous réjouir un peu.)
Parab. de l'Enfant prodigue en patois de Condrieu,
par Cochard.

N'ai pas vingt sao vaillan par m'acheta dei livre,
Par m'ainstruire in *brezon.*

Savel, *Mar. de Jean,* p. 6.

BRIQUE. L. *s. f.* Même sens.

On dit dans nos provinces Casser en mille *briques,*
pour Casser en plusieurs morceaux, et cette expression
a été relevée par Molard, 1810.

— P. bressan.

Que manze de *breque* de pan
Et de leco de fromazo.

Noëls bressans, éd. Le Duc, p. 23.

Toutes ces formes du même mot se retrouvent en
languedocien :

Brico, brizo (De Sauvages).

Te chaplaraï en milo *brisos*.

(Je te mettrai en mille morceaux).

AUBANEL, traduction d'*Anacréon*.

En provençal :

Bric, brisa, bresa (Honnorat); *brisoun, brizo*.

En *brizo*
Lou pan croustons deja se friso
Scuto la dent que l'enfreniso.

Mireio, ch. VII.

Que vegue
Vostis iue dous, et que ie begue
La vida enca 'n *brisoun !*

(Que je voie — Vos doux yeux, et que j'y boive la vie encore un peu.)

Id., ch. VI.

Roman : *briza, briga*.

Italien : *briccio, bricciola*.

Bricia panis ; mica, frustum (Gloss. Ducange).

Le Gloss. de Roquefort donne aussi *brique* ; mais, à défaut de toute citation, on ne peut connaître si l'auteur l'a recueilli dans les dialectes du Nord ou dans ceux du Midi.

L'allemand *brechen*, Rompre, casser, présente beaucoup d'analogie avec les mots de cette famille à laquelle le français *brèche* parait aussi appartenir.

BROGIE, BROUGIE. F. et L. *v. n.* Rélléchir, penser, imaginer, projeter.

O l'a souffrit la mort et la passion ;
Par iquen sou je *brogeou* et je me pensou
Qu'o l'orit bien racheta milla mondou.

(Il a souffert la mort et la passion ; — Par cela seul j'imagine et je pense — Qu'il aurait bien racheté mille mondes).

Ant. CHAPELON, *Bobrun*, p. 244.

Au se tire à l'ecart et *brouget* una breysa.

(Il se met à l'écart et réfléchit un peu).

Chapelon, *Requeta*, p. 204.

N'ai quasi ron dourmi, je ne fauai que *brougie*,
Par fini lou mariageou de ma Jeanne-Marie.

(Je n'ai presque pas dormi : je ne fais que songer — Pour finir le mariage de ma Jeanne-Marie.)

Remou et Baroueni, p. 1.

Que *broje*-tu ? — *Brojou* que vou ave to.

(Que rumines-tu ? — Je pense que vous avez tort).

Id., p. 3.

A que m'a-t-ou servi de *brougie* milla ruses ?

(A quoi m'a-t-il servi d'imaginer mille ruses ?)

Chans. de Philippon, 1853, p. 67.

Mais deguoz me parmettre avant de vo regi
D'executo lo plan que veno de *brogi*.

Roquille, *Breyou*, p. 61.

— P. dauphinois.

Per vou zou fire cour, comare, j'y *brogiavo*
U ten de notron pare.

Lo *batifel de la gisen*, p. 31.

Je ne scavo qu'en dire, y at prou a *brogie*.

Pastor. de Janin, acte II, sc. ii.

BUCLA, BUCCLO, BUCLER. L. et F. *v. a.* Brûler, griller.

Les gens sont etouna couma prou de marmailli
N'ant pas t'eu leur recour a quauque cleu de pailli
Et *bucla* par un sei ou par un beau matin
Tout iquelou voulo que lour fant prendre fin.

(Les gens sont étonnés de ce que la canaille — N'a pas eu recours à quelque clin de paille — Et n'a pas grillé un soir ou un beau matin — Tous ces voleurs qui font mourir les pauvres gens.)

Chapelon, *La Misera*, p. 200.

Et pot ou suposa quouquous bous soutzimonts

6

Chic lous gueux, lous pillards qu'ant *buela* lous couvents ?

(Et peut-on supposer quelques bons sentiments — Chez les gueux
les pillards qui ont brûlé les couvents?)

Chans. de Piolarron. 1853. p. 76.

Là dame Phigénie
Qu'un gognan voliet *bureto*.

(Iphigénie — Qu'un imbécile voulait brûler.)

Chans. de Revkrosy.

Faut les délapidé, lour dépondre le cou,
Ou les *buelé*, et puis jeté z'au vent leurs cendres.

Les Canettes, p. 38.

Bucler un cochon, c'est-à-dire, en brûler le poil avec
de la paille. — Molard, *Le mauvais langage lyonnais*.
1863.

Lou fazonn *buela* coumma cin cayon.

(Nous le faisons griller comme un cochon.)

Linossier, *Moussue Progrès*.

BUGNE, bugnie. l. et f. *s. f.* Espèce de gâteau frit à l'huile.

Dans ce même temps parut en cette ville une excellente fille qu'on
appelait la Jeanne. Elle était établie dans la rue Paradis. Elle y avait
une manufacture de *bugnes* à la livre qui fit tomber toutes les autres.
Elles étaient si bonnes et le débit en étoit si considérable qu'après
vingt années de travail elle plaça vingt mille écus qu'elle perdit dans
une banqueroute. Elle en mourut de douleur.

Supplém. aux Lyonnais dignes de mémoire.

(Le *Supplément aux Lyonnais dignes de mémoire* est
de Pierre Laurès, chirurgien de Lyon. C'est une satire
fort spirituelle des *Lyonnais dignes de mémoire*, de
l'abbé Pernetti. Laurès y fait, avec un grand sérieux et
en un style ridiculement grave, la biographie imaginaire
de personnages de la plus basse condition.)

Un jour de mardi gras nous avions évité le père et le compagnon
à mangé de matefins tramés de *bugnes*.

Les Canettes, p. 223.

Son chapeau n'aura pou d'ina marcia de *bugnes*.

(Son chapeau n'aura pas peur d'une averse de bugnes.)

Hymna à la Concorda, p. 41.

Vou ne veït
Que tatres, que paties, que *bugnies*, que couquées.

Chapelon, *Entrée solenn.*, p. 142.

Cette espèce de gâteau se mangeait traditionnellement à Lyon le premier dimanche de carême, qui de là avait pris le nom de *dimanche des bugnes*.

Bugne s'emploie aussi comme injure. On dit d'un imbécile ou d'un homme sans caractère qu'il est *une bugne*.

BURLET, BEURLET. F. s. *m.* Bâton.

Un gros *burlet* per alla en vouyageou.

Ant. Chapelon, *Bobrun*, p. 246.

Beurlet dans la préf. des Chans. de Boyron, p. 8.

— P. dauphinois : *burlet*; bâton ferré, bâton pour se battre. Champol.-Figeac, Vocab., p. 169.

Langued. : *berlo, burlo* ; souche, morceau de souche.

Basse latin. : « Borla, pastorale pedum ; gallicè, houlette. *Litt. remiss.*, 1386. De quodam magno baculo, dicto communiter *borla* ad usum pastorum destinato... ipsum percussit. » Gloss. Ducange.

BUYAT, BUYA. L. F. s. *f.* Buée, lessive.

Un bai manti tout fin blanc de *buyat*,
N'ey que lou rats l'ant un po partuzat.

(Une belle nappe toute blanche de lessive, — Si ce n'est que les rats l'ont un peu trouée.)

Ant. Chapelon, *Inventoirou de Bobrun*. p. 246.

Quand t'arais fat ta *buya*.

Roquille, *La Gorlanchia*, p. 31.

— P. mâconnais.

> Pre la *buye* un grand beri.
>
> (Pour la lessive un grand cuvier).
>
> *Noëls mâconnais*, p. 46.

— P. bressan : *buya*.

Langued. et provenç.: *bugado, bugada*.

On retrouve ses analogues dans presque tous les patois et dans les langues néo-latines. *Bucato* en italien, etc.

On trouve même *bugat* en bas breton ; mais il est impossible de dire s'il y est un reste des dialectes celtiques, ou s'il y a été importé depuis la conquête romaine.

Buée, anc. franç., a été retenu par le Dict. de l'Acad. 1835 comme appartenant au vieux langage. Il était très-usité au XVe et au XVIe siècle, ainsi que le verbe *buer*.

> La pluye nous a *buez* et lavez.
>
> VILLON, Ballade pour luy et ses compaignons.

> Entendimes un bruit strident et divers, comme si fussent femmes lavant la *buée*.
>
> RABELAIS, *Pantagruel*, v. 31.

BUYANDIRI, BUANDEYRI. L. et **F. s.** *f.* Blanchisseuse, femme qui fait la lessive ; lavandière.

> Quand je vio Jaboulay avouai sa menageiry,
>
> Qu'ait may de varon qu'un grouin de *buandeiry*.

(Quand je vis Jaboulay avec sa ménagère, — Qui avait plus de verrues qu'un groin de lavandière).

> CHAPELON, *Entrée solenn..* p. 141.

La Bernarda buyandiri, Bernarde la blanchisseuse, est le titre d'une comédie lyonnaise du XVIIe siècle, dans laquelle plusieurs personnages parlent patois et que nous avons souvent citée.

Molard, 1803, a rapporté *buyandière* comme lyonnais, au sens de Femme qui lave la lessive, et le Dict. de l'Académie, 1835, a retenu *buandière* comme se disant dans quelques grands établissements industriels.

C

CABELOT, *cablot*. l. *s. m.* Petit tabouret.

> L'un lève un *cabelot*, l'autre attrape une cruche.
>
> *Visite à l'Exposition.* 1860, p. 10.

> C'était leur tour comme doyens de la vieillesse
> D'occupé cette fois le *cablot* de sagesse.
>
> *Les Canettes,* p. 25.

Chombes de cabelot, pour Jambes tordues, mal faites, dans Roquille, *la Gorlanchia*, p. 13.

CABIR, contenir. — V. CHAVI.

CACABOSON (Être à, se tenir à). l. Être accroupi, se tenir accroupi.

> Si vo voya lieu chini,
> Qui lieu sert de cabane :
> Y z y sont tot en un cuchon,
> Et n'y van qu'à *cacaboson*.

(Si vous voyez leur chenil — Qui leur sert de cabane ; — Ils y sont tous en tas — Et n'y entrent qu'en se baissant à terre).

> *Noël lyonnais* de 1741.

> Je me metti *a cacaboson* su mon coussin.
>
> *Les Canettes,* p. 221.

C'est la même position que Roquille exprime par *à cacasson*, dans le *Deputo manquo*, p. 24.

> Le convoi de golius, seins faire de façons,
> Ou mitan dou chamïn accule à *cacasson*.

(Le convoi de goulus, sans faire de façons, — S'assied par terre au milieu du chemin.)

Y fant jamais très pos seins chère *à cacasson*.

(Ils ne font pas trois pas sans tomber sur leur derrière).

Id., Les Ganduaises, p. 17.

Villon a dit *à croppetons* dans la ballade de la *Belle Heaulmière*.

Ainsi le beau temps regretons
Entre nous pauvres vieilles sottes.
Assises bas *à croppetons*,
Tout en ung tas comme pelottes.

Et l'on trouve encore cette expression dans le patois bressan.

Y ave na se gran pressa
Que le felie de Graton,
Pendant qu'on dise la messa,
Faron tot' *à crepoton*.

Noëls bressans, éd. Le Duc, p. 87.

CAFAROTTA. F. *s.* *f.* Trou, caverne ; tanière.

Sourtez tous de voutre *cafarolle*.

(Sortez tous de vos trous.)

Chapelon, *Mi de Moi,* p. 148.

— P. auvergnat.

Près da que liot est uno grotto,
Neiro commo uno *caffarotto*.

(Près de ce lieu est une grotte — Noire comme une tanière.)

La Henriade travestie, ch. i, p. 11.

— P. langued. : *cafaroto*.

Roman : *cavarola* (Raynouard). — Las volps an lurs *cavarolas*. (Les renards ont leurs tanières.)

Roquefort cite en anc. franç., avec le même sens, *caferote,* et Honnorat *cafarote*.

V. ci-dessous Cavord.

CAFFI. l. et f. *adj.* Rempli; épais.

Il sert particulièrement à qualifier le pain mal pétri, mat et sans trous. — V. Molard, 1803.

> Suzanne reste là tout comme une statue,
> Le cœur *caffi* d'ennuis, immobile, abattue.
>
> *Les Canettes*, p. 20.

> N'avons-nous pas par nous dzistraire
> Notroun musée tout *cafi* d'escargots.
>
> Chans. de Philippon. 1842. p. 4.

> Bouchers et boulangers peuvent faire l'offrande
> Qui de pains trop *caffis*, qui de débris de viande.
>
> *Épit. à mon cousin Greppo. Petites Sœurs des pauvres*, p. 12.

Provenç. : *caffir, cafir* ; remplir, gorger. — *Se caffir;* se gorger d'aliments.

CAISI, se taire. — V. **QUESIR.**

CALADE. l. *s. f.* Pavé, rue pavée; parvis d'une église.

« Monsieur de Saulx se pourmenoit sur la *calade* de Saint-Jean avec sa garde. »

> Rubys, *Hist. de Lyon*, p. 400.

Les habitants de Villefranche-sur-Saône appellent encore la *calade*, le parvis de leur principale église, et la rue sur laquelle elle est située ; et comme cette rue est pour eux un lieu habituel de promenade, ils en ont pris le surnom de *Caladois*.

Une note manuscrite, attribuée par M. Breghot du Lut au P. Ménestrier et placée sur le passage précité de Rubys, regarde les Italiens qui ont habité Lyon comme y ayant apporté le nom de *calade* ; une descente s'appelant en Italie *una calata*, et *calare*, signifiant baisser, descendre.

Langued. : *calado;* le pavé des rues. (De Sauvages).

— Provenç. : *calada;* pavé, terrain, rue. (Honnorat).

Le Gloss. de Ducange cite *caladia via, calata,* et *callata.* Il leur attribue le sens de *calcea,* chaussée ; *via strata quæ in declivitatem vergit,* nostris, *callate;* et *ambulacrum,* promenade. Il les rapproche aussi de l'italien *calata.*

Le français Caler a plusieurs sens qui ont été conservés par le Diction. de l'Acad. de 1835. Il signifie Descendre, abaisser et mettre de niveau. N'est-ce pas dans ce dernier sens qu'il a produit *calade ?* Il faut toutefois se rappeler que les anciens pavaient surtout les rues ou les chemins disposés en pente, ce qu'observent encore de nos jours les Italiens.

CAMBIN F. *s. m.* Partie de plaisir, repas, goguette ; bombance.

> Ma gaupa que retrat de sa reina grand mare
> Ame in quo mio que met lou *cambins,* le coumare.

> (Ma gaupe qui tient de son arrière-grand'mère, — Aime encore mieux que m i les repas, les commères.)

Jac. CHAPELON, Education, p. 268.

Dans les *Transes de Bobrun,* d'Ant. Chapelon, les gens qui viennent pour enterrer celui qu'ils croient mort, disent en parlant du bon repas qu'ils vont faire :

> Lou malheur ey qu'o mert pas prou de gent,
> Qu'equai *cambin* n'arrive pas souvent.

> (Le malheur est qu'il ne meurt pas assez de gens ; — Que cette bombance n'arrive pas souvent.)

p. 242.

> Semont trop contentes,
> Dins noutron *cambin* ,
> Quand l'y tenons de vin.

Nous sommes trop contentes. — Dans nos goguettes. — Quand
nous y avons du vin.)

Chapelon, Chanson. p. 171.

CAMPANA. f. *s. f.* Cloche.

Je farez mai de brut, si quaucun m'o demande,

Que si ai l'ayant souna la *campana* de Mande

(Je ferai plus de bruit, si quelqu'un me le demande, — Que si on
avait sonné la cloche de Mende.)

Chapelon. A M. de St-Priest, p. 107.

Notra chabaratana

Etablia vai lou coin,

Sans tambour ni *campana*,

Nous rassemble de loin.

(Notre jeu de l'arc. — Etabli vers le coin, — Sans tambour ni
cloche, — Nous rassemble de loin.)

Chans. de Boyron, p. 7.

Langued. et provenç. : *campano, campana.*

Roman : *campana.*

Campana; catalan, espagnol et italien. — *Cam-
painha*; portugais.

Anc. franç. : *campane*; cloche; *campanelle, cam-
penelle*; sonnette, petite cloche.

Comme son père avoit emporté les *campanes* de Notre-Dame.

Rabelais, liv. II, ch. vii.

Si tost comme les *campenelles* sonnoient, ils aloient là.

Contin. de Guill. de Tyr.

Basse latin. : « *campana, campanum;* tintinnabulum
æreum quo occidentales Latini utuntur ad populum in
Ecclesiam convocandum. » (Gloss. de Ducange.)

Campane a laissé en français plusieurs mots dans le
langage des arts et des sciences, notamment dans celui
de l'architecture, *campanile*, sorte de clocher ou de
petite tour ouverte; — et dans celui de la botanique

campanule, famille de fleurs auxquelles on donne vulgairement le nom de clochettes.

CAMPANA. f. *v. a.* Sonner une cloche, publier quelque chose.

> Je n'orin pas besoin qu'Etienne courrateyse,
> Qu'au l'aille *campana*.
>
> (Je n'aurais pas besoin qu'Etienne se mette en marche : — Qu'il aille le publier.)
>
> CHAPELON, *A M. de St-Priest*, p. 107.

CAMPANAIRE. f. *s. m.* Sonneur de cloche.

> *Campanaire* jurat de vez la grand ygleizy.
>
> (Sonneur juré de la Grande église. — *Nom de la plus ancienne église paroissiale de St-Etienne*)
>
> CHAPELON, *Testament*, p. 177.

Campanarius; custos campanarii, qui campanas pulsare solet. (Gloss. Ducange.)

CANASTEI. l. *s. m.* Petit panier; en patois de Condrieu, suivant Cochard, *Notice sur Condrieu*, p. 104.

Langued. et provenç. : *canasta, canastel*.

Canastra, catalan; *canestro*, italien; *canasta*, espagnol; *canastra, canistrel*, portugais.

Anc. franç. : *canestrel*, corbeille.

Basse latin. : *canastellus, canestella, canestra*. — Gloss. Ducange.

Ce mot nous est venu du grec καναστρον, ou directement, ou par le latin *canistrum*.

CANCARINETTE. f. *s. f.* Instrument de musique pastorale; cliquettes.

> Sus voutre *cancarinette*
> Faide entendre par lou bois.
>
> CHAPELON, Noël VIII. p. 96.

Cancarinetas, en dial. gascon. (Honnorat.)

CANCORNO. l. et f. *v. n.* Bavarder, radoter, gronder.

> Menos, me vequa mais : vequa lo vio garçou
> Que vient vos *cancorno* de vars de sa façou.

(Enfants, me voilà encore ; voilà le vieux garçon — Qui vient vous débiter des vers de sa façon.)

Roquille, Discours, 1858, p. 3.

> O faut qu'o nein lignese, o vet pro *cancorno*.

(Il faut en finir, c'est assez bavardé.)

Id., id., p. 10.

> Sa fena *cancorne*,
> Taune, roumfle et morne.

(Sa femme gronde, — Bourdonne, ronfle et grommelle.)

Philippon, Chansons, 1853, p. 15.

CANCORNA. l. et f. *s f.* Grondeuse, radoteuse.

> J'aïn ma mare grand, una vieilli *cancorna*.

(J'avais ma grand'mère, une...)

Jac. Chapelon, Educ. dos effants, p. 264.

> Que raffolove qui? voz ete ina *cancorna*.

(Que radotez-vous ici? vous êtes...)

Roquille, Ballon d'essai, p. 30.

> Avisos donc portant ina tella *cancorna*,
> Que toujours preye Dieu, que fat tant la bigorna.

Hymna à la Concorda, p. 37.

CAPITO. l. *v. a.* et *v. n.* Rencontrer.

> Ah ! qu'o va bien, dzite, j'ai *capito* la souchi.

(Ah ! que cela va bien, dit-il, j'ai trouvé la racine.)

Roquille, Lo Pereyou, p. 13.

> Eintr'autro *capitzo* cou certain bergniquié
> Qu'a dous motrus garrots que battont lo briquié.

(Entre autres, je rencontrai ce certain borgne, — Qui a deux méchants garrots qui battent le briquet.)

Roquille, La Gorlanchia, p. 13.

O s'y *capite* alor la familli Michon.

(Il s'y rencontre alors...)

Id., id., p. 20.

Provenç.: *capitar* ; Commencer une affaire, rencontrer fortuitement. *A ben capitat*, il a bien rencontré. (Honnorat.)

On trouve au Gloss. de Ducange, le mot *capitare*, qui dans plusieurs textes a le sens de Aboutir, confiner : Duæ acræ quæ *capitant* super easdem. Il a un sens encore plus rapproché de notre *capito* dans ce passage des Sermons de Barletta : Illa die non potes malè *capitare* ; Ce jour-là tu ne peux pas mal rencontrer ; il ne peut pas t'arriver mal.

Ils dérivent évidemment du latin *caput*.

CARAMENTRANT, CARAMOUNTRANT, CARAMEINTRAN, L. et F. *s. m.* Carême entrant, les derniers jours du carnaval, le mardi-gras.

> Porou *caramentrant* tournet prendre courageou.
>
> (Ce pauvre mardi-gras reprit courage.)
>
> CHAPELON, *Entrée*, p. 140.
>
> Avouais *caramountrant* vint bon la mascarade.
>
> (Avec mardi-gras la mascarade vient à propos.)
>
> Chansons de Philippon, 1853, p. 73.

Carameintran est employé par Roquille, *les Ganduaises*, p. 5.

Ce mot signifie aussi un masque, une personne déguisée. V. le Gloss. des Noëls de La Monnoye, vᵒ *cairementran*.

A Saint-Etienne, il désigne encore de grands feux de charbon qu'on fait dans les rues le jour du mardi-gras.

Dansie autour d'un *caramantran*.

(Danser autour d'un feu de carnaval.)

CHAPELON, *Avis aux effans de Saint-Etieve*.

Caramentrant est usité sous des formes un peu diverses dans toute la France. Le Lexique de Raynouard en donne trois exemples anciens. On le trouve en languedocien, en provençal, dans les patois de langue d'oil et en ancien français.

On le trouve au Gloss. de Ducange, v° *caramentrant*, *caramentran*, *carementrannus*, *carmentran* et *quadragesima intrans*.

On disait aussi dans le même sens *carême prenant*. « Parlant du mardi-gras, autrement dict *quaresme prenant*, ou *quaresm entrant*. » H. Estienne, *Apologie pour Hérodote*.

Le Dictionnaire de l'Académie a conservé cette dernière expression qui a été employée par Molière, *le Bourgeois-Gentilhomme*, acte V, sc. VII, dans le sens de personnage déguisé; mais il n'a pas reproduit *carême entrant*.

Quareme entrant le veil se trouve dans un compromis du XIII° siècle entre le chapitre de Saint-Jean de Lyon, et celui de Saint-Just, rapporté par M. Breghot du Lut, *Mél.*, t. II, p. 265. On appelait ainsi le dimanche de la Quadragésime, *carnis privium retus*, jour auquel avait commencé le carême jusqu'au IXe siècle : c'est alors seulement qu'on y avait ajouté les quatre jours qui précèdent ce dimanche, afin de compléter les quarante jours de jeûne.

M. Champollion-Figeac, dans ses *Nouv. Recherch. sur les patois*, p. 155, a cru devoir aller demander au celtique l'étymologie de *caramentran*, bien que ce mot composé par nos pères n'eût besoin d'aucune savante explication. Mais M. Champollion-Figeac publiait ce livre au temps où l'Académie celtique était dans toute sa ferveur et où son zèle pour la glorification des anciennes langues de la Gaule lui en faisait trouver les débris un peu partout.

CARCAVELA, **QUARQUAVELA.** L. *v. n.* Faire du bruit, du tapage; babiller, crier.

> Eyet assé *quarquavela*;
> Depechon-nou, eyet tot un.

(C'est assez babillé; — Dépêchons-nous, c'est la même chose.)
> *La Chevauchée de l'Ane*, 1566.

— P. dauphinois.

> Elle porton mey d'attiffet
> Su la testa que lo buffet
> D'un marchant de chose nouvelle;
> Car tout sur elle *carcavelle*.
> *La vieille lavandière de Grenoble*, p. 59.

> Lour *carcavelamen* me fat decreytina.

(Leurs criailleries me font devenir crétin.)
> *Pastor. de Janin*, acte IV, sc. I.

Le radical de ce mot est le roman *carcavel*, grelot, encore usité en languedocien et en provençal. Catalan : *cascavell;* espagnol : *cascabel*; portugais : *cascavel*.

Basse latin : « *cascavellus, cascaviellus*; campanula, nola; Gallis, grelot; provincialibus, *cascavau*, » Gloss. Ducange.

Carcavela en languedocien signifie Agiter comme un grelot, Tourmenter.

CARCABEAU. L. *s. m.* On appelait ainsi à Lyon le relevé périodique et officiel du prix du blé qui se faisait le samedi de chaque semaine, à la Grenette, par un des échevins. — V. M. Breghot du Lut, *Mél.*, t. I, p. 268 et 306. — Ce nom venait sans doute du bruit qui se fait dans tous les marchés à la criée, ou de ce que le prix du blé était d'abord proclamé, crié officiellement avant d'être affiché.

Dans la comédie dauphinoise de *Seigne Peire et seigne Joan*, p. 9, *carcabeau* a le sens de Tourment, préoccupation, tintouin.

> Et non durmiray, si me reste
> Aquest *carcabeau* din la teste.

CARPAN. L. *s. m.* Coup, soufflet.

> Si lo regalo d'in *carpan*,
> Ly foue passo lo gout dou pan.
>
> ROQUILLE, *Les Gandaaises*. p. **20**.

Langued.: *carpans*, des coups. *Carpan de Venizo*, un soufflet. *Carpar*, battre, étriller, rosser. De Sauvages et Honnorat le font venir du grec $\varkappa\alpha\rho\pi\delta\varsigma$, poignet, carpe, jointure du bras et de la main.

CARRE, QUARRE, QUORE. L. CAROU. F. Quarré, toute chose carrée, angle, coin, carrefour, foyer.

> Le capitaine... les mypartit en deux bandes dont l'une passa par le *carre* de l'espicerie tendant à Saint-Nizier, l'autre par rue Longue. à costé dudit Saint-Nizier.
>
> *La Prinse de Lyon par les fidelles*, 1562.

> Après une fantosme portée par quatre dans un linceul, jettée par tous les *quarres*, lieux et places de ladicte ville.
>
> *La Chevauchée de 1578.*

Dans une Délibération consulaire de Lyon du 23 septembre 1488, relative aux funérailles de l'archevêque Charles de Bourbon, on lit que les quatre *quarres* du drap de veloux sur lequel sera placé le corps seront portés par quatre des plus « grants dignitez de l'église de Lyon. » — V. Notice de M. Péricaud sur Ch. de Bourbon, p. 47.

Chocun pesiblamint s'est rejuint dins son *quoro*.

(Chacun paisiblement s'est retiré dans son foyer.)

ROQUILLE, *Breyou*, p 65.

Asset o *carou* do cuflin.

(Assis au coin du foyer.)

Ballet forésien,

Jalou de fret o *carou* do fouier.

(Je gèle de froid au coin du foyer.)

Ant. CHAPELON, *Bobrun*, p. 239.

Un gro vio

L'envorpe et lou rigotte

Dins un *carou* de lensio.

(Un gros vieux — L'enveloppe et le réchauffe — Dans un car é de linge.) CHAPELON, Noël II, p. 80.

Lou preyant a sa mort de lou pas deleyssie

Et d'obtenir par set un petit *carou* au cie.

(Les priant à sa mort de ne pas le délaisser, — Et d'obtenir pour lui un petit coin au ciel.)

CHAPELON, *Testam. de Bellemine*, p. 178.

Vou l'y orat de musicions de tous lous *carous* et cantons de l'univers.

(Il y aura des musiciens de tous les coins et...)

LINOSSIER, *Un Boucher*, p. 2.

— P. dauphinois: *carro* ; coin.

Gnat *carro* ni canton que sur la veiperna

Ne set plein de le gen qui sont que trop de resta.

Pastor. de Janin, acte III, sc. II.

— P. bourguignon : *quarre ;* coin.

> Ai fai tramblai le quate *quarre*
> Et le mitan de l'univar
>
> *Noels de La Monnoye. Noël IV et le Glossaire.*

Langued.: *cairou ;* provenç.: *carreou.*

Basse latin.: « *Corommus :* angulus ; Gall. Coin, encoignure ; alias, *coron, couron* et *quoron.* » (Gloss. de Ducange.)

CARRE, Chercher. — V. QUARRE.

CAVAR. — V. VAR.

CATZA. F. *s. m.* Espèce de fromage.

> La via n'e qu'un *catza* de misera.
>
> Chans. de Pierrefeu. 1853. p. 32.

L'auteur a ajouté en note : *Catza ;* Mauvais fromage, sec et pénible à avaler.

Suivant le Diction. provençal d'Honnorat, *cachat, cacheou, cacheti, cacheta,* désignent, dans différentes contrées de la Provence, une espèce de fromage que l'on réduit en pâte et auquel on ajoute du vinaigre et quelques épices.

Il faut aussi rapporter à notre mot les termes de basse latin. *casata, caseata, casiata, casciata* et *casiatum* que le Gloss. de Ducange interprète par l'ormaticum, fromage, et par Placentæ species ex caseo.

Catza a trop d'analogie de sens et de forme avec le latin *caseus* pour ne pas en être réputé un dérivé.

CAVORD. L. *s. m.* Trou, caverne, refuge, repaire, cachette.

Et sat tous lo *cavords* de la fina boisson.

(Il sait tous les trous où se cache la fine boisson.)

Roquille, *Ballon d'essai*, p. 8.

Sô dzigno compagnons lo segont sins retord
Par allo dous fusis decuri lo *cavord*.

(Ses dignes compagnons le suivent sans retard — Pour aller découvrir la cachette des fusils.)

Id., *Breyou*, p, 16.

Menos, vos saîdes tous que cou *cavord* illustro
Onte lo deputos siejont dzurant in lustro.

(Amis, vous savez tous que cet illustre trou, — Où les députés siègent pendant un lustre.)

Id., *Lo Deputo manquo*, p. 6.

Anc. provenç.: *cavarota*, grotte, caverne; langued.: *caborno*, tanière, repaire de bêtes. Roquefort cite dans le même sens *cavaras*, sans dire à quel dialecte il l'a pris.

Basse latin.: « *Cabernum*, *cavernum*; caverne. » (Gloss. de Ducange.)

V. ci-dessus Cafarota.

CAYON, caion, cayoun. L. et F. *s. m.* Porc, cochon.

Celos vios et celos moutons
Sont aussi gras que de *cayons*.

Lyon en vers burlesques, 2e journ., p. 22.

Le Noël lyonnais de 1741 dit au couplet où il met en scène les Antonins :

Saint Antoino lieu patron
Lieux engraisse de *cayon*.
(…,. Leur engraisse…)
Que de malheroux onviyount
L'aviore et lou sort dos *cayouns*.

(Que de malheureux envient — L'avoir et le sort des cochons.)

Chans. de Philippon, 1853, p. 37.

— P. bressan.

> Quand vo m'aré guetio dans ena beurdifaille
> Fore carfo la cass'e tresso le polaille.
> Vo vo pansere bin. vo dmando pardon,
> Que ze n'ai po tarzo apresto u *cayon*.

(Lorsque vous m'aurez vue dans un jour de bombance, — Faire chauffer la poêle et trousser les volailles. — Vous penserez bien, je vous demande pardon, — Que je n'ai pas toujours fait la cuisine au cochon.)   *Marguela,* p. 6.

— P. dauphinois.

> Que de gran vergogni
> En la sout du *cayon* vito s'alei cachié.

(Que de honte — Il aille vite se cacher dans la loge du cochon,)
     Lo Banquet de le faye, p. 19.

— P. du Velay.

> Jau veze, moun ami, que tu li as pas pensa,
> De garda tous *cayous* lou long de Panassa...
> Lou pouors diouriont toudjours demoura din l'assou.

(Je vois, mon ami, que tu n'y as pas pensé ; — Avoir gardé les cochons le long de Panassa !... — Les porcs devraient toujours demeurer dans leur loge.)
     M. Lambert, comédie d'Ant. Clet, du Puy.

Ce mot paraît limité à la zone intermédiaire. Je le trouve dans les dialectes de la France centrale et dans ceux de la Suisse française ; il s'efface au Midi et au Nord. Le Diction. d'Honnorat cite *caioun* comme employé en Provence, mais seulement dans quelques localités voisines du Dauphiné. Le Dictionn. langued. de Des Sauvages donne aussi *caiou*; mais je ne l'ai retrouvé dans aucune des traductions de la Parabole de l'Enfant prodigue qui ont été publiées officiellement.

Caya, cayum, en basse latinité, signifie Maison, chaix. — V. Gloss. de Ducange. — Je crois que là est l'origine de notre mot. Le *cayon*, c'est le porc de la maison, *porcus domesticus*, par opposition au *seng ar*, sanglier, qui est le porc sauvage, *porcus singularis*, porc sanglier, comme disaient nos pères.

CEBRELA. SEBROLA, SOUBRELA. F. *v. a.*. Ébranler, secouer, et figur. Mettre en train.

> Y l'ant bien *cebrela* lour so.

(Ils l'ont bien secoué autant qu'ils ont pu).

CHAPELON, *Chansons*, p. 164.

On dit *cebrela* un arbre, quand on le secoue pour en faire tomber les fruits.

> Ne rou dire, Zabeau, quand vou passe pas d'houra
> Sans que l'apprehensioun me *sebrole* lou coura?

(Ne rien dire, Isabeau, quand il ne se passe pas d'heure — Sans que la crainte ne m'ébranle le cœur?)

Chans. de PHILIPPON, 1853, p. 70.

> Se tu veu, par nou *soubrela*,
> Quauque chanson debagoula.

(Si tu veux, pour nous mettre en train, — Nous dégoiser quelque chanson.)

Ballet forésien.

CHA UN, CHA DEUX, etc. L. *adj.* A CHA UN, A CHA DEUX, etc. L. *adv.* Un à un, deux à deux.

CHA PEU, A CHA PEU, L. *adv.* Peu à peu.

> Lou nomeran-nous *à cha un*?

(Les nommerons-nous un à un?)

La Chevauchée de 1566.

> *A cha peu* on pourra diminuer l'impôt.

4e *Lettre à mon cousin Greppo*

> Qu'es-tu donc devenu, commerçant de Lyon,
> Toi que t'avais gagné la réputation
> D'élever *à cha* sou ta solide fortune?

Les Embelliss. de Lyon, 1858, p. 18.

Vouè lo preindre à chas yon.

(Je vais les prendre un à un.)

Roquille. *Les Ganduaises*, p. 5.

A que siais d'être ambitioux
Quand tout prend fin *a cha* domageou?

(A quoi sert d'être ambitieux — Quand tout prend fin petit à petit. — *Mot à mot*: Dommage à dommage.)

Chans. de Puitspox, 1853, p. 36.

— P. dauphinois.

Inco que lhi louz at racla *a cha* millié.

(Bien qu'elle (la peste) les ait raclés par milliers.)

Pastor. de Janin, act. III, sc. ii.

— Provençal.

Comm' un viel bastiment *a cha pauc* si degrauo.

(Comme un vieux bâtiment peu à peu se détruit.)

La Bellaudière.

Pamens, quand dins la fousco eilalin veguerian
Cimo *a cha* cimo dispareisse
Lou dous païs.

(Néanmoins, quand dans la brume éloignée nous vîmes — Cime à cime disparaître — Le doux pays!)

Mireio, ch. xi.

— Anc. français.

Si vis les sains de paradis,
Cha V, *cha* VI, *cha* IX, *cha* X,
Allans et venans.

L'advocacie N.-Dame.

Molard, 1810, cite ces locutions et les explique de la façon suivante : « *A chas un, a chas deux*, pour dire Un à un, deux à la fois. Autrefois on disait *chas deux, chas trois*, ou *ce qui tombe* deux à deux, trois à trois. Mais jamais on n'a dit *à chas trois*, expression d'écolier. »

Je crois que *choir* n'entre pour rien dans la formation de *cha un*, *cha deux*, *cha peu*, etc. Ces expressions équivalent à *chaque un*, *chaque deux*, *chaque peu*, ou comme on écrivait au XIIIe siècle, *chasc'un*, *chasc deux*. — V. Recherch. sur la lang. franç., de Gust. Fallot, p. 257.

On écrivait aussi *chaun*. « Manaem fist se asise e sun taillage sur tuz les riches hume de Israel, cinquante sicles d'argent sur *chaun* par duner al rei de Syrie. (... Ut daret regi Assyriorum quinquaginta argenti per singulos.) »

Les 4 livres des Rois, ljv. IV, liv. XV.

CHALAMELA, CHARAMELLA. L. *v. n.* Jouer du chalumeau; et, par extension, jouer d'un instrument; chanter.

> Mais c'est trop *chalamela*,
> Sans mangy, ne sans beyre.

Chanson en patois lyonnais dans le *Formulaire fort récréatif de tous contracts.*

> Nous noz en van, car nouz an sey ;
> Eyet assé *charamella.*

(Nous nous en allons, car nous avons soif; — C'est assez chanté.)

La Chevauchée de 1566.

— P. dauphinois.

> Lo rossignon donne d'aubade,
> Car sen sommellié not ni jour,
> U *charamelle* de l'amour.

Pastor. de Janin, prolog.

Langued,: *chalamino*, chalumeau, musette; *calamela*, jouer du chalumeau.

Provenç.: *charamel*, chalumeau; *charamelar*, jouer d'un instrument.

Roman : *caramela, caramel, calamel* ; chalumeau. — *Caramelar, calamelar* ; jouer du chalumeau ; chanter, conter.

Anc. catalan et anc. espagnol : *caramela, caramelar* ; — Portugais : *charamella*.

L'italien a *cennamella* que Dante a employé :

> Ne gia con si diversa *cennamella*
> Cavalier vidi mover ne pedoni.
>
> *Inferno. c.* **22.**

et *ciaramella* qui, suivant Redi, est le nom vulgaire d'un instrument de musique usité en plusieurs lieux de la Toscane, notamment chez les Aretins.

L'anc. français avait *chalemeler*. Il est rapporté par Roquefort, et le Gloss. de Ducange, aux mots *calamella, calamellus, calaminula, calamaulis,* cite les vers suivants extraits d'un poëme sur les Miracles de la Sainte-Vierge.

> Toudiz aloit *chalemelant*
> La douceur de ses chalemeaux,

C'est au latin *calamus* que se rapportent manifestement tous les dérivés néo-latins que nous avons rappelés.

CHANA, chanée. L. et F. *s. f.* Canal, conduite d'eau, tuyau de gouttière.

Chana ou *chanée,* conduite des eaux dans une gouttière ; dites Cheneau. Molard, 1810.

Il existait à Lyon, avant la Révolution, dans la rue, aujourd'hui le quai Bourg-neuf, une chapelle appelée *St-Martin de la Chana ; S. Martinus de Canali. La Chana* était aussi le nom du quartier voisin de cette chapelle.

> Nous sommes devant *la Chana*.
> Où beaucoup de gens il y a.
>
> *Lyon en vers burlesques*, 2e part., p. 20.

Chana est aussi usité à St-Etienne. Philippon, l'a employé au sens de Gouttière dans la chanson la *Jouenessa*, 1842, p. 5.

Suivant Cochard, *Description de Lyon*, 1817, p 215, *chana* viendrait de Chêne, les tuyaux de conduite d'eau étant faits jadis avec le bois de cet arbre.

De Sauvages, v° *canaou*, pense aussi que le français Cheneau vient du nom de Chêne, dont le bois est employé dans le Nord aux tuyaux de gouttière.

Mais notre *chana*, comme le *chanaou* provençal, *chanal*, limousin, me paraît simplement une dérivation du latin *canalis*.

C'est l'opinion de Roquefort, v° *chanal*, *chanel*; conduit, canal, gouttière; et du Gloss. de Ducange, v° *chancia*, alveus, canalis; nostris, *chane* et *chanel*. Le même Gloss., v° *chenalis* cite encore comme employé dans le même sens en ancien français, *achanau* et *achenau*.

CHANÇAY. f. *s. m.* Cercueil.

> Vingt so par son *chançay*, couma que qu'au seyeze,
> Bien ou mal ajusta, ma qu'o lou cuerseleize.

(Vingt sous pour son cercueil, de quelque façon qu'il soit, — Bien ou mal ajusté, pourvu qu'il le couvre.)

Jac. CHAPELON, *Testam.* p. 274.

> Par mon *chançay* me gens faziant la pachi ;
> Ne foulit pas qu'o manquesse une tachi.

(Pour mon cercueil ma famille faisait le marché; — Ils recommandaient qu'il n'y manquât pas un clou)

Ant. CHAPELON, *Bobrun*, p. 261.

Je regarde *chançay* comme une altération de *chancel*, *chanceau*, qui, en langue d'oc et en langue d'oil, signifiait Barrière, grille, treillis. Les cercueils jadis n'étaient pas faits de planches pleines, mais de barres de bois formant une claire-voie.

Le Gloss. de Ducange, v° *cancellus*, *cancelli sepulcrorum*, donne plusieurs citations dans lesquelles ces mots lui paraissent indiquer les barreaux et les grilles dont étaient souvent entourés les tombeaux. Je crois qu'ils ont aussi désigné le tombeau lui-même, et ce pourrait être par une extension naturelle de ce premier sens qu'ils se seraient encore appliqués au cercueil.

CHANIN, L *adj* Mauvais, aigre, hargneux ; littéralement, de chien.

Cité par M. Breghot du Lut, *Mél.* T II, p. 133, et par Molard, 1810.

Un air *chanin* ; Un vent froid et aigre ; — un caractère *chanin*, un caractère de chien.

La rue du *Bourg chanin* à Lyon est appelée dans les titres latins, *I ia a* borgo canino.

Vous autres, fermez donc la liquerne, i vient z un air *chanin* que ly gèle le cotivet.

Les Canettes, p. 224.

CHANTA. F. *s. m.* Service d'église pour un défunt.

Un *chanta* de dix francs, autant de sonnari.

Jac. Chapelon, *Testament*, p. 274.

Ma vou a fallu brama plus fort qu'una cigala,
Et dire trey *chanta* par de gens de la viala.

(Mais il a fallu crier plus fort qu'une cigale, — Et dire trois services pour les gens de la ville.)

Chapelon, *Bouquet*, p. 230.

Langued. : *cantar* : Une absoute, un service pour les morts. C'est en ce sens qu'on trouve ce terme dans les vieux registres des notaires des Cévennes : Duo solidi pro uno *cantare* ; deux sous pour une absoute (De Sauvages).

Provenç. : *cantar, chantar, cantal.*

Basse latin. : « *Cantare, cantale, cantariolum* ; Anniversarium pro defunctis, missa pro defuncto celebranda. Ex necrolog. Ecclesiæ Dinensis : Eodem die obiit Dom. Nicolaus Episcopus. ... ideo dicta die fiendum est *cantare* pro anima sua... Etiamnum Provinciales *cantal* vocant missam quæ cantatur die obitus quotannis recurrente. » (Gloss. Ducange.)

CHAPITELLA. F. s. f. Chaumière, hangar.

> Vou n'y a dins sa *chapitella*
> Qu'un po de pailly et de fein.

(Il n'y a dans le hangar qui le couvre — qu'un peu de paille et de foin.)

CHAPELON, Noël VIII, p. 97.

En patois dauphinois, *chapit* est aussi une sorte de hangar ou d'abri grossier.

> Dessout lo *chapit* qu'on louz aviet presta.

BLANC LA GOUTTE. *Epitre sur les réjouissances*, p. 20.

— P. bugiste : *çapetai.*

> Areta vay, regarda luire
> Cho popou so cho *çapetai.*

(Arrêtez voire, regardez luire — cet enfant sous ce toit.)

Noel de St-Rambert, édit. Le Duc, p. 127.

> Antrin, veci la grangi
> Mal *anchapitela.*

(Entrons, voici la grange — mal couverte.)

Noël de Vaux, Id., p. 120.

Langued. : *capitelo*. Hutte ou barraque de vigne.

Anc. franç : *chapitel*, chapiteau. Roquefort le dérive de *capitellum* et de *caput*.

Le Gloss. de Ducange cite *chapitellum*, Receptaculum curruum, aratrorum et aliorum quæ pertinent ad agriculturam instrumentorum, — et *chappa*, Gall. *chape* et *chartil*, idem quod chapitellum. Il rapporte des chartes du Lyonnais et de la Dombes où ces mots sont employés.

CHAPOTO : CHAPOUTA ; CHAPOTER. L. et F. *v. a.* Frapper, hâcher, briser, tailler.

> Voudria vou par voutre z oureille
> Que quauqu'un l'essiant *chapouta?*

(Voudriez-vous, au prix de vos oreilles, — Que quelqu'un l'eût brisée.) Il s'agit d'une pierre qui devait servir de piédestal à une croix de St-Etienne.

CHAPELON, p. 217.

> Troussant sa basane,
> Vozé la neri au dé,
> Qu'au *chapote* en ré.

(..... c'est la bouteille à la main qu'il frappe en roi.)

Chans. de PHILIPON, 1853, p. 15.

> O paré que quoqu'un tant *chapoto* lo moufle ;

(Il parait que quelqu'un t'a travaillé le mufle.)

ROQUILLE, *Les Ganduaises*, p. 4.

> T'os *chapoto* de coups à n'en crevo les vitres.

Hymna à la Concorda, p. 22.

Il est aussi cité par Molard.

> Le premié lechevin porta z une santé
> A ce brave guarrier qu'a si bien *chapoté*
> Ces gueux de piqueurs d'once et aussi leurs complices.

Les Canettes, p. 43.

— P. bressan.

> Et de gron lou mieux *chapoto*,
> Et des figures les mieux taillées.
>
> *Noëls bressans*, p. 20.

Langued. et Provenç. : *chapouta*.

Roquefort cite *chapoter* en anc. franç. et le rapporte à *capulare* qui a en basse latin. un sens analogue.

V. Chapuis.

CHAPPLA, chapla. l. et f. *v. a.* Hâcher, briser, frapper.

> Je leur voudrin brisi lou cor,
> Lo *chappla* coume de z herbette,
> E lo faire brula coume de z alumette.
>
> *La Bernarda buyandiri.*

> Par un courrié bientôt elle reçut l'avis
> Qu'il avait déjà bien poqué les ennemis
> Et en avait *chaplé* mai de deux cents portées.
>
> *Les Canelles*, p. 23.

On appelle encore *planche* ou *ais à chapler*, une planche sur laquelle on hâche les légumes et les viandes.

> La Republiqua mene un tas de barbouillons
> Que voudriant tout *chapla* par avé lous haillons.
>
> Chans. de Philippon, 1853, p. 74.

> Lou parmé qu'outre dans l'allea
> Lou *chaplou* en chiai de saucissoun.

(Le premier qui entre dans l'allée — Je le hâche en chair de saucisson.) Linossier, *Moussue Progrès*, p. 7.

— P. dauphinois.

> U n'ose pas *chapla*, mé faut qu'u gratuzeize
> De la pointa du dei, de por qu'u ne meneize
> Un petit trot de bruit.

(Il n'ose pas frapper, mais il faut qu'il gratte à la porte — Du bout du doigt, de peur de faire — Un peu trop de bruit.)

La Vieutenanci du courtizan, p. 23.

— P. bressan.

> Nöyé caplore se man,
>
> Noel frappait dans ses mains,
>
> *Noëls bressans*, p. 2

— P. mâconnais.

> La pou *chapliure* e la detrau.
>
> *Noëls du parrain Bliaise*, p. 46.

(L'explication des mots difficiles traduit : Lais pour hâcher la viande et la cognée.)

— P. bourguignon.

> Ose tu, qu'ai fi, ai mai barbe
> *Chapelai* menu comme l'harbe
> Le pu genti de mé gacon.
>
> *Virgille virai*, ch. II. p. 41.

Langued. : *chapla*, hâcher ; — *chapladis*, débris de choses brisées; — *chaple*, carnage (De Sauvages). Ces deux derniers mots se trouvent aussi au Lexique roman de Raynouard.

Provenç. : *chaplar*, hâcher, couper ; *chaplaire*, hâchoir, tailloir. (Honnorat.)

> Escoutas mé, que ieu vous parle,
> Je cridé tournamai, après me *chaplarès*.
>
> (Ecoutez-moi, que je vous parle, — Leur cria-t-il encore ; après vous me hâcherez.)
>
> *Mireio*, ch. XI.

On trouve fréquemment en anc. franç., *chaple*, *caple*, *chaplis*, etc, Combat, bataille, carnage, blessure; *chaployer*, *chapler*, *chapouler*, combattre, donner des coups d'épée.

> Grande fut la bataille et longuement dura,
> Et le *chapple* horrible.
>
> *Le Combat des Trente*.

Roquefort et le Gloss. de Ducange rapportent ces mots aux termes de la basse latinité *capulare, capellare* et *capillare,* analogies qui me paraissent fort discutables.

Le Diction. de l'Acad., 1835, donne encore *chapeler,* en ajoutant qu'il n'est guère usité que dans cette phrase : *chapeler du pain,* ôter le dessus de la croûte du pain ; et *chapelures,* croûte de pain rapée ou pulvérisée.

V. Chaupla et Chapuis.

CHAPUIS. l. *s. m.* Charpentier.

> Martin de Bugan et Aquayra Davenay. *chapuis.*
> *Procès-verb. de l'élect. des consuls de Lyon,* de 1352.

— P. dauphinois.

> Messieurs les Cosses de Romans ont balié à Jehan Lambert, à Jehan Roux, *chappuys* de Romans, pour fère les echafaux et la plate-forme.
> *Compos. du mystère des trois Doms.*

Provenç.: *chapuis.*

Limousin : *chapugear;* charpenter. — Langued.: *capuzar,* id. (De Sauvages et Honnorat.)

Roman : *chapuis, capuzar.*

Anc. franç.: *chappuser, chapuiser.*

Le Gloss. de Ducange, v° *chapuisius, chapusius,* dit que *chapuis* était jadis fort usité en France et qu'il l'est encore dans plusieurs localités de la Bresse. Il cite aussi *chapuisare.*

CHARABARAT. Le marché des chevaux, à Lyon, s'est longtemps appelé marché de *charabarat.* Il avait le même nom dans quelques localités voisines.

Peut-être, et pourquoi pas, qu'en plein *charabarat*
Sur un âne de bronze un jour on te verra.

Epître à mon cousin Gareppu.

Les étymologistes se sont fort exercés sur cette dénomination. Les uns y ont trouvé *chair à barat*, chair
à tromperie, à cause de la réputation suspecte des ma-
quignons. Ménage en fait un composé du latin *carum*,
cher, et du français *barat*, tromperie. M. Breghot du
Lut a rapporté ces diverses opinions dans ses *Mél.*, t. I,
p. 268.

Charabarat n'est-il pas tout simplement une variante
de *charivari*? et ce nom n'a-t-il pas été donné aux
marchés de chevaux, à cause du tapage qui s'y fait?

On trouve parmi les formes diverses de Charivari citées dans les Lexiques provinciaux *charavarin, caribari*,
etc. Parmi les statuts synodaux de l'Eglise de Lyon de
1566, il en est un rendu contre les tapages et les moqueries de toute espèce dont on poursuivait les gens
qui se mariaient en secondes noces; Charivari y est exprimé en latin par *charavaria*. Rubys, *Hist. de Lyon*,
année 1566, dit *charavary* : « Une *charavary* ou chevauchée de l'asne contre les marys qui s'estoyent laissés
battre à leurs femmes. » Et le patois de nos jours dit
encore *charavari*. V. Roquille, *La Gorlanchia*, p. 11.
V. aussi le Gloss. de Ducange, v° *chalvaricum* et *charavaria*.

Chapelon a employé *charabarat* en parlant des marchands qui prêtent leur argent à gros intérêts.

Lou diablou s'ey meilat de lour *charabarat*
Et n'empacharit pas qu'ey ne fassiant barat.

La Misera, p. 192.

Il paraît avoir dans ce passage le sens de Trafic, tripotage, maquignonnage, qui ne s'éloigne pas trop de celui de Charivari et qui peut se rapporter aussi à l'usage d'appeler ainsi le marché aux chevaux.

CHARNA. F. *s. m.* Carnaval.

> Mon Dio ! que lou *charna* me cause de regret.
>
> CHAPELON, *La Careyma*, p. 186.

Roman : *carnal*.

> Qui non pot de carnal, si lava de caresma.
>
> (Qui ne le peut en carnaval, se lave en carême)
>
> RAYNOUARD.

Carnal est encore languedocien, catalan, espagnol et portugais. L'Italien dit *carnale*.

Anc. franç. : *charnage*.

> L'on ne se réjouissait en icelle non plus en *charnage* qu'en carême,
>
> LARIVEY, *La Constance*, acte 1, sc. 1.

Le Diction. de l'Acad., 1835, a reproduit *charnage* comme populaire. Il n'est pas employé par le peuple de nos provinces.

Basse latin. « *Carnale, carnatum* ; Tempus quo carnes licet comedere ; Gall. Charnage. » (Gloss. de Ducange.)

CHARPENNE. L. *s. m.* Charme, charmille.

M. Breghot du Lut, *Mél.*, t. II, p. 65, et Molard, 1803.

Un village de la commune de Villeurbanne, près de Lyon et autrefois en Dauphiné, s'appelle *Les Charpennes*.

Basse latin. : « *Charmen, charmenus, carpinus*, à Gall. charme. Nostri vicissim, a lat. Carpinus, *charpe*

8

dixerunt. Litt. Remiss., ann. 1431 : Les supplians sioient de leur bois, c'est assavoir des *charpes*, autrement appelez *charmes*. » (Gloss. Ducange.)

Italien, *carpino* ; espagnol, *carpe* ; portugais, *carpino*.

CHARRIRI, CHARRIÈRE, CHARRERI. L. et F. *s. f.* Voie charretière, rue.

> L'on n'entendra que tey brama per la *charriri*.
>
> (L'on n'entendra que toi crier dans la rue.)
>> *La Bernarda buyandiri.*

> De Sainte-Croix dans Saint-Etienne,
> L'on ne sort point à la *charrière*.
>> *Lyon en vers burlesques*, p. **21.**

(C'est-à-dire : On va de l'église Ste-Croix dans celle de St-Etienne sans être obligé de passer par la rue. — Les trois églises de Ste-Croix, St-Etienne et St-Jean étaient réunies par des communications intérieures.)

> Et pos plutout reindzu, lochant la soveintriri,
> Mon gredin loz accule ou mé de la *charreri*.

(Et pas plutôt arrivé, lâchant la souventrière, — Mon gredin les accule au milieu de la rue.)
>> Roquille, *Lo deputo manquo*, p. **23.**

> Par lou chastiau et par le vialle,
> Par le meyson, par le *charreyri*,
>> *Ballet forésien.*

Je vous direy dou mout de la *charreyri* nova.
>> Chapelon, *Entrée*, p. **130.**

Lou boun sons, quetous joue, couratte les *charrières*.

(Le bon sens ces jours-là court les rues.)
>> Chans. de Philippon, 1853, p. **65.**

L'anal‿ de ce mot existe dans presque tous les patois de langue d'oc et de langue d'oil, et dans les langues néo-latines.

Carire en p. bressan.

> I bruisse par le *carire*
> Com'on fouet de careti.
>
> *Noëls bressans*, p. 34.

Charreiri en p. dauphinois.

> Jamei ne poisse t-el ala per la *charreiri*
> S'en s'eitordre lo pié.
>
> *Lo Banquet de le faye*, p. 19.

Charreire et *charrière* en p. bourguignon. Mignard, *Hist. de l'idiome bourg.*, p. 32.

Carriero en langued.

Carriera et *charrieira* en provenç.

Carrierra en roman.

Charrière et *carrière* en anc. franç.

> Les sentiers doivent avoir cinq pieds de large, les *carrières* dix pieds.
>
> Monteil, *Hist. des Franç.*, épit. 42, xive s.

Carreria en basse latin. : « Carreria ; via, sed illa propriè per quam carrus transire potest. » (Gloss. Ducange.)

Carrer, catalan ; — *carrera*, espagnol ; — *carreira*, portugais ; — *carriera*, italien.

CHAUCHIE, choucher. L. et F. *v. a.* Presser, fouler.

> La chava tourta que de not
> *Chauche* le gen tan qu'elly pot.
>
> *Ballet forésien.*

> Les gens se *chauchont* tant qu'o se pot pas virie.

> (Les gens se pressent tant qu'on ne peut pas se tourner.)
>
> Chapelon, *Entrée*, p. 123.

> Ou Molion tot se *chouche* et chocun se debat.
>
> Roquille, *La Ménagerie*, p. 13.

— P. dauphinois.

> Leyen coma d'anchois lo monde era *chouchat*.
>
> Blanc la Goutte, *Epilre sur les Réjouiss..* p. 20.

Langued. et provenç. : *chaoucha, caouca, chauchar, caucar.*

> Te *caucarai* coume uno garbo.
>
> (Je te foulerai comme une gerbe.)
>
> *Mireio*, ch. v.

Anc. franç. : *Chaucher*, fouler avec force ; *caucher*, ranger, tasser.

> Ceos a cui om donrat en los sains mesure bone et plaine et *chauchieie* et sorussant.
>
> Sermons de saint Bernard.

Catalan et portugais, *calcar* ; italien et latin, *calcare.*

Le Glossaire de Ducange cite *calcare* d'où en anc. franç. *Caucher*, pro In struem ordinare, aggerere, vulgo Ranger, tasser.

Notre mot *chaussée*, en anc. franç. *cauchie.* est de la même famille.

Il en est de même de *cauchemar* qui, dans quelques provinces, a pour synonyme *chauce vieille*, en langued. *chaoucho vielio.* — V. De Sauvages, Honnorat, et plusieurs Diction. français.

CHAUPLA, chopla. f. *v. a.* Fouler aux pieds.

> Y sarant de chacun avisa de travers,
> Et foula sous lous pieds coume qui *chople* un ver.
>
> Chapelon. *La Misera*, p. **199**.

> Quand ji ponse a le paure fille,
> Dont chacun *chople* le guenille.
>
> Chans. de Philippon, 1853, p. **31**.

> Que dziable as tu *chopla* par te rondre si tristou ?

> (Sur quoi diable as-tu marché pour te rendre si triste ?)
>
> Id., id., p. **73**.

Nous laissons pas *chaupler*.

LINOSSIER, Moussue Progrès, p. 7.

Langued. : *chaoupi, chaupir*, fouler aux pieds. (De Sauvages et Honnorat.)

Le Lexique de Raynouard traduit *chaupir* par Prendre.

C'est un mot différent de *chappla* avec lequel il a été quelquefois confondu. Honnorat et Raynouard le rapprochent du latin *capere*; on pourrait, avec plus de vraisemblance, le rapporter à *calpestare*.

V. CHAPPLA et CHAPUIS.

CHAUSSIRI, CHARCHIRI. L. *s. f.* Tannerie, dans le patois de St-Symphorien-le-Château, suivant Cochard, *Notice historique et statistique sur ce canton*.

Il ajoute : « Cette dénomination lui vient de la chaux dont on fait usage pour l'apprêt des cuirs. On appelait ces sortes d'ateliers *chauchères*, à Clermont en Auvergne, en 1473. »

Honnorat cite en provençal *chauchiera, cauquiera*, tannerie : il les dérive de *caucar*, fouler, ou de *calx*, chaux. On disait aussi suivant lui *caussinière*.

Chaussière, tannerie, se trouve aussi au Diction. des expressions vicieuses des Hautes-Alpes, 1810.

Chauchie, presser, fouler — V. ce mot — me paraît être le véritable radical de Chaussière, tannerie.

Toutefois, suivant Roquefort et le Gloss. de Ducange, ce mot aurait aussi désigné dans quelques provinces un four à chaux, et en ce sens il viendrait très-probablement de *calcaria* et de *calx*.

CHAVI, cabir. l. *v. a.* Contenir, placer, établir; et *v. n.*
Etre contenu.

> Ein commeincant, menos, noutra poura granoly
> Arit tota *chavi* deins ina moti ua boly.
> Eh bein s'y contsinuye a collo jusqu'au bout.
> In jour no vons la vare aussi groussa qu'in bou.

(En commençant, amis, notre pauvre grenouille — Aurait tenu toute
entière dans une méchante tirelire ; — Eh bien ! si elle continue à
s'enfler jusqu'au bout. — Un jour nous la verrons aussi grosse qu'un
bœuf.)

Roqville, Discours. 1858. p. 6.

Dans une pièce lyonnaise intitulée *Les très-humbles
remontrances de l'Eglise collégiale de Saint-Just*, citée
par M. Péricaud dans ses Notes et documents pour ser-
vir à l'hist. de Lyon sous Louis XIV, 2.me partie, p. **19**,
on lit :

> Les lièvres et les loups des bois
> Viennent s'y *cabir* et repaistre.

— P. dauphinois,

Laurent de Briançon dit d'un ivrogne :

> U s'ere de defour ouilla en la manciri
> Qu'u ne poyet *chavi* en touta la charreri.

(Il s'était au dehors rempli de telle manière — Que la rue tout entière
ne suffisait pas à le contenir.)

Lo Banquet de le faye, p. 11.

Provençal : *chabir;* contenir, placer, établir en mariage.

Mireio dit à ses parents qui veulent la marier, ch. iv :

> Que voulès lieu de vous tant juino me *chabi ?*

Roman : *caber ;* — catalan : *cabrer ;* — espagnol et
portugais : *caber ;* — italien : *capere ;* — latin : *capere.*

V. Achabi.

CHEVILLIÈRE, CHEVELIÈRE. l. *s. f.* Ruban de fil.

Cité par M. Breghot du Lut. *Mélanges.* T. I, p. 269, et par Molard, 183.

> Item pour douze aulnes de *chevelières* de fil baillées pour es-trennes aux servantes dudiet sieur Jacob.
>
> *Form. fort récréatif de tous contracts.*
> Ed. Techener, p. 123.

Langued. et Provenc. *Cabilhet, cabilié, cabilieiro.*

Chevilière est cité au *Dictionn. des expressions vicieuses des Hautes-Alpes,* 1810.

On trouve aussi *chevelière* et *chevillère* au Gloss. de Roquefort avec le sens de Ruban de fil et de Cordon.

CHEYRE, CHERE, CHAYRE. l. et f. *v. n.* Choir, tomber.

> A lou veyre marchie vou diria qu'ey vant *cheyre.*
>
> (A les voir marcher, on dirait qu'ils vont tomber).
> CHAPELON, *La Careyma,* p. 188.

> Ou biau mitant de le varchère,
> La Margoton se laisse *chère.*
>
> ROQUILLE. *Les Ganduaises.* p. 8.

Le Dictionn. de l'Acad. dit que *choir* ne s'emploie plus guère qu'à l'infinitif et au participe *chu.* Il a conservé dans nos patois beaucoup d'autres formes, dont plusieurs étaient jadis usitées en français.

Ainsi on dit : *chai, cha,* tu tombes.

> Tu *chai* dans un bourbier prion jusqu'à lez oureille.
>
> Ant. CHAPELON, *Caracterou de le fille,* p. 234

> Te *cha* couma deins ina trappa.
>
> ROQUILLE, *Les Ganduaises.* p. 14.

Chat, il tombe.

> La grela ne *chat* pas toujours au memou endret.
>
> CHAPELON, *A M. de St-Priest,* p. 103.

Et son fromage *chet* à terre.

Farce de Pathelin.

Chayons, nous tombons ; *chaïont*, *chayont*, ils tombent.

Et qou que me plaira, si no *chayons* d'accord.

(Et celui qui me plaira....)

Roquille, Ballon d'essai, p. 35.

Louz ovriers, magré lou, sai *chaïont* piat à piat.

(Les ouvriers, malgré eux, ici tombent un à un).

Chapelon, La Misera, p. 198.

Chayé, il tombait ; *chayant*, ils tombaient.

Et lo grou vin de vait z Ampoué,
Que *chayé* comma deins in poué.

(Et le gros vin du côté d'Ampuis, qui tombait comme dans un puits.)

Roquille, Les Ganduaises, p. 16.

Lou porou z innocent, son veyre iquai partu.
Ly *chayant* tous dedin.

(Les pauvres innocents qui ne voyaient pas ce trou, y tombaient tous dedans).

Poëme sur le 9 thermidor.

Chaït, il tomba ; *chaïront*, ils tombèrent.

Quand Lucifer *chaït* do cie,

Chans. de Boyron, p. 26.

Lous uns *chaïront* din lou desert.

Idem.

Cherrez, je tomberai ; *chairant*, ils tomberont.

Jamais je ne *cherrez* aux fialards de le fene.

(Jamais je ne tomberai dans les filets des femmes.)

Ant. Chapelon, Caracterou de le fille, p. 238.

Ensi comme les besognes *chairant*.

Procès-verbal de l'élection des consuls de Lyon de 1352.

Apoïes toy à cette croix, car en la tenant tu ne *cherras* point.

Sermon de GERSON, sur la Passion.

Chayesa, 1re pers., sing., imparf. du subj.

De qu'un cota que ji *chayesa*.

(De quelque côté que je tombe).

Chans. de PHILIPPON, 1853, p. 61.

Ces formes trouvent des analogues dans la plupart des patois des provinces voisines. Plusieurs existent encore en français dans le composé *échoir*.

CHIRAT. L. et F. *s. m.* Amas de grosses pierres qu'on trouve souvent dans les montagnes de la France centrale, et notamment dans la chaîne de Pilat.

Cité par Molard, 1803 : « *Chirat* de pierres ; dites : amas. »

La commune de *Chirassimont*, arrondissement de Roanne, paraît avoir tiré son nom de ce mot. Le sol y présente ces amas de pierres et de cailloux qu'on appelle *chirat* dans nos pays, et la tradition porte que le village aurait d'abord été construit sur le cret l'Eguilloy, qui s'est ensuite écroulé.

Roquefort cite *chirat* et *chiron*, monceau de pierres qu'on a rassemblées en défrichant une terre.

C'est aussi le sens que le Gloss. de Ducange donne à *Chirat*, *chierrat* et *chiron*, et il attribue ces mots spécialement au langage de nos provinces. V° *chirat* : « In pago Lugdunensi et locis vicinis, *chirat* est acervus lapidum in agris præsertim recens cultis collectorum. — *Chierrat* : Acervus lapidum in agro Lugdunensi. Chart., ann. 1454. Juxta vineam dicti contentis, quodam *chierrat* intermedio. — *Chiron*, eadem notione in Litt. remiss., 1459. — Jehan Loys estant en ung *chiron* de pierres, desquelles il prenait et mettait en son saing. »

Dans l'industrie des extracteurs et des tailleurs de pierres, *mettre des pierres en chirat*, se dit communément pour Disposer des pierres en amas, en monceau.

Je lis aussi dans le *Voyage en Sicile* de Brydone : « *Cheire*, en sicilien *schiarra*, désigne la surface d'une coulée de lave qui s'est refroidie sur des pentes peu inclinées, de manière à se couvrir de blocs plus ou moins gros. »

CIROU. F. *s. m.* Cierge.

> Je vio par mon martirou
> Entra chiez met iquai que vend lou *cirou*.

(Je vis pour mon martyre — Entrer chez moi celui qui vend les cierges.)

> Ant. CHAPELON, *Fin de Bobrun*, p. 241.

> Si madama pouyt dins quauque mey faire betta un *cirou* vez Sant Lionar.

(Si madame pouvait dans quelques mois faire mettre un cierge à Saint Léonard.)

> CHAPELON, *A M. de St-Priest*, p. 112.

(L'éditeur des œuvres de Chapelon, 1779, explique sur ce passage qu'il y avait dans l'église principale de Saint-Etienne une image de saint Léonard, devant laquelle les femmes en travail d'enfants faisaient mettre un cierge, afin d'obtenir d'être promptement délivrées.)

— P. bressan.

> Fay aluma lo *ciro*...
> Mon *ciro* et amorta.

(Fais allumer le cierge... — Mon cierge est éteint.)

Noël de Vaux. — *Noëls bressans.* éd. La Duc,
p. 118 et 120.

Provenç.: *ciré, ciret, ciri.*

A l'entour de l'enfant
Un après l'autre s'avançavon.
E m'un *cire* que se passabon.
Un après l'autre la signavon.

(Autour de l'enfant, — L'un après l'autre ils s'avançaient, — Et avec
un cierge qu'ils se passaient, — L'un après l'autre ils lui faisaient
le signe de la croix.)

Mireio, ch. xii.

Roman : *ciri ciry.*

La benedictio del *ciry* pascal.

Anc. franç.. *cire* (Gloss. de Ducange). Là sunt alumé
li grant *cire* (*Chron. des Ducs de Normandie*) ; et *chiron ;* Torche, flambeau de cire (Roquefort). — « Messieurs des trois Tours allèrent à l'offrande avec des
grands *chirons* de quatre livres et demie. »

Catalan : *ciri ;* — espagnol et portugais : *cirio ;* —
— italien : *cero ;* — latin : *cereus.*

CLÉDAR, clindor. l. *s. m.* Claire-voie, claie.

Cité par Molard, 1803 : « *Clédar,* ouverture d'un
jardin ; dites, claire-voie. »

Il est encore usité dans nos campagnes.

Langued. et ancien provenç.: *cledal,* balustre ; *cledo,*
porte à barreaux, claire-voie d'une porte de vigne, claie
d'un parc à brebis ; *cleda,* fermer ou entourer de claies.

Limousin : *cledo, cledou* (Dict. de Beronie).

Roman : *cleda ;* claie, palissade.

Anc. franç. et basse latin.: « *Cleda*, crates; Gall. claie; item, clathrus, Gall. grille; Massiliensibus *clede*. Capitul. S. Victoris Massil. 1313. Loco portarum *cledæ* fiant. — Alias *clede* et *clide*. Litt. remiss. 1466: Le suppliant portoit une *clede* ou claie qu'il avoit faite. — Aliæ ann. 1470. La claye ou *clide* du champ de Myl. » Gloss. de Ducange.

Le grec κλη,δος, du radical κλειω, Fermer, signifie Clôture, haie, et paraît donner l'étymologie la plus certaine de notre mot.

CLIN, CLEU. F. *s. m.* Botte, faisceau.

« *Clin* de paille; dites botte », Molard, 1803.

> Faut que de semblable canalli
> Creveise sur un *cleu* de palli.
> > Jac. CHAPELON, *Contrition d'un fénéant*, p. 269.

> Neu, neu, plutot meri dessus un *cleu* de palli.
> > Chans. de PHILIPPON. 1853, p. 67.

Langued. et limousin : *clé* ; — provenç.: *clui, cluech.* (De Sauvages, Beronie et Honnorat.)

CLUSSI. F. *s. f.* Poule couveuse, mère-poule.

> Ils ant appella *clussi*
> Ma pora sicu Fleuriat ;
> Il y fant injustici,
> Car y n'a jamais couat.

(Elles ont appelé couveuse --- Ma pauvre sœur Fleurie ; — Elles lui font injustice, — Car elle n'a jamais couvé.)
> > CHAPELON, *Chanson*, p. 171.

— P. dauphinois : *clussi*, poule couveuse. — Champollion-Figeac, p. 171.

Langued.: *cloucho, cloussi.*

Provenç.: *clussa*.

> S'ii tindin din l'orro tubeio
> Vouslastreja la graio et la *clusso* clussi.

On entendait dans l'horrible brume. — Voleter la corneille et la poule glousser.)

Mireio, ch. vi.

Roman : *cloquiar*, glousser.

Catalan et espagnol : *cloqueiar*.

Anc. franç.: *clouque* ; poule qui glousse ; *closser*, glousser comme la poule ; imiter son cri, du latin *glocire*.

COMPANAJOU, COMPANAGEOU, COMPANAJO. F. et L. *s. m.* Pitance ; tout ce qu'on mange avec le pain.

> Gy n'en farin mon *companajou*,
> Me bonne vespre, mou bon jour.

(J'en ferais mon regal, — Mes bonnes soirées, mes beaux jours.)

Ballet forésien.

> Peu faut de pen, de vin, de *companageou*.

(Puis il faut du pain, du vin et quelque chose avec.)

CHAPELON, *Requête*. p. **220**.

> Lo vin ne manque pos, le fenes de menajo
> Volont plus barreyi fauta de *companajo*.

ROQUILLE, *Les Ganduaises*, p. **29**.

Langued. : *companajhe*. Une ancienne traduction languedocienne de l'Evangile, citée par De Sauvages, rend le Numquid pulmentarium habetis, de saint Jean, XXI, 5, par *Avès companajhès* ? C'est le Pulmentum ou l'Obsonium des Latins.

Provenç. : *coumpanagi*.

Roman : *companatge*.

On le trouve aussi en catalan.

La basse latinité avait *companagium. companaticum.* que le Gloss. de Ducange traduit par : Quidquid cibi præter panem et potum sumitur, id est, Cibus qui cum pane in escam datur. Le même Gloss. cite un auteur italien qui attribue aussi cette expression aux Lombards : *Companatico* dicono, cioe, Ogni cosa da mangiare, toltone il pane.

Tous les auteurs qui se sont occupés de notre mot sous ses diverses formes y voient un composé des deux mots latins *cum pane.* Ce pourrait être encore plus simplement un dérivé du roman *companhar,* Accompagner : Ce qui accompagne le pain et la boisson.

CONSURE. f. s. f. Voiture qui, dans les montagnes du Forez et de l'Auvergne, sert à transporter les pièces de bois.

Consurée. f. s. f. La quantité de bois que transporte ordinairement une consure.

COPPON, coupon. l. s. m. Vase en forme de large coupe, dont on se servait, à Lyon, principalement, pour faire la salade ; saladier.

> Et s'on t'avet bailla d'un *coppon*
> Dessus la testa, si perfon
> Qu'on t'usse quasy endormy,
> Qu'en diré tu, mon bel amy ?
>
> *La Chevauchée de l'âne,* 1566.

Le récit en prose explique ainsi ce passage : « Et après ladicte compagnie estoient conduits deux charriots où il y avoit deux femmes qui battoyent leurs marys, l'une avec grands coups d'un *couppon* de boys sur la tête, luy arrachant la barbe, et l'autre ruant force cailloux à son dict mary. »

V. le Glossaire de la réimpression des *Chevauchées* de 1828, et Molard, 1803. V° *coupon*.

Coppon, copon, coupon était aussi le nom d'une mesure lyonnaise pour les grains.

Mais la valeur exacte de cette mesure est aujourd'hui assez incertaine. Suivant Cochard, dans les *Nouv. mél.* de M. Breghot du Lut, deux *coupons* faisaient une *coupe*, et quatre *coupons* un *bichet*. Suivant le Glossaire des Chevauchées, le *coupon* contenait le seizième d'un bichet.

Le Gloss. de Ducange, v° *copponus, cupa, copus* parle du *coupon* ou *copon* comme employé à Beaujeu, à Mâcon, à Bourg-en-Bresse, et pour chacune de ces villes, il donne à cette mesure une valeur différente.

COUPPONIER, COPONIER. L. *s. m.* Sorte de portefaix juré, faisant partie d'une corporation instituée jadis à Lyon, dont Cochard, *Nouv. mél.* de M. Breghot du Lut, t. II, page 259, explique ainsi l'établissement et les fonctions :

« Le Chapitre de Saint-Jean avait anciennement un roi du cloistre, ayant sous ses ordres douze hommes appelés du *copon* ou les *coponiers*. C'étaient des portefaix qui jouissaient du privilége exclusif de porter le blé, le vin, le foin, la paille, etc., depuis le port de la Saône jusqu'aux greniers des chanoines. Ils étaient assujétis à un tarif. Ils faisaient le guet la veille de Saint-Jean et dans les temps de pardon.... Cette corporation cessa d'exister à l'époque où le Chapitre mit à ferme ses dîmes. »

Je crains les archers et sergents.
Car l'on m'a dit certainement

Qu'ils sont presque tous *coupponiez*.

Lyon en vers burlesques, p. 27.

CORA. L. *s. m*. Un gros chêne, dans le patois de Saint-Symphorien-le-Château, suivant Cochard. *Notice sur ce canton*, p. 14.

Roman., *coral*, chêne.

Le Gloss. de Ducange cite en basse latin. : *Quorra, cor* et *corallus*, et en anc. franc. : *Coure*. Il les fait dériver de *quercus*. Toutefois *quorra* paraît désigner une espèce particulière de chêne. Une charte de **1276**, citée par Ducange, porte : Pro ardendo et affoando in omni genere nemoris quercu, *quorra* et fago exceptis.

CORGNIOLA, corniole. L. *s. f*. Gosier, gorge.

E de so cinq z arpions ly breyant la *corgniola*.

(Et de ses cinq griffes lui broyant la gorge).

ROQUILLE, *Les Ganduaises*, p. 8.

I n'en peut plus deurmi ni le jour ni la nuit ;
Sa *corgnole* n'en sèche et le fège li cuit.

Les Canettes, p. 9.

Nous avons recueilli le dialogue suivant dans un des chefs-d'œuvre du Théâtre-Guignol ·

« Le père Pierre-Jean. — Comment ! Guignol, tu dis que M. le marquis de Saint-Rémy est ruiné ! son père lui a laissé quatre cent mille francs !

« Guignol. — Oui ; mais son père lui a laissé aussi une *corniole*, et il a tout avalé. »

Corniole est aussi cité par Molard, 1803.

— **P. dauphinois.**

Par iquen eli aviet un banquet aseima
Si gro, si merveillou, j'ozo ben aferma

> Que solamen lou gniot, lou crozet, le raviole
> N'eussion pas poi chavi en millianta *corniole*.

(Pour cela il y avait un banquet préparé — si gros, si merveilleux que j'ose l'affirmer, — seulement les *gniots*, les *crozets*, les *ravioles* (mets dauphinois préparés avec de la pâte) n'auraient pas pu tenir en dix mille gosiers)

Lo Banquet de le faye, p. 5.

P. Limousin : *Courniolo*. (Dictionn. de Berenie).

P. Gascon : *Courniolo*.

> El me sab tant de bon dil gourjie quan s'engolo,
> Quio desirerio ove cent brasso de *courniolo*.

(J'éprouve tant de plaisir quand il — *le vin* — s'engouffre dans ma gorge, — Que je voudrais avoir cent brasses de gosier).

Rousset de Sarlat, *Dispute de Bacchus*.

Ecorgnolo. L. *v. a.* Étrangler, prendre à la gorge.

> De partot lo sang jicle et la pelïuchi vole ;
> Le peplo combattant s'eveintre et s'*ecorgnole*.

(De partout le sang jaillit et le poil vole : — le peuple combattant s'éventre et s'étrangle.)

Roquille, *La Ménagerie*, p. 21.

COSSIO, cosse. f. et l. *s. m.* Consul. — On donnait ce nom dans le Midi de la France aux officiers municipaux, même dans de petits villages.

« Pour raison de quoy et les curez et les *cosses* et aultres principaux habitans de villages. »

Formulaire fort récréatif de tous contracts, édit. Techener, p. 10.

« Item desirant ledict testateur reconnoistre l'honnêteté des *consuls* de la paroisse de Millery en laquelle il se recueult quelquefois et à communes années de bien bon vin. »

Id., id., p. 183.

Chapelon dit des Echevins de St-Etienne :

> L'ordre que s'ey dounat dins tous lou penounajou
> Fat veyre qu'o n'ey pas de *cossio* de vialageou.

(L'ordre qui a été donné dans tous les quartiers. — Fait voir que
ce ne sont pas des consuls de village.)

Entrée solenn., p. 121.

— P. dauphinois.

A ceu petit crapaud, a celeu marjolet
Que vou fare lo *cossin*.

Lo Banquet de le faye. p. 18.

— P. du Velay : *couosse*.

A la fi sei counten d'estre *couosse* del Peuy.

(A la fin je suis content d'être consul du Puy.)

M. Lambert, *Coméd. d'Aut. Clet. du Puy.*

Langued. et anc. provenç. : *consou, conse, cossol,
cossoul.*

Roman : *consol, cossol.*

COTIVET. l. *s. m.* Nuque, chignon.

A force d'argarder les œuvres du préfet.
Je me suis démanché, je crois, le *cotivet.*

Un canut du Gourguillon, **1858,** p. **11.**

J'ai souvent entendu dire à Guignol : « Il fait aujour-
d'hui un air chanin qui me bisaye le *cotivet* ; » c'est-à-
dire, Il fait un vent aigre qui me souffle dans la nuque.

Il est cité par Molard.

Provenç. : *coutouil, coutel, coutouiet ;* le chignon
du cou, le creux qui se trouve immédiatement au-dessus de la nuque.

L'origine de ce mot que la Provence peut avoir donné
à nos patois paraît être dans le grec $\kappa o \tau \iota \varsigma$, occiput.

Il a aussi de l'analogie avec l'italien *culigagna,* et
l'espagnol *cogote,* qui ont le même sens.

Astolfo intanto per la *cuticagna*
Va dalla nuca fin sopra le ciglia,

Cercando in fretta se'l crine fatale
Conoscer può ch'Orill tiene immortale.

ARIOSTO, Orl. fur., XV, 85.

COUA. F. V. A. Couver.

Il ant appella clussi
Ma pora sieu Fleuria ;
Il y faut injustici
Car y n'a jamais *couat*.

(Elles ont appelé couveuse, — Ma pauvre sœur Fleurie : — Elles lui
font injustice, — Car elle n'a jamais couvé.)

CHAPELOS, Chans., p. 171.

— P. bourguignon : *couée*, grand nombre d'enfants. —
Mignard, p. 40.

On dit aussi dans l'Orléanais pour Avoir beaucoup
d'enfants, Avoir une *couée* d'enfants.

Langued. et limousin : *coua*, couver (De Sauvages
et Beronie) ; provençal, *couar*, même sens. Honnorat
dit qu'on l'emploie aussi pour signifier qu'une femme
est enceinte.

Roman : *coar*, couver. — Catalan : *covar*. — Italien :
covare. Il vient certainement du latin *cubare*.

COUEVOU, COUEYVOU, COUEVO, COUAIVE. F. et L. S. M. Balai.

Ein jour de lour frary, je n'en vio un au Treyvou
Que bourrave un mousquet avouay l'alla d'un *coueyvou*.

(Un jour de leur réunion, j'en vis un au Trèves, — Qui bourrait un
mousquet avec l'aile d'un balai.)

CHAPELON, Entrée sol., p. 119.

Ein vioeu *couevou* de bié.

(Un vieux balai de jonc.)

Remou et Baroueni, p. 8.

In *couevo* se veind bien.

(Un balai se vend assez cher.)

ROQUILLE, Les Ganduaises, p. 34.

In vieux *couaire* sans poil dedans un coin caché.

SAVEL, *Mariage de Jean*, p. 5.

COUEVETA. L. *s. f.* Petit balai, balayette.

Si t'avos rencontro cou marchand de *couevetes*
Que le vendzé sié sous, quinze sous le vargetes.

ROQUILLE, *Les Gandunises*, p. 35.

COUEVI, COUAIVI, COÏVI. L. et F. *v. a.* Balayer, nettoyer.

La meyson n'est jamais ni propra, ni *couevia*.

Ant. CHAPELON, *Caracterou de le fille*, p. 237.

Menos, vo saides tous que cou cavord illustro
Onte los deputos siéjont dzurant in lustro,
Est *couevi* seins delai quand vient l'expiration
De cou tarmo fixo par tota la nation.

(Amis, vous savez tous que cette illustre assemblée, — Où les députés siégent pendant un lustre, — Est balayée sans délai quand vient l'expiration — De ce terme fixé par la nation entière.)

ROQUILLE, *Lo Deputo manquo*, p. 6.

Din appetze de goinfre a *couaive* tout le reste.

(D'un appétit de goinfre il balaye tout le reste.)

SAVEL. *Mariage de Jean*, p. 14.

Faut *coïvi* noutres ruets.

(Il faut balayer nos rues.)

Hymna à la Concorda, p. 40.

COUEVETA, COEVETA. L. et F. *v. a.* Même sens.

Si ton groin heyre *coevetat*,
Et quauque po myo apretat.

(Si ton groin était nettoyé — Et quelque peu mieux arrangé).

Ballet forésien.

Coueveta lour zaux.

(Nettoyer leurs chausses.)

CHAPELON, *Testam.*, p. 180.

Chapelon écrit aussi *quoeyveta* :

> *Quoeyveta* ton chapay.
>
> (Brosse ton chapeau.)
>
> *Noel*, I, p. 78.

— P. dauphinois.

> Per chara lez eycuelles et *coivie* la meyson.
>
> (Pour nettoyer les écuelles et balayer la maison.)
>
> *Pastor. de Janin*, acte II, sc. 1.

> Qui decey, qui deley selon l'ordre *coivave*.
>
> BLANC LA GOUTTE, *Naissance du dauphin*.

> Payé ledit jour à Estienne Devaux, pour un *coyve* pour *coyver* la plate forme.
>
> Compos. du Mystère des trois Doms, à Romans.

Languedoc. : *escoubo*, balai ; *escouba*, balayer. — Provenç. : *escouba*, *escoubar*. — Roman : *escoba*, *escobar*. — Espagnol : *escoba*, *escobar*. — Italien : *scopa*, *scopare*. — Latin : *scopæ*, *scopare*.

Anc. franç. : *chouver*, balayer ; — *écouve*, *escouve*, balai.

L'*écouvillon* des boulangers et des canonniers est une sorte de balai qui a emprunté son nom à notre ancien langage.

V. au Gloss. de Ducange, *escobare*, verrere, scopis purgare.

V. plus loin ECUEVILLES.

COUEYTI, COEYTI, COUEYTCHI. F. *s. f.* Hâte, empressement.

> Je vouz assurou que veu at etat fat a la *coueyti*, et vous savey que la besougny d'iquela façon ne fat gairou d'hounou à son maitre.
>
> (Je vous assure que cela a été fait à la hâte, et vous savez...)
>
> CHAPELON, *A M. de St-Priest*, p. **113**.

Biento o se veït ou *coueyli* de s'onfure.

(Bientôt il se vit en presse de prendre la fuite.)

Poëme sur le 9 thermidor.

Quand eina pœura fena eyt ou *coueytchi* par son dina.

(Quand une pauvre femme est pressée pour son dîner.)

Linossier, *Moussue Progrès*, p. 4.

— **P. dauphinois.**

Vo devez fare donq ceu mariageo à la *coita*.

Pastor. de Janin, act. IV, sc. iv.

— **P. bressan.**

An gran *coitia* live eina pou.

(En grande hâte il lève une planche.)

Noëls bressans, édit. Le Duc, p. **149.**

— **P. bourguignon.**

De patir le van aivein *couitte*.

(De partir les vents avaient hâte.)

Virgille virai, ch. i.

Langued. et provenç.: *couita, coita*.

Roman : *coita, cuita*.

Anc. français : *couete, couite*.

COUETIE (SE), COUEYTIE (SE), COUETZIE (SE), QUOYTIE (SE). F.
v. pron. Se hâter.

Voutron pare vous brame ;
Couetiez-vous, bonnes âme.

(Votre père vous appelle, — Hâtez-vous, bonnes âmes.)
CHAPELON, *Mi de Mai*, p. **151.**

Si o falli se leva trenta vez de la not

Par un cot de martai que se *coueytari* trot.

(S'il fallait se lever trente fois dans la nuit — Pour un coup de mar-
teau qui se presserait trop.)
CHAPELON, *Avis*, p. **210.**

Couetzoe-vous, couetzie-vous. lou tsomp passe trop vitou.
Chans. *de* PHILIPPON, **1853**, p. **77.**

Il est écrit *quoytie* dans le *Ballet forésien*.

> *Quoyty te, testa de douret.*

— P. dauphinois.

> *Ne vo coila pas tant, monsieu, gnat ren que presse.*
>
> *Pastor. de Janin*, acte I. sc. II.

— P. bressan.

> Faray vo torzo la cagne?
> Ne vo livarai vo pas?
> Coitia-vo, zan de la Chagne,
> Et de la Truchire avoa.
>
> *Noëls bressans*, éd. Le Duc, p. **30**.

> Cé de Tebau e Zan Curace
> Ne furon po lo ple *coayteu*.
>
> Id.. p. **69**.

Langued. et ancien proveng.: *acoitar ;* — gascon : *acouitar* (De Sauvages et Honnorat.)

Anc. français : *se coiter, se coyter*. (Roquefort et Gloss. de Ducange.)

Barbazan dérive *coiter* de *percutere*, et Roquefort de *coexcitare*. Il y a peu de vraisemblance à l'une et à l'autre de ces deux étymologies. La Monnoye, dans le Gloss. de ses *Noëls bourguignons*, au mot *couite*, le fait venir de *cuire*, ce qui ne vaut pas mieux.

COUFFIN, cuffin. F. *s. m.* Coin du feu, réduit, recoin.

> Qua tu nou vau qua virie l'atou,
> Et en un carou de *cuffin*
> Garda de ruma lou tupin.

(Car tu n'es bon qu'à tourner la broche, — Et en un coin du foyer. — Garder que le pot ne brûle.)

> *Ballet forésien.*

> Trey bargères
> Dins mon *couffin*
> Me sont venue tionta par bére de mon vin.

(Trois bergères — Dans mon réduit — Sont venues me tenter pour
boire de mon vin.)

CHAPELON, *Chans.*, p. 175.

Langued.: *coufin* ; coin, recoin.

Limousin : *coufin ;* le coin de la cheminée, le coin du
feu. (Dict. de Beronie.)

M. Mary Lafon, *Tableau de la langue du midi de la
France*, p. 46, fait dériver ce mot du grec κυφαν, auquel il donne le sens de Angle, intérieur de la cheminée,
et qui signifie aussi Cintre, voûte, tout objet recourbé.

COURTIL, jardin. — V. CURTIL.

CRALIE. f. *v. n.* Tousser, faire des efforts pour tousser et
cracher.

Guillot Raffin
Asset o carou do cuffin
Cralye a s'escarmamela.

(Guillot Raffin, — Assis au coin du feu, — Tousse à s'arracher les
entrailles.)

Ballet forésien.

Touta la not je ne fouai que *cralier*.

Ant. CHAPELON, *Bobrun*, p. 235.

Je trouve au Gloss. de Ducange : Creticare, crocitare ;
grailler à la manière des corneilles ; et dans Roquefort:
grailler ; croasser, crier.

Gralha désigne, en effet, en roman et dans les dialectes actuels du Midi, une espèce de petite corneille
que le Dict. de l'Acad. appelle *grolle*.

CRECI, CRESSI, CRUISSY. l. *v. n.* Crier, bruire, craquer.

Lo grous Bartholomy que la molarde pique,
Jure, peste, marronne et fat *creci* se deints.

ROQUILLE, *Lo Pereyou*, p. 15.

Mais j'einteindo quoqu'un que fant *creci* la porta.

Roquille, Les Ganduaises, p. 4.

L'entend partot *cressy* sos choticaux mo lampos.

Elle (la Discorde) entend partout craquer ses châteaux mal étampés.

Hymna à la Concorda, p. 27.

Cruissy, dans la *Bernarda Buyan tiri*.

— P. Dauphinois.

Tout plen de mauvoillenci, an *crucan* de le den.

Lo Banquet de le faye, p. 11.

— Provenç. : *Crucir*, *crussir*.

Troupen que meno sou gardaire

Crucis, a tems o tard, dins la gorgo dou loup.

(Troupeau qui mène son gardien, tôt ou tard, craque dans la gueule du loup).

Mireio, ch. VII.

— Langued. : *Croussi*.

Je trouve aussi au Dictionn. des express. vicieuses des Hautes-Alpes : « *Croussir* ou *creziner* ne sont point français et sont employés quelquefois pour Croquer et craquer. »

Roman : *Crucir*, *cruissir*, *croissir*.

Anc. franç. : *Croissir*, *crucir*.

L'a si feru par mi li dos

Ke tot li fet *croissir* les os.

Roman de Rou.

Espagnol et catalan : *Cruxir*.

Basse latin. : « *Cruscire*, crepitare ; gall. : Craquer... Nostris alias, *croissir* et *croistre*... Unde *croiz*, crepitus... *Escrois*, fragor, horrendus sonitus, vulgo, Fracas... *Escroissement*, pro Grincement, stridor. » — Gloss. Ducange.

On peut aussi le rapprocher du latin *crocire*, croasser ; de l'anc. franç. *crousser*, chant de la poule, et *grousser*, gronder, qui ont peut-être le même radical.

CRENCY, CRONCI. F. S. *f.* Croyance, foi.

> Quand j'aguio fat les acte de ma *crency*.
>
> (Quand j'eus fait les actes de ma foi.)
>
>> Ant. CHAPELON, *Bobrun.* p. 245.

> Or couma bon chretien et homou de consciency.
>
> Au l'a fat sur son corps lou signou de sa *crency*.
>
> ..... Il a fait sur son corps le signe de sa croyance, le signe de
> la croix).
>
>> CHAPELON, *Testam.*, p. 177.

> Peu que vou nous faut tous siore la mesma *crency*.
>
> (Puisqu'il nous faut suivre tous la même croyance.)
>
>> Id. *Thèse*, p. 227).

> Vouere tout ension parmey et defondu
> De faire solamont lou signou de sa *cronci*.
>
> (Il était tout à la fois permis et défendu de faire seulement.....)
>
>> *Poëme sur le 9 thermidor.*

Creansa, credensa, crezensa, ont en roman ce sens de Croyance. (Raynouard),

Créance l'avait aussi en ancien français.

> Se veuls bonne vie ensuivre,
> Apprens au premier la *creance*
> Avecques toy, et esperance.
>
>> *Moralité des enfants de maintenant.*
>> Anc. Théâtre-Franç., t. III, p. 74,

Le Dictionn. de l'Acad., 1835, le mentionne comme vieux : « *Créance* se dit quelquefois pour croyance religieuse : la pureté de sa créance. Ce sens vieillit. »

Au reste, Créance a encore, mais dans une acception plus générale, le sens de croyance, quand on dit : Cela ne mérite aucune *créance* ; ne donnez aucune *créance* à ce qu'il dit.

CRENCY, CRONCI. F. *s. f.* Crédit.

> D'un liard ou doux y vous fariant pas *crency.*
>
> Ant. CHAPELON, *Bobran.* p. 242.

> Tout ce que li e deu per avez trop fat *crency.*
>
> CHAPELON, *Testam.*, p. 182.

> Iquelou que vendiant livriant pas ron à *cronci.*
>
> (Ceux qui vendaient ne livraient rien à crédit).
>
> *Poëme sur le 9 thermidor.*

Credensa, crezensa, en roman (Raynouard) ; *creantia, crehantia,* en basse latin. (Gloss. de Ducange), signifiaient aussi Crédit.

Créance avait également en anc. franç. ce sens spécial qu'il a perdu, tandis qu'il a gardé le sens plus général de Dette active, action en paiement.

On trouve fréquemment en anc. franç. *croire* et *accroire,* pour donner à crédit.

> Or, Sire, les voulez-vous *croire,*
> Jusques à jà quand vous viendrez ?
> Non pas *croire,* mais les prendrez
> A mon huys, en or ou monnoye.
> . . . .
> Je yrai ; mais il faïct mal d'*accroire.*
> Le scavez-vous bien, à l'estraine.
>
> *Farce de Pathelin.*

Dans le langage du commerce, on appelle *ducroire,* ital. : *del credere,* le droit supplémentaire de commission que prend le commissionnaire qui répond de son commettant acheteur.

CREPI, CREIPI. F. *s. f.* Crèche.

> Mal que m'a metta ma meison
> A n'y leissie que lou travon.

140

Que n'ey venu que par ma fauta.
Et que me tint la *creipi* hauta !

(Mal la paresse) qui m'a mis ma maison — A n'y laisser que le plancher, — Qui n'est venu que par ma faute — Et qui me tient la
crèche haute, — Qui me fait pâtir de la faim.)

Jac. CHAPELON. *Contrition d'un fénéant.* p. 272.

Au fat pida din lou fon d'una *crepi.*

(Il fait pitié dans le fond d'une crèche).

CHAPELON, *Noëls*, p. 91.

— P. Dauphinois.

... Fat comme lo chin. qui jamai fen ne toche.
Et garde que lo bo de sa *creipi* n'aproche,

(Il fait comme le chie , qu' ne touche jamais le foin, — et empêche
le bœuf de s'approcher de sa crèche).

Lo Batifel de la gisen, p. 43.

Langued. : *gripio, grepio, grupi.*

Provenç. : *grupi, grepia.*

Se vou boutar au rang des gros chivaus. et pou pas venir a la
gruppi.

(Il veut se mettre au rang des gros chevaux. et il ne peut pas atteindre
à la crèche).

La Bugado prouensalo.

Roman : *crepcha, crepia, crupa.*

Italien : *greppia.*

On trouve en anc. franç. *crepe, grepe* rapportés
par Roquefort, et *crebe* rapporté par le Gloss. de Ducange, Vº Craccia, avec la citation suivante extraite
d'une vie manuscrite de J.-C. :

Alés, dist-il, em Belleant.
Illuecques trouverés l'enfant
Jouste le mur en une *crebe.*

CRET. f. *s. m.* Berceau.

> Le nurice saran sen *cret*.

(Les nourrices seront sans berceau.)

Ballet forésien.

> Sus un troussun de fein, au bay mey de l'ourdura,
> Onte aul'ev sen *cret*.

(Sur un tas de foin, au milieu de l'ordure. — Où il est sans berceau.)

CHAPELON. *Noël* IX. p. 99.

> Y sant parla latin dret qu'ey sortont do *cret*.

Ils savent parler latin dès qu'ils sortent du berceau.)

Id.. *Thèse.* p. 228.

— **P. bressan.**

> Hela! le n'e pa se rece
> D'avay on *cruet* per l'efan.

(Hélas! elle n'est pas si riche — Qu'elle puisse avoir un berceau pou l'enfant.)

Noëls bressans. édit. Le Duc, p. 29.

— **P. dauphinois :**

Creil; berceau d'un enfant en très-bas âge. — Champollion-Figeac, p. 171.

Roman : *Croille*; berceau (Raynouard).

On trouve en anc. français *creil*, claie, craticula (Roquefort), et je pense que c'est là le sens général et primitif de notre mot. Dans nos campagnes, une petite claie d'osier disposée de la façon la plus simple fait tout le berceau des enfants nouveau-nés.

CREU. f. *s. m.* Noyau.

> Un plein sachon de *creu*.

Un plein sac de noyaux.)

CHAPELON, *Testament.* p. 178.

Un rapai d'ourtoulan fat d'un *creu* de cireisi.

(Un rappel, un appeau, d'ortolan fait d'un noyau de cerise.)

Id., id., p. 179.

— P. bourguignon : *creuse ;* coquille. — Mignard, p. 42.

Langued.: *crouvel,* coque de noix; — provenç.: *cru-veu, cruveou, crouveou,* même sens.

Large comme un *cruveu* de noses.

(Large comme une coque de noix.)

Mireio, ch. VII.

Creu est aussi à St-Etienne le nom d'un jeu d'enfants.

Vou vaut bien mio chanta de Nouais que de jouie au guillon, au *creu,* etc.

CHAPELON, *Avis aux effants,* p. 75.

CREZ, CRÉ. L. et F. *s. m.* Montagne, sommité.

Adio la viala, adio tous lous faubour,
Adio lous *crès* que sai sont à l'entour ;
. . . .
Lou *crez* de Roch, Sainti Barba, Gueleta.

Ant. CHAPELON, *Bobrun,* p. 253.

Dou *cré* de vait Pilò lo destin t'examine.

(Du sommet de Pilat le destin t'examine.)

ROQUILLE, *Lo Pereyoux,* p. 11.

Le sommet de Pilat est nommé dans la carte du dépôt de la guerre *le crest de la perdrix.* Plusieurs sommets, dans les provinces voisines, portent aussi ce nom *le crez* avec ou sans une autre dénomination plus spéciale.

L'origine de *crez* est sans doute la même que celle du roman *cresta* et du français *crête,* qui ont eu des formes diverses et ont donné plusieurs dérivés en langue d'oc et en langue d'oïl.

CROUSSA. F. *v. a.* Remuer, agiter, bercer.

> Una nurissi avoi son nurisson.
> En lou *croussant* que chante una chanson.
> Ant. CHAPELON, *Bohrun*, p. 245.

Je vois le même sens dans le vers suivant de Savel, où il est question d'un enfant nouveau-né.

> Riche et noble trésor, sitôt qu'a criara,
> Tzeri la magnivelle a *creussin, creussan*, ba.
> SAVEL, *Mar. de Jean*, p. 34.

Roman et provenç.: *crossar* ; secouer, remuer.

Croussa a une grande analogie avec l'anc. français *croler, croster, crousler;* Ebranler, remuer, qui a peut-être la même origine.

CRUZIO, CRIZIO, CRIZIOEU, F. *s. m.* Espèce de lampe qu'on suspend par un crochet, encore en usage dans nos campagnes.

> Comm'un *cruzio* partuzat.
> (Comme une lampe percée.)
> *Ballet forésien.*

> O fallit en plein jour alluma lou *crizio*.
> CHAPELON, *Requête*, p. 203.

> Ein *criziœu.*
> *Remou et Bacoueni*, p. 9.

— P. mâconnais.

> Un *croisiou* et un covre feu.
> *Noëls du parrain Blaise*, p. 47.

(L'Explication des mots difficiles traduit *croisiou* par Lampe plate ouverte au-dessus.)

— P. bressan.

> San Zosé pri se lunette...
> Va gorcé des allumette
> Per atuigi son *croigi.*
> *Noëi de St-Remy*, édit. LE DUC, p. 35.

— P. dauphinois.

> Quand je devrin gata mou chandelon, mou ciergeo,
> E dedin mon *cruzieu* tout mon bon hulo viergeo.
>
> *Pastor. de Janin*, act. IV, sc. III.

Roman : *cruol*.

Anc. catalan : *cresol* ; — anc. ital.: *crisol* ; — ital. mod.: *croginolo* et *crucivolo* ; — latin : *crucibulum*.

Anc. français : *cruisel, croissel, croissol, croisieu* et *croisuel* (Gloss. Ducange).

On trouve aussi en anc. français et en provenç. *crassel* pour le nom d'une lampe. Mais ce doit être un autre mot désignant un autre ustensile de même nature. Le nom de celui-ci paraît venir de *crassa*, Graisse, en basse latinité, parce qu'on y brûle de la graisse et d'autres corps gras, tandis que le nom de *cruzio, crucibulum*, et de ses analogues vient de la forme de cette lampe disposée en croix.

CUCHON, CUCHOUN, QUICHON. L. et F. *s. m.* Tas, amas.

> Les gros ont donc ouvert une souscription
> Que facilitera la demolition
> Et de l'Observatoire et des *cuchons* de pierres
> Que de tous les côtés déshonorent Fourvières.
>
> *Epître à mon cousin Greppo. Fourvières*, 1853, p.10.

> Un *cuchon* d'etranjis dont je ne say los chiffros
> Disiant davirimen...
>
> *Hymna à la Concorda*, p. 25.

> Son cœur est devoro par de cruels remords
> A l'aspect effrayant d'in *cuchon* de corps morts.
>
> ROQUILLE, *Breyou*, p. 69.

> Mais par sa crouey voutron cher fils uniquou
> Nous a douna un *quichon* de meritou.
>
> Ant. CHAPELON, *Bobrun*, p. 244.

Salut, fameux *quichoun* de pierres.

L'Hôtel-de-Ville de St-Etienne, Chans. de Philippon, 1842.

In grœu *cuchoun* de geons que teniant de farasse a la mœu.

Linossier, *Un boucher*, p. 6.

Provenç.: *cucha ;* tas, monceau ; — *cuchoun*, dimin. de *cucha ;* petit tas ; — *cuchounas ;* gros tas.

Roquefort a *cuche, cuchon, quechot ;* tas de foin, meule de paille.

Le Gloss. de Ducange a *cuchon*, en basse lat. *cucho*. Il l'attribue particulièrement à la Bresse et à la Dombes, et donne des citations de titres qui se rapportent à ces provinces.

CURET. L. *s. m.* Vidangeur.

« Cette troupe étoit des mieux disciplinées; il leur donnoit le mot du guet ; et quand on les appeloit : *Curets*, quelle heure est-il ? ils répondoient : M ....»

Laurès, *Supplém. aux Lyonnois dignes de mémoire.*
— V. sur cet ouvrage la note au mot *bugne.*

CURTIL, courtil. L. et F. *s. m.* Jardin.

Ce mot se lit très-souvent dans les anciens actes de la province.

— P. bressan.

Quand Dieu fit l'om'a l'an premi,
I lo beti dans son *curti.*
Noëls bressans, éd. Le Duc, p. 108.

— P. mâconnais.

Una fenna dan son *curti.*
Noëls mâconnais, p. 56.

Curtil et *courtil* sont aussi employés en Savoie. C'est ainsi qu'on appelle, à Chamouni, ce petit plan de gazon qui est situé au milieu du glacier de Talefre, et qui es t si connu des touristes sous le nom du *Jardin.*

Langued.: *courtiol*.

Curtil et *courtil* se retrouvent très-souvent en anc.
français. Ils sont cités par Roquefort, par Guérard, *Préface du cartulaire de saint Père de Chartres*, p. 14, et
rappelés par le Gloss. de Ducange, v° *cortis*, *curtis*,
cortile, *curtile*, *curticuli*, etc.

> J'étois allée quérir des choulx
> En notre *courtil* pour disner.
>> *Farce des femmes qui font refondre leurs maris.*
>> Anc. Théât.-Franç., t. I, p. 67.

> Toutefois moy et mon jardin
> Nous différons en une chose;
> Je me vueil abreuver de vin,
> Et d'eau notre *courtil* s'arroze.
>> *Vau de Vire* d'Olivier BASSELIN.

La *Courtille* de Paris a pris son nom à la même source.

Jardin et *courtil*, malgré leurs différences actuelles,
ont cependant une même origine. On les fait remonter
au grec χορτος, par le latin, *hortus*, devenu en basse
latinité *chors*, *chortis*, d'où, avec notre *courtil*, l'allemand
garten, l'italien *giardino*, enfin le français *jardin*, qu'un
Allemand prononce *chartin*, et un enfant *zardin*. —
V. M. Thommerel, *Rech. sur la fusion du franco-
normand et de l'anglo-saxon*, p. 27.

(Ces rapprochements que je crois très-exacts, nonobs-
tant leur étrangeté apparente, rappellent l'étymologie
non moins certaine du français *jour*, dérivant du latin
dies par *diurnus*, et l'italien *giorno*.)

Scaliger faisait venir de *curtis* le français *cour*, dans
le sens de *Cour du roi*, *cour du parlement*. « Il appert
des actes qui se faisoient en latin et en françois, il y a
500 ans, que nos François, qui entendent mal leur langue,

ont cessé d'écrire la *court* du parlement et escrivent
tous *cour*, parce que, disent-ils, il vient de *curia*. Mais
que ne l'appellent-ils *curie*, et les courtisans *curiens*,
ou *curisans?* Quand on parle de la *cour du roi*, il vient
de *curtis*, itali *corte*, in *curti nostra*. Les parlements
estoient partout où estoit le roy, et l'on dressoit un en-
clos qui s'appeloit *curtis*, et le roy escrivoit *de curti
nostrâ.* »

Scaligerana sec , p. 281.

D

DAILLE, DAILLI. F. et L. s. f. Faux.

> De z abile manaore a la *daille*, o ratzo,
> Venon par depoueilli la plana et le coueto.

(D'habiles manœuvres à la faux et au rateau — Viennent pour dé-
pouiller la plaine et le coteau.)

SAVEL., Mariage de Jean, p. 18.

Il est employé dans tout le Lyonnais.

— P. dauphinois.

> O mort que j'ai chusi...
> Vin seyé de ta *dailli*
> Lo fi prin de mou jour.

(O mort que j'ai choisie... — Viens trancher de ta faux — Le fil menu
de mes jours.)

Pastor. de Janin, acte II, sc. dern.

Langued. et provenç.: *dalio, dalh, dalha, daya, daio.*

> Que li segaira e laboureire
> Quiton li *daio* e lis araire.

(Que les faucheurs et laboureurs — Quittent les faux et les charrues.)

Mireio, ch. IX.

Dail et *daille* sont cités dans le Dict. des expr. vicieuses des Hautes-Alpes.

Roman : *dalh, dayll.*

Catalan et espagnol : *dalle.*

Anc. français : *dail, daille.*

« La mort, six jours après, le rencontrant sans coingnée, avecques
son *dail* l'eust faulché et cerclé de ce monde. »

RABELAIS, liv. IV, *Nouv. prol.*

Basse latin.: « *Dalha, dallis;* Falx, Gall. Faux ; propriè est Falcis pars ferrea. Nostris alias, *dail, daille, dart,*
undè *daliare* et *dalliare;* Falcare, Gall. Faucher; et
dalliator, Falcator, vulgo Faucheur. » Gloss. Ducange.

DARBON. F. *s. m.* Taupe.

Si la grela gate lou blas,
Si lou *darbon* minge lou pras.

(Si la grêle gâte les blés, — Si la taupe mange les prés.)

CHAPELON, *A MM. les ratteurs,* p. 218.

— P. dauphinois.

Maugra tou souz efforts lo liquido clemen
Intri coma *darbon* din souz apartamen,
Soulevant sou planchie de memo que de liegeo.

(Malgré tous ses efforts, le liquide élément — Entra à la façon des
taupes dans ses appartements, — Soulevant son plancher comme
du liége.)

Grenoblo malhérou.

Ore que faut passa
U païl du *darbon,* coume lou trepassa.

(Maintenant qu'il faut passer — Au pays des taupes, comme les tré-
passés.)

Pastor. de Janin, sc. dern.

Provençal : *darboun.*

M. Champollion-Figeac, *Nouv. rech. sur les patois,*
attribue ce mot au celtique, mais sans donner les raisons
de son opinion.

DECIO, ᴅᴇssɪᴏ, ʟ. *v. a.* Décimer, et par extension, Battre, lasser, fatiguer.

> Lo canons sont braquos par *decio* lo coquins.

(Les canons sont braqués pour décimer, pour accabler les coquins.)

> Roqᴜɪʟʟᴇ, *Breyou*, p. 27.

> Cartouche et l'ardent Moustafat,
> Et l'einragi Tarquin sont *dessios* totafat.

(... Abattus, défaits, harassés.)

> Roqᴜɪʟʟᴇ, *La Ménagerie*, p. 21.

> O pori se *decio* par conto les louanges
> De tant des armounis, doux pouros los bons anges.

(On pourrait se fatiguer à conter les louanges — De tant de gens charitables, les bons anges des pauvres.)

> *Hymna à la Concorda*, p. 38.

C'est un composé du provenç. *dez*, dix ; latin *decem*. C'est, par conséquent, un mot différent de *dessio*, désaltérer (v. plus bas), qui vient de *sei*, soif ; latin *sitis*. Je crois cependant qu'ils se sont quelquefois confondus.

DECORO, ᴅᴇᴄᴏᴜʀᴀ. ʟ. et ғ. *v. n.* Avoir mal au cœur ; se trouver mal.

> Car quand je veyou mon avit,
> M'eyt evire que je *decorou*.

(Car lorsque je vois mon étau, — Il me semble que je prends mal au cœur.)

> Jac. Cʜᴀᴘᴇʟᴏɴ, *Contrition d'un fénéant*, p. 270.

> De vio renou et *decourat*,
> Joynou, juyou et recourat.

(De vieux grondeurs, sans force et sans courage, — *Deviennent par l'amour*, jeunes, joyeux et pleins d'ardeur.)

> *Ballet forésien*.

> On la varra marchi, faire milla grimace,
> S'asseta, *decouera*, vomi dans la bachasse.

> Sᴀᴠᴇʟ, *Mariage de Jean*, p. 54.

O y a que *decora* de vere sur lo port
Met de cent crochetors qo simble que sont morts.

(Il y a de quoi se trouver mal de voir sur le port — Plus de cent crocheteurs qu'on dirait morts.)

ROQUILLE, *Ballon d'essai*, p. 6.

Descourar, langued.; *descorar*, provenç.; *descorar*
et *dezacorar*, roman, ont le même sens. Ils ont aussi le
sens actif de Décourager, attrister, dégoûter. — V. de
Sauvages, Honnorat et Raynouard.

DECOUREYSON, F. *s. m.* Mal de cœur, évanouissement.

Sen la *decoureyson* que vous l'a enleva.

CHAPELON, *Thèse*, p. 225.

Prov.: *descor*.

— P. dauphinois : *deicour ;* dégoût.

Dans un éloge de la raillerie, au *Batifel de la gisen*,
Laurent de Briançon dit que celui qu'on raille

Se chatiel de sa fauta, et petit à petit
Pren *deicour* de mau fare et de ben appetit.

(Se corrige de sa faute, et petit à petit — Prend le découragement de
mal faire et le désir du bien.)

Lo Batifel de la gisen, p. 58.

DECUCHIE. F. *v. a.* Déshonorer, railler, rendre méprisable.

Si vou gougie tant se po la teta, vou m'alla *decuchia*.

(Si vous branlez tant soit peu la tête, en signe de désapprobation,
— Vous allez me perdre de réputation.)

CHAPELON, *A M. de St-Priest*, p. 113.

Au pis alla, si vou me faut payer,
Souay resoulu de vous tous *decuchier*.
Nous jouarons au jeu de pique-nique.
Et vous veyri un bai panégyrique.

(Au pis-aller, s'il me faut payer, — Je suis résolu à vous accabler tous
de railleries. — Nous jouerons au jeu de pique-nique, — Et vous
verrez un beau panégyrique.)

Chapelon, *Requête*, p 223.

Com'ey sayant funa de la cava o granie,
Ne pas laissie in carou et lou tous *decuchie*.

(Comme ils savaient fureter de la cave au grenier, — Ne pas laisser
un coin sans y chercher et les tous bafouer.)

Poëme sur le 9 thermidor.

Langued.: *descuscar*; Défigurer, et par extension,
Déshonorer. De Sauvages y voit un composé de *cuscar*,
qui signifie Parer, orner, soigner.

Le Dict. provençal d'Honnorat fait deux mots différents de *descuchar, descujar, descudar*; Dédaigner, et
de *descuscar*; Défigurer.

Le Lexique roman de Raynouard voit, au contraire,
dans *descuidar* et *descuchar* deux formes diverses du
même mot et les rapporte à *cuidar*, Penser, du latin
cogitare.

Artus, ja no t'azirar
Qui t'laidis ni t'*descucha*.

(Artus, ne t'irrite jamais — De qui que ce soit qui t'injurie ni te dé-
daigne.) Cit. de Raynouard.

DEDELA, DESDELA. L. *adv*. De l'autre côté, là-bas.

Ah ! qu'est i donc tout ce tapage
Que j'ai entendu *dedelà* ?

Les Canettes, p. 51.

« *Desdelà*, chercher *desdelà* l'eau. Cette expression
lyonnaise est tout à fait vicieuse; il faut dire, Chercher
de l'autre côté, par delà l'eau, ou simplement delà l'eau. »
— Molard, 1803.

Provenç. et langued.: *de delai, dedela;* au-delà, par delà. *Li v'ai pagat au dedelai ;* je le lui ai payé au plus haut. — *De deçai, de dessai ;* en deçà.

L'anc. français disait aussi *dèdelà* et *dèdeçà.*

Que Clovis ait par *dedeça*
Envoié dons ore ou pieça.
Miracle de Clovis. Théât. franç. du moyen-âge, p. 625.

Je vous donnay avis en partie de ce qui se passait *dedeçà.*
Les plaisantes éphémérides. — Var. hist. par FOURNIER, t. IV, p. 247.

L'espagnol dit *desde aqui, desde alli.*

DEFOUR, Dehors. — V. FOUR.

DEJAMANIE, DEJARMAGNA (SE). *v. pron.* Se démener, se débattre.

A que m'a-t-on sarvi de brougie milla ruses?
De me *dejamanie* a me faire poussa
Par tous mous bouns amis, mous parons et les buses!

(A quoi m'a-t-il servi d'inventer mille ruses? — De me démener à me faire pousser — Par tous mes bons amis, mes parents et les buses?)
Chans. de PHILIPPON, 1853, p. 67.

Mais d'onte sort pouro pitsit Blondain?
Ina section de pioupioux l'accompagne,
Qu'a te donc fat? oh! qu'a se *dejarmagne!*

(Mais d'où sort pauvre petit Blondin? — Une section de fantassins l'accompagne; — Qu'a-t-il donc fait? Comme il se débat!)
ROQUILLE, *Lo Pereyou,* p. 20.

Je me *dejarmagnais* ; mais forcé de me battre,
Je m'ai viré de rond, leste comme un leinzard.
ROQUILLE, *Les Ganduaises,* p. 12.

Je trouve au Dict. de De Sauvages et à celui d'Honorat les expressions langued. *dezamana*; Désaccoutumer, se désaccoutumer ; et *amana*, *amanda*; Ramener, rassembler , serrer, empoigner. Je pense que c'est là l'origine de notre mot.

DEGOEMA, DEGOUEMA. F. v. n. Vomir.

> Vey te condre darrye la toucry,
> Qua antramen gy n'ey que po
> De *degoema*.

(Va te cacher derrière la toile : — Car sinon je n'ai qu'une peur, — — C'est de vomir.)

Ballet forésien.

> Y farit *degouema*.
> Ant. CHAPELON, *Carakerou de le Filles*. p. **237**.

> Et devé son ma propre à faire *degoueima*.

(Et parfois elles sont malpropres à faire vomir.)

SAVEL, *Mar. de Jean*, p. **35**.

DENNA, DANA. F. s. f. Dame.

> Dialogou entre Seigne Grabiay et *Denna* Jaquelina.

(Dialogue entre sieur Gabriel et dame Jacqueline.)

CHAPELON, *Noël IV*, p. **84**.

Dana Fouillousa, dans les Poésies de Boyron, p. **11**.

C'est la qualification qu'on donnait jadis, dans le midi de la France, aux bourgeoises et aux femmes du peuple d'un certain âge auxquelles on voulait témoigner de la déférence.

— P. dauphinois.

Dans la *Pastorale de Janin*, acte IV, sc. III, Janin dit à la sorcière :

> *Dana*, qui devina ce que se dit et fat.

— P. bressan.

> Lous omo vieu e le dane
> Ne pussiren po modé.

(Les hommes vieux et les vieilles femmes — Ne purent pas y aller.)
> Noëls bressans, éd. Le Duc, p. 86.

C'est un abrégé du latin *domina* ; ital. *donna*. L'abréviation était allée dans le midi de la France jusqu'à dire *Na*. Le traducteur du Nouv. Test. vaudois traduit ainsi saint Luc : Intrec Maria e la maiso de Zacarias e saludec *Na* Elisabet. (Intravit Maria in domum Zachariæ et salutavit Elisabeth.) 1. 40. — V. aussi le Gloss. de Ducange, v^is *en, ena, na*.

DENOUYE. F. *v. n.* Railler, se moquer.

> Vous met paye
> De quauque faribole.
> Par vous *denouye*.

(Vous me payez — De quelque faribole, — Pour vous moquer.)
> CHAPELON, *Noel IV*, p. 86.

Roman : *desnot ;* injure, moquerie (Raynouard.)

Le Recueil des lois espagnoles, dit *le Fuero juzgo*, a un titre sur les injures et moqueries : De los *desnuetos* y de las palabras ydiosas.

DEPIAT. F. DEPIO. L. *adj.* Dépouillé, déguenillé, sans ressources, gueux.

> Et que si o faut d'argent je souai pas si *depiat*
> Que n'en douneyza ben par dire n'en vequiat.

(Et s'il faut de l'argent, je ne suis pas si gueux — Que je n'en donne tout de même pour dire : en voilà.)
> CHAPELON, *Requête*, p. 215.

> Jean qu'etzé tot *depio*.
> (Jean qui était tout déguenillé.)
> ROQUILLE, *Poés. div.*, p. 11.

Anc. franç.: *depier, despier* ; Diviser, séparer, dé-
membrer. — V. Roquefort.

V. Pia.

DEPONDRE. l. et f. *v. a.* Détacher, défaire, déchirer, dé-
coudre. Il a quelquefois aussi le sens pronominal, Se
détacher, se défaire.

> Comment faire à présent pour contenté le monde ?
> Si querqu'un y russit, que le cou me *deponde*.
>
> *Les Canettes*, p. 3.

> De tous los los déjà *depond* la villi corda
> Dont j'aytions encoblo par la laidi discorda.

(De tous les côtés déjà se détache la vieille corde — Dont nous étions
liés par l'affreuse discorde.)

> *Hymna à la Concorda*, p. 27.

> Je chanto loz exploits dous vainqueurs de la Franci,
> Qu'ant si bien neteyi le vitres, la faienci,
> *Depondzu* loz inchans ; et dins bien pou de tsoms
> Fat pluro lou canus et rire lo maçons.
>
> Roquille, *Breyou*, p. 7.

> J'ayins plutout besuin de *depondre* ina crouta.

(... De casser une croute.)

> Roquille, *La Gorianchia*, p. 13.

> Que si j'aïn quauquou so d'écondu,
> Ne sarin pas piassouta, *depondu*.

(Si j'avais quelque argent caché, — Je ne serais pas rapetassé, dégue-
nillé.)

> Ant. Chapelon, *Bobrun*, p. 243.

Le participe *depondu*, employé substantivement, signifie souvent un homme en guenilles, un mendiant.

> Mous habits sont si vios qu'ey semblou un *depondu*.
>
> Chapelon, *Requéte*, p. 207.

— P. dauphinois.

> Que la premeiri fei qu'u la voudra feri.
> Lo puin li *depondei.*

(Que la première fois qu'il la voudra frapper, — Il se démette le poignet.)

Lo Banquet de le faye, p. 19.

Depondre est le contraire de *appondre.* — V. ce mot.

DESONDRO, DEZONDRA. L. et F. *v. a.* Défigurer, déshonorer.

> Sou quatrou capouraux, lou mousquet sus l'epala,
> Ne *dezondravont* pas lou restou de la viala.

(Ses quatre caporaux, le mousquet sur l'épaule, — Ne faisaient pas déshonneur au reste de la ville.)

CHAPELON, *Entrée,* p. 126.

> Vo los varis jamais *desondro* noutres noces,
> En corrant dens la net suivis de quoques roces.

(Vous ne les verrez jamais déshonorer nos noces, — En courant dans la nuit, suivis de quelques rosses.)

Hymna à la Concorda, p. 29.

Desondrer est cité par Molard, 1803.

— P. dauphinois :

> Lo bel agencimen nou recure de chose
> Que nou *desondrarion,* s'elez cron deiclose.

(Le bel agencement (la toilette) couvre sur nous des choses — Qui nous déligureraient, si elles étaient à découvert.)

Lo Batifel de la gisen, p. 47.

Langued. et provenç.: *dizoundra, desoundrar.*
Roman : *desondrar, desonrar, desonorar.*
C'est un dérivé du latin *honor.*

DESSIA, DESSIO. L. et F. *v. a.* Désaltérer, rassasier.

> N'en volou bere et m'en olier...
> Volou m'en *dessia.*

(Je veux en boire et m'en remplir. — Je veux m'en rassasier.)

CHAPELON, Chans., p. 154.

Je bisquo de ne riu pouère bère :
Poyo po me *dessio* in currant le charrère.

(Je peste de ne pouvoir pas boire ; — Je ne peux pas me désaltérer
en courant les rues.)

ROQUILLE, Bailon d'essai, p. 5.

— P. dauphinois.

Tou celou qu'avion sey a pleizi se *desiaron*.

(Tous ceux qui avaient soif se désaltéraient à leur gré.)

BLANC LA GOUTTE, Epit. sur les réjouiss., p. 21.

C'est un composé de *sei*, soif; latin *sitis*. *Decio*, qu'on
écrit aussi parfois *dessio*, est un autre mot qui a un
autre sens et une autre étymologie. — V. ci-dessus.

DETRIA. F. *v. a.* Séparer, détourner, sevrer, distinguer,
différer.

Que lou vin sè chier,
Po m'importe,
N'en volou bere et m'en olier,
De queu endret qu'o sorte ;
Poyou pas m'en *detria*,
Volou m'en dessia.

(Que le vin soit cher, — Peu m'importe, — Je veux en boire et m'en
remplir, — De quelque endroit qu'il sorte ; — Je ne puis m'en sevrer, — Je veux m'en rassasier.)

CHAPELON, Chanson, p. 154.

De la gaita que n'i aide a vioie
Jamais ron ne lou *detriara*.

(De la gaité qui lui aide à vivre, — Jamais rien ne le privera.)

Chans. de PHILIPPON, 1859, p. 17.

Provenç. et langued.: *destriar ;* Séparer, distinguer,
discerner; *destrigar ;* Détourner, empêcher, débarras-
ser.

Destriava pas ben.

(Je ne distinguais pas bien.)

Mireio, ch. III.

Roman : *detriar*, *destriar*. *destrigar* ; Retarder, détourner.

Anc. franç.

Venez tous deus sans *détry* (sans délai)
Parler à Lucifer mon maitre.

La vie du maurais riche, Anc. Théât. franç.,
t. III, p. 282.

Basse latin.: « *Detricare* ; morari, remorari... Occitani *destriga*, pro Divertir, détourner, dicunt. » Gloss. de Ducange. — On trouve au même Gloss. ce texte d'anc. français : « Et se il advenoit que aucuns de ceaux qui venent par devant les eschevins fussent *detriez* et prolongiez outre le terme convenu. »

DEVAI. Vers, chez. — V. VÉ.

DEVEY. Parfois. — V. VÉ.

DEYLOUYE. F. *v. a.* Disloquer.

Empachie lou par iquai cot de se *deylouye* lou couai.

(Empêchez-les pour cette fois de se disloquer le cou.)

CHAPELON, *Epître à M. de St-Priest*, p. 113.

Anc. franç.: *desloier*, *desloer*, *deslouer*. — V. Roquefort et le Gloss. de Ducange, où l'on trouve cette citation : « Icelui suppliant feri ledit Jehan d'un baston sur une de ses mains et lui *desloa* le pouce d'icelle main. »

DELOQUO. Même sens.

Quand devrins trenta ves me *deloquo* l'épala.

ROQUILLE, *La Ménagerie*, p. 5.

Deloguo a beaucoup plus d'analogie que *deylouye* avec le langued. *delouca, delougar, deliouga* (De Sauvages); avec le provenç. *deilugar* (Honnorat), et avec le roman *desloguar, deslocar* (Raynouard).

Il est à observer que, dans un grand nombre de dialectes, le même mot signifie Déloger et Disloquer. Il est bien manifeste aussi que ces deux mots français ont également leur origine dans le substantif *locus* et la préposition *de*; qu'ils ont dès lors la même signification générale avec une application différente.

DILUN. l. et f. *s. m.* Lundi.

> La Jeanna Mournand
> *Dilun* passa tempetave.
>
> Chapelon, Chansons, p. 172.

— P. dauphinois.

> Deu lo *dilhun* jusqu'u *dissando*.
>
> (Du lundi jusqu'au samedi.)
>
> La vieille Lavandière, p. 74.

— P. bugiste.

> Dou *delon* a la *diomaine*.
> Shaque zor son pan amaine.
>
> (Du lundi au dimanche — Chaque jour amène son pain.)
>
> Fables du P. Froment, p. 74.

Nos patois comme le français ont conservé le nom romain des jours de la semaine, à l'exception de celui du samedi et du dimanche : Lunæ dies, Martis dies, Mercurii dies, Jovis dies, Veneris dies. Mais au lieu de placer le *di*, abréviation de *dies*, après l'appellation spéciale de chaque jour, ils le placent avant : *dilun*, lundi ; *dimar, dzimor*, mardi ; *dimecre, dzimecro*, mercredi ; *dijoou, digeo*, jeudi ; *divendre*, vendredi.

DIMAR, DZIMOR. Mardi.

> Et l'ami Berthoumiaux *dzimor* fut obligi
> De vendre un chadrillon par trovo que migi.
>
> ROQUILLE, *Les Ganduaises*, p. 36.

DIMECRE, DJIMECROU, DZIMECROU. Mercredi.

> *Djimecrou*, à bord de not, n'erian o café Barge.
>
> (Mercredi, à la nuit tombante, nous étions au café Berger.)
>
> LINOSSIER, *Un Boucher au festival*, p. 1.

> Mais *dzimecro* tro sur, par frais de procedzura.
> Le gins de vet Lyon n'in vaut vèrc ina dzura.
>
> (Mercredi sûrement, pour frais de procédure, — Les gens de Lyon
> vont en voir de dures.)
>
> ROQUILLE, *Breyou*, p. 25.

DIGEO. Jeudi.

> Chic Turlurette bailloun in bal *digeo*.
>
> (Chez Turlurette on donne un bal jeudi.)
>
> Chans. de BOYRON, p. 14.

Les noms romans des jours de la semaine indiqués au Lexique de Raynouard, v° *dia*, sont à peu près les mêmes que nos noms patois : *diluns; dimartz, dimars; dimecres, dimercres ; dijous ; divenres, divendres*.

Les noms provençaux modernes sont encore moins différents des nôtres : *dilun, dimars, dimecres, dijoous, divendres*.

L'italien, comme le français, a laissé le *di* à la fin : *lunedì, martedì, mercoledì*, etc.

L'espagnol l'a supprimé entièrement : *lunès, martès, miercolès*, etc.

Nos patois le suppriment aussi parfois. Pour *dilun*, lundi, ils disent encore *lun*. — V. ce mot.

DIMEINGI, DIOMEIGI. L. et F. *s. m.* Dimanche. Il est quelquefois féminin.

> Par lous recreations, les *dimeinges*, les fêtes,
> D'harmonieux solos sortont de lous musettes.
>
> *Hymna à la Concorda*, p. 29.

> *Diomeigi* et feta,
> Vous le veide passa.
>
> (Dimanche et fêtes. — Vous les voyez passer.)
>
> CHAPELON, *Chanson*, p. **162**.

Les formes de ce mot sont très-variées dans nos patois. Outre les deux que nous venons de citer, nous
avons rencontré :

Diomengi dans la Préface des *Chans.* de Boyron,
p. 7.

Diomanchi :

> Pas troupelas,
> Je lou vio *diomanchi*.
> Tretous passa.
>
> Chans. de VIAL, de Montbrison.

Djomengi :

> Et le *djomeinje*, couma el'aie na voua d'enfai,
> Au chantave a l'iglezi elai vai Poulegnai.
>
> (Et les dimanches, comme il avait une voix d'enfer, — Il chantait à
> l'église à Polignais.)
>
> *Remou et Baroueni*, p. 18.

Dzomeji :

> Vouere dedzins sa boutiqua
> Una *dzomèji* matin.
>
> Chans. de PHILIPPON, 1853, p. 59.

Dzimeingi :

> *Dzimeingi* su lo quai bien entremè doux ponts.
>
> ROQUILLE, *Les Gandurises*, p. **32**.

Dzemange :

Remarca la *dzemange*,

Savel, *Mariage de Jean*, p. 28.

Ce mot qui a certainement pour origine le latin *dies domini*, ou *dominica dies*, a également des formes très-variées en provençal. V. Honnorat, v° *dimenche* ; — en roman, V. Raynouard, v° *dimenge*, — et en anc. franç., V. Roquefort et le Gloss. de Ducange, v° *diemance*, *dimence*, *diemoine*, etc.

— P. Bugiste. *Diomaine*.

Dou delon a la *diomaine*.

Fables du P. Froment, p. 74.

DISSANDO, DZISSANDO, DZESSANDE. L. et F. *s. m.* Samedi.

A *dzissando*, menos ; profitons de qou jour.

(Enfants, à samedi ; profitons de ce jour.)

Roquille, *Breyou*, p. 24.

Renvoïon le premesse a *dzessande* que vient.

(Renvoyons les promesses à samedi prochain.)

Savel, *Mariage de Jean*, p. 24.

Le nom de Samedi, ainsi que celui du Dimanche, n'a pas été emprunté, comme l'ont été ceux des autres jours de la semaine, à l'antiquité païenne. C'est le christianisme qui l'a donné aux dialectes néo-latins. C'est de *dies sabbati*, que viennent Samedi, *dissando*, et,

Le provenç. *dissala*, *disato*, *dissande* ; — le langued., *dissable* ; — le roman, *dissapte*.

Le dauphinois, *dissandre*.

Fo qu'i saiezon prestou *dissandre* lou plu tar.

(Il faut qu'ils soient prêts samedi au plus tard.)

Bleze lou Savati, sc. 2.

(Le vers correspondant du *Groulie bel esprit*, comédie marseillaise, dont *Bleze lou Sarati* est une traduction. porte :

Foou que siegue tout lest per lou pu tard *dissato*.)

Le catalan, *dissapte*; — l'espagnol, *sabado*; — le portugais, *sabbado*; — l'italien, *sabbato*.

On dit aussi dans nos patois pour samedi, *sandou* et *samdo*. V. ces mots.

DONTE, où, d'où. — V. ONTE.

DORSE, L. *s. f.* Cosse de pois, de glands.

A l'arel velut emplure son ventro avouai le *dorses* que los cayons migioviant.

(Il eut été bien aise de remplir son ventre des cosses que les pourceaux mangeaient.)

Parab. de l'Enfant prodigue, trad. en patois de St-Symphorien-le-Château, par COCHARD.

« *Dorse* : Une *dorse* d'ail ; dites : une Gousse d'ail. » Molard, 1803.

Je trouve avec le même sens, *daüsse*, dans la traduction de la parab. de l'Enfant prodigue en patois du Vigan,— et *douosso* dans celle en patois de Castellane. — *Mélang. sur les langues et patois*, 1837, p. 520 et 526.

Langued. et provenç., *doousso, dossa*.

DOTE, DOTTE, *s. f.* F. Douleur, meurtrissure.

Finalement soi tout farci de *dote*.

(Enfin je suis tout farci de douleurs.)

Ant. CHAPELON, *Bobran*, p. 239.

Jusqu'a la paillassi do liet.

Quand e se couchount tout est blet :

Ron de dzu ne lio fat de *dâtles*.

(Jusqu'à la paillasse du lit, — Quand elles se couchent tout est tendre ; — Rien de dur ne les meurtrit.)

Chans. de Philippon : *Ha que le Dames ont do
bonheu*, 1853, p. 42.

Anc. franç.

Ensi chevauchierent tote nuit et lendemain a grant *dote* et a
grant paine, tant que il vindrent à la cité de Rodestoc
VILLEHARDOUIN, 197.

DRESSIRE. L. s. *f.* Chemin de piéton abrégé, chemin qui
va tout droit, qui redresse le grand chemin.

Copa donc, s'y a moyen:
Gagnons la *dressire*.
Noël lyonnais de 1741.

— P. dauphinois.

La porta et reviria vers lo solei levan,
Et touta envertouilla d'era per lo devan,
Et d'un boisson si fort que qui n'et feiturieri
Jamais u gran jamais ne trove la *dresseiri*.

(La porte est tournée vers le soleil levant ; — Et toute verrouillée sur
le devant d'un lierre, — Et d'un buisson si épais que qui n'est pas
sorcier, — Jamais au grand jamais ne peut trouver le chemin.)
Lo Banquet de le faye, p. 5.

Langued. : *Dressieiro* ; sentier, chemin de traverse.
Roman : *Dresseyra, dressiera* ; chemin.
Catalan : *Dressera*.

DRUGE. L. et F. s. *f.* Abondance, provision.

« *Druge*. Se plaindre de *druge*, c'est-à-dire Se plaindre de ce que la mariée est trop belle ; dites Se plaindre
mal à propos ou sans raison. Le mot *druge* vient peut-

être du mot *dru* qui signifie *épais* ou *gai*, d'où l'on a formé le verbe *druger*, qui n'est pas françois. » Molard, 1803.

Druge a le sens de Provision, dans Savel. *Mar. de Jean*, p. 32.

On le trouve en anc. franç. :

> Moult a souris povre secours
> Et met a grand peril sa *druge*
> Qui n'a qu'un pertuys a refuge.
>
> *Roman de la Rose.*

(Ce passage n'a point été compris par les commentateurs du *Roman de la Rose*. Le Gloss. de l'édit. Langlet-Dufresnoy, et d'après lui, l'abbé Tuet, *Matinées senonoises*, p. 329, portent que *druge* y signifie *maîtresse* ou *souris* ; ce qui est tout-à-fait inintelligible. Le Gloss. de Ducange lui donne le sens de *fuga, recessus, fuite, retraite* ; sens qui n'est autorisé par aucun autre exemple. Enfin Roquefort lui donne le sens de *vacarme*, qu'il appuie de la citation suivante de Guill. Guiart :

> Sarrazins comme chiens glatissent,
> Leurs grands cris, leur horrible *druge*,
> Semble le meschief du déluge.

Mais quoiqu'il y ait là, en effet, quelque vraisemblance au sens de Vacarme, je n'en connais pas d'autre exemple, et, *leur horrible druge* peut signifier aussi *leur horrible multitude*. Le sens du mot dans nos patois n'offre d'ailleurs aucune incertitude, et il se retrouve dans plusieurs autres dialectes provinciaux.)

DRUGI, DRUGIER. L. et **F.** *v. n.* Faire bombance, vivre dans l'aisance.

A comenciront dont à se regalau et a *drugit*.

(Ils commencèrent donc à faire festin.)

> Parab. de l'Enf. prodig. en patois de St-Sympho-
> rien-le-Château, par Cochard.

Lestou comma una marioneta,

Surtout quand j'ai beu ma foulieta.

Je souai toujours pret à *drugier*.

> Jac. Chapelon, *Contrition d'un fénéant*, p. 271.

Tout lou reste do jour noutrou porto d'epea

Ne firont que *drugier* et faire la lipea.

> Chapelon, *Entrée solenn*, p. 139.

Ji coummonçou a brougie

Que de poulitziqua, chanta, bère, *drugie*,

N'amène jamais ron par cundzie notra soupa.

Je commence à songer — Que de politiquer, chanter, boire, faire
bombance, — N'amène jamais rien pour assaisonner notre soupe.)

> Chans. de Philippon, 1853, p. 73.

— P. dauphinois.

> Veici un terriblo sabbat ;
> N'et gin a mon avi per fare
> De la pore gen lez afare ;
> Mei ben per *drugeyé* tandi
> Qu'u l'afauont lou Paradi.
>
> La Vieille Lavandière, p. 55.

Le **Vocabul.** du Haut-Maine cite *drugir*, qu'il traduit
par Devenir dru, grand, fort, bien portant.

E

EBARLIAUDE, EYBARLIAUDE. F. S. /. Eb_louissement._ Il s'emploie souvent au pluriel.

> Qui voudrit avisa lou souley de trop près prendrit lez *eybar-liaudes.*

> (Qui voudrait contempler le soleil de trop près prendrait un éblouis-sement.) CHAVELLON, *Epit. à M. de St-Priest*, p. 112.

> Et quand l'un l'y veut clar, l'autrou a lez *ebarliaudes.*

> (Quand l'un y voit clair, l'autre a un éblouissement.)
> Id., *Thèse*, p. 226.

Provenç. : *ebrelioudar ;* éblouir.

Le dialecte génois présente un analogue très-rap-proché de notre mot :

> *Abbarlughæ* da questa nœuva luxe.

> (Ebloui de cette nouvelle lumière.)
> *Cilarxa Zeneize*, p. 218.

Ebarliaude a probablement le même radical que le français *berlue* que anciennement on écrivait aussi *barlue.*

> Dea pourtant se j'ay la *barlue.*
> *Le Testam. de Pathelin.*

On peut aussi le rapprocher de *borlio,* aveugle, et *eborlie,* aveugler. V. ces mots.

EBOLLIE, éventrer. — V. BOLLIE.

EBORLIE, — V. BORLIOU.

ECHARA, ESCHARA. F. v. a. Nettoyer, laver.

J'ai. Dio marcy, *echara* ma consciency.

(J'ai, Dieu merci. nettoyé ma conscience..
Ant. CHAPELLON, *Lous Adio de Bobrun*, p. 252

Lou matin chacun aguit lou soin
De se faire la barba et s'*echara* lou grouin.
CHAPELON, *Entrée*, p. 124.

Le *Ballet forésien* écrit *eschara*.

— P. dauphinois : *chara*.

Yqui le faye von lour faci miraillé.
Yqui *chara* lour groin, iqui se gatrouillé.
Et iqui se farda.   *Le Bouquet de le faye*, p. 5.

Per *chara* lez eycuelle et coivie la meyson.

(Pour laver les écuelles et balayer la maison.)
Pastor. de Janin, acte II, sc. 4

ECHARNIE. F. v. a. Contrefaire, imiter en se moquant ;
railler, bafouer.

Si quauqu'autrou s'ere meylat de m'*echarnie*, je l'y orin leyssit
carta blanchy ; mais couma leingun n'at eu tant de temeritat que
met, je me souai veu lou maitre do champ de batailly.

(Si quelque autre s'était mêlé de me contrefaire, je lui aurais laissé
carte blanche ; mais comme personne, etc.)
CHAPELON, *Epit. à M. de St-Priest*, p. 113.

D'aotrou avouai de m'elitouns *echarniavant* eyquellou qu'ayant
de fifres.

(D'autres, avec des mirlitons, contrefaisaient ceux qui avaient des
fifres.)   LINOSSIER, *Un Boucher au festival*, p. 6.

Langued. : *escarni*.

Roman : *escarnir*, *esquernir*.

Anc. franç. : *escharner*, *escarnir*, *eschermir*.

Eschermir est quant l'on gabe home seulement de bouche.

V. Gloss. de Roquefort.

As tu veu cest merveillus champiun ki ci vient; il vient pur nus
attarier et *escharnir*.

(Num vidistis virum hunc qui ascendit ? ad exprobrandum enim Israel
ascendit.)

Les quatre livres des Rois, liv. 1, ch. xvii, 25.

Basse latin.: « Carina, carinare, carinator... Carinare,
escharnir ou moquer; cachinnarri; Chariner; escarnir...
carinator illusor... hinc Carina pro Convicio... *eschars*,
nostris alias pro Dérision, moquerie, irrisio. » Gloss.
de Ducange.

Catalan : *escarnir*. — Espagnol et portugais : *escar-
necer*. — Italien : *schernire*.

Le Vocabulaire du Haut-Maine cite aussi *echarnir*;
Berner, railler, agacer; et l'auteur ajoute : « On dit encore de quelqu'un qui raille d'une manière trop mor-
dante, qu'il enlève la pièce, et en ce cas on veut dire,
la chair; ce doit être la vraie origine d'*écharnir*. »

Cette étymologie n'est pas sans vraisemblance; mais
l'italien *schernire* y résiste absolument, ainsi qu'au
rapprochement fait par le Gloss. de Ducange entre
echarnir et le latin *cachinnari*. L'étymologie tirée de
l'ancien haut allemand *skern*, Moquerie, paraît bien
préférable.

ECLOT. L. et F. *s. m.* Sabot.

> Ma s'enfoyre comma un levrie,
> Tant qu'a l'orlou de son darrye,
> Qu'o garodon et qu'oz *eclot*,
> Que n'an souven ni po ni trot.

(Mais elle se salit comme un lévrier — Jusqu'au bord de son derrière, — Jusqu'aux bas et aux sabots. — Qui souvent en ont ni
peu, ni trop.)

Ballet forésien.

Vous fezy bai veyre
Peta lour z *eclot*.

(Il faisait beau voir — Peter leurs sabots.)

CHAPELON, Noël III, p. 83.

Une chanson de Philippon, 1853, p. 18, dit des richesse :

Mais vou n'a, mais n'on faut laissie :
Et per se n'alla sans tristessa,
L'*eclot* vaux miox que l'escarpin.

(Plus on en a, plus il en faut quitter à la mort ; — Et pour s'en aller sans tristesse, — Le sabot vaut mieux que l'escarpin.)

Avoué mo grous *eclos* volo choupio son hommo.

(Avec mes gros sabots je veux frapper son mari.)

ROQUILLE, *La Gorlanchia*, p. 29.

— P. dauphinois. — *Eiclop* ; sabot. — Champollion-Figeac, p. 175.

— P. du Rouergue.

Del cric crac des *esclops* la plaço retentis.

PEYROT, *Géorgiques patoises*, p. 28.

Langued. : *esclo*. — Provenç. : *esclop*.

Anc. franç. : *esclos, esclop, esclots* ; sabots. (Roquefort).

Si vos chartiers et nautonniers amenants pour la provision de vos maisons certain nombre de tonneaulx, pippes et buffars de vin de Grave, d'Orléans... les avoient buffetez et beus a demy, le reste emplissant d'eaue, comme font les Limousins à bels *esclots*... comment en osteriez vous l'eaue entièrement ?

RABELAIS, liv. III, ch. XLIX.

Basse latin. : « *Esclava, esclavus* : Calceus lignarius, quòd esclavorum seu servorum calceamentum esset, vel quòd confectus est ex esclichio (éclisse), seu ligno sectili ; sic dictus Gallicè, Sabot ; alias *esclop*... Litt.

remiss. 1457. Giraut Germer se party du village de Fagiole et s'en tira avec ses *esclops* ou solliers de bois chaussés. » Gloss. de Ducange.

Ménage fait venir *esclot* du latin *soccus*; mais il me semble qu'il y a bien loin de l'un à l'autre, et l'on ne voit guère le chemin.

ECONDRE, EYCONDRE, ESCONDRE. F. e. *a*. Cacher.

> Vey *t'econdre* darrié la touery.
> (Va te cacher derrière la toile.)
>
> *Ballet forésien.*

> Mais la traîtra que fa la pata de veloux
> *Eyrond* adretiment se griffes par dessous.

(Mais la traîtresse qui fait la patte de velours — Cache adroitement ses griffes par dessous.

> Ant. CHAPELON. *Caracterou de le filles*, p. 235.

> Vou liait de meritou que sont tellamen *escondut* qu'o ne s'en parle qu'après la mort.)

(Il y a des mérites qui sont...)

> CHAPELON, *Epit. à M. de St-Priest*, p. 111.

Quand lou souley s'*eycond*, vou n'ey pas par toujour.

(Quand le soleil se cache, ce n'est pas pour toujours.)

> Id., id., p. 116.

Vou ei vrai que la vartu ne sat plus où s'*econdre*.

(Il est vrai que la vertu ne sait plus où se cacher.)

> Id., *La Misera*, p. 190.

> Fais coumma vou n'ia tant, bouchi te le z oureilles,
> Ne ve ron, ne dzit ron, *ecound* dessous te peilles
> Tout ce que lou malheu pot te faire brougie.

(Fais comme il y en a tant, bouche-toi les oreilles, — Ne vois rien, ne dis rien, cache dessous tes guenilles — Tout ce que le malheur peut te faire rêver.)

> Chans. de PHILIPPON, 1853, p. 70.

— **P.** dauphinois : *cicondre*.

> Tu te devria alla *cicondre* de vergogni.
>
> *La Banquet de le faye*, p. 14.

Langued. et provenç.: *escoundre*.

Roman : *escondre*.

Le Gloss. de Ducange, au mot *absconsa*, cite en anc. franç. *escousser* et *escondre*, avec le sens de Cacher.

Catalan : *escondir*. — Espagnol et portugais : *escounder*. — Italien : *ascondere*. — Latin : *condere* et *abscondere*.

ECORGNOLO. — V. CORGNIOLA.

ECOURE. L. et F. *v. a.* Battre, secouer, frapper.

> Un jour je lou mourdio, y se mette a m'*ecoure*.
> Y me fouctoit son sô.

(Un jour je les mordis; elle se mit à me battre ; — Elle me fouctta tant qu'elle put.)

> Jac. CHAPELON, *Educ. dos effants*, p. 264.

Il a le même sens dans Roquille, *La Ménagerie*, p. 22, et *Les Ganduaises*, p. 34.

— **P.** bressan.

> Lou mouyin de bin dinno,
>   Quand lo blo
> N'et *ecou* ne mayssono.

(Le moyen de bien diner — Quand le blé — N'est battu ni moissonné.)

> *Noëls bressans*, éd. LE DUC, p. 49

Langued.: *escoudre, escouire*.

Roman : *escotir*.

Italien : *scuotere*. — Latin : *excutere*.

Anc. franç.: *escourre* ; Secouer, déployer. « Doibt le fourrier battre et *escourre* le lict et mettre à point la chambre. » Olivier de la Marche, cité par Gust. Fallot, p. 538.

Basse latin.. « *Excussare* ; Frequenter excutere.... *Escouir* et *escourre*, nostris. Litt. remiss., 1450. Le suppliant commence à hocher ou *escourre* les poires. Mirac. ms. B. M. V.

> Quand on fait son mantel *escourre*,
> Ne s'en va pas toute la pourre.

Unde *esquoux* pro Excussus. » Gloss. Ducange. V. au même Gloss. *excotere bladum*.

ECOURPELA (s'), ECORPELA (s'). F. *v. pron.* Se fatiguer, s'éreinter.

> A que sert ou de tant s'*ecourpela*,
> Per avez d'emou et d'argent de tous la ?

(A quoi sert de tant se fatiguer — Pour avoir de l'esprit et de l'argent de tous côtés?)

> Ant. CHAPELON, *Bobrun*, p. 251.

> Ji veyins lous ombitioux
> S'*ecorpela* par être heroux.

> Chans. de PHILIPON, 1853, p. 31.

Langued.: *escorpi ;* sec, maigre, décharné. (De Sauvages).

Le radical de ce mot paraît être le latin *corpus.*

ECUEVILLES, EQUEVILLES, EQUIVILLES. L. *s. f.* Balayures.

M. Breghot du Lut, qui cite, *Mél.,* t. 1, p. 270, ce mot fort usité à Lyon, dit qu'on le trouve dans un de nos actes consulaires daté du 24 novembre 1590. Il est aussi cité par Molard, 1803.

> Ballayé, croyé nous, les *equevilles* de cete chambre.
> *Les Canettes*, p. 190.

O que de biaux mantseaux par lo tos de guenilles !
Que de richos bijoux parmé le z *equevilles* !

(O que de beaux manteaux dans les tas de guenilles : — Que de riches
bijoux parmi les balayures !)

ROQUILLE, *Breyou*. p. 47.

— P. bourguignon.

Aipré que note povre ville
Fu mise dans les *equeville*.

Virgille viral, liv. III.

V. aussi le Gloss. des *Noëls* de La Monnoye.
Langued.: *escoubilios ;* — provenç.: *escoubilhar*.
Roman : *escobilha*.
Espagnol: *escobilha* ; — italien, *scoviglie*.
Anc. franç.: *escouvilles, esquevilles*.

Basse latin.: « *Escobilhæ* ; Sordes quœvis, purgamenta ; Gall. ordures, balayures.— *Scobilhæ ;* Sordes,
purgamenta. Provinc.: *escoubilles*. In statutis massilien-
tibus ms. De fimo, vel terra, vel *scobillis* projiciendis
in certis locis extrà Massiliam. » Gloss. Ducange.

La Monnoye et quelques autres étymologistes font
venir *ecuevilles* du latin *quisquiliæ*, dont le sens, suivant
Ducange, est Frumentorum purgamenta, et paleæ creci-
tatæ. C'est avec beaucoup plus de raison que M. Breghot du Lut et Molard le rapprochent de l'italien *scoviglie*. Toutefois il a des rapports au moins aussi évi-
dents avec les autres équivalents néo-latins que nous
avons cités, et il est manifeste que par l'un ou par l'autre
il remonte au latin *scopa*, balai.

V. ci-dessus COUEVOU.

EGRAFINER, GRAFFIGNER. L. *v. a.* Egratigner.

Très-usités dans notre langage populaire. Molard,

1803, cite *egrafiner* et le définit l'Action d'entamer la peau légèrement avec les ongles.

> C'est encor un gonne que mord et *graffine* pas mal.
>
> *Les Canettes*, p. 202.

— P. bourguignon.

> Si dan lo varve
>
> Leu de Tro allein de Mignarve
>
> Tan seulement *egraifeignai*
>
> Le chevau que vos ai gonai.
>
> *Virgille virai*, ch. ii, p. 16.

Langued. et provenç.: *graoufigna, graoupigna ; graffignar, esgraffignar*.

> Houi ! houi ! plouravo, me *grafignon* !
>
> Ai ! me *grafignon* et m'espignon.

(Oh ! pleurait-elle, ils m'égratignent ! — Ah ! ils m'égratignent et me piquent.)

> *Mireio*, ch. ii.

Le Vocabul. du Haut-Maine a *egrafigner* et *graffigner*.

On trouve en roman *grafinar, esgrafinar*. — V. Raynouard.

Et en anc. francais *egrafigner, esgraffiner, graphiner*.

> Ne te fie a mule qui rit,
>
> N'a femme qui de l'œil fait signe,
>
> Car l'une des pieds te ferit,
>
> L'autre des ongles t'*esgraffine*.
>
> LARIVEY, *Les Tromperies*, act. I, sc. iii.

Eusthenes lequel un des geans avait *egrafigné* quelque peu au visage.

> RABELAIS, *Pantagruel*, liv. I, ch. xxx.

Il (Gargantua) leur mordoit les aureilles ; ils (les chiens) lui *graphinoient* le nez.

> Id., *Gargantua*, liv. I, ch. ii.

Italien : *graffiare, sgraffiare*.

Basse latin.: « *Sgrafignare*; unguibus discerpere ; gall. Egratigner. » Gloss. Ducange.

Egrafinure, graffignure, grafignura. l. *s. f.* Egratignure.

> Par faire remarquo la motrua *grafignura*
> Et lo coup de solor qu'al a su la figura.

(Pour faire remarquer la petite égratignure — Et le coup de soulier
qu'il a sur la figure.)
>> Roquille, *Les Ganduaises*, p. 5.

— P. bourguignon.

> Sans seulement faire en painture
> Au Grégeo ene *egraifignure.*
>> *Virgille Virai*, ch. ii.

Langued.: *graoupignalo ;* — prov.: *graffignadura,*
esgraffignadura.

Italien : *graffiatura.*

On trouve l'anc. franç. *agrafineure* cité au Gloss.
Ducange, vᵒ *grifare.*

Roquefort et Honnorat font dériver les mots de cette
famille du latin *graphium*, Stylet à écrire, et par lui du
grec γραφω, Graver, écrire. C'est une étymologie assez
vraisemblable. Borel a rapporté *graphigner* à l'hébreu
garaph.

EIGUA, ega. l. et f. *v. a.* Arranger, disposer, égaliser.

> Lou major que courit par zo tout bien *eigua.*

(Le major qui courait pour tout bien mettre en ordre.)
>> Chapelon, *Entrée sol.*, p. 136.

> Ile bon voucre iquellou que fasiant iquai ma,
> Et qu'ompachiont louz autrou de zo voulé *ega.*

(Hé bien ! c'étaient ceux-là qui faisaient le mal, — Et qui empêchaient
les autres de le réparer.)
>> *Poème sur le 9 thermidor.*

> Je vouai chie grand Lionard faire *ega* moun battant.

(Je vais chez le grand Léonard faire arranger mon battant.)
>> Chans. de Philippon, 1853, p. 72.

Tot *s'egue* por lo mio.

(Tout s'arrange pour le mieux.

Roquille. *La Deputo manquo.* p. 19.

— P. bugiste.

Fay alluma lo ciro :
No vequia bin *ega.*

(Fais allumer le cierge. — Nous voilà bien alignés.)

Noël de Vaux. — Dans les *Noëls bressans,*
édit. Le Dec., p. 118.

Provenc.: *eigar, egar.*

Roman : *eguar.*

Honnorat le fait dériver du grec εργαω, Travailler.
Je crois qu'on peut le rapporter plus sûrement au latin
œquare, Egaliser, aplanir, mettre en ordre.

EIME. — V. AIME.

EIRA, EYRA, ERA. F. *v. a.* Ouvrir.

J'*eirava* bien mous zio et me z oureille ;
Ni je ne vio, ni n'entendio lengun.

(J'ouvrais bien mes yeux et mes oreilles ; — Je ne vis ni n'entendis
personne.)

Ant. Chapelon, *Bobrun,* p. 245.

O l'aït inventa de battiau a soupapa,
Que s'*eyriant,* se sarriant quasi comm'una trappa.

(Il avait inventé des bateaux à soupape, — Qui s'ouvraient, se fer-
maient à peu près comme une trappe.)

Poème sur le 9 thermidor.

Erant de grands yox, sans batoun.
Dzins la via j'allava à tatoun.

(Ouvrant de grands yeux, sans bâton, — Dans la rue j'allais à tâtons.)
Chans. de Philippon, 1853, p. 30.

Eirar est-il une contraction du provençal *aerar,* Aé-
rer, ouvrir à l'air ? ou plutôt du latin *aperire ?*

EMBLOGI. — V. BLOGI.

EMBUNY. F. *s. m.* Nombril.

> Mon petit ventrou, moun *embuny.*
>
> *Ballet forésien.*

Langued.: *embounil, embounigou.* — Provenç.: *embourigou, embounit, ambonil.*

Roman : *ambonilh, embelic.*

Espagnol : *ombligo.* — Portugais : *embigo.* — Italien : *ombilico.*

Latin : *umbilicus.*

Embuny est-il simplement une altération d'*umbilicus?* Est-il un mot différent composé du langued. *embe*, Avec, ou du latin *ambo*, Deux, joint au latin *unus*, Un; *unire*, Unir? Je suis porté à croire que le radical de notre mot est, en effet, *umbilicus*, mais que l'idée de l'union de la mère avec l'enfant est entrée dans sa forme actuelle. On sait, en effet, qu'une des tendances du peuple dans son langage est d'altérer les mots dont il ne comprend plus le rapport avec la chose exprimée, et de leur donner une forme qui lui présente un sens tel quel. C'est un procédé qu'il applique fréquemment aux noms d'hommes et de lieux. Dans sa bouche la rue *Tramassac* devient la rue *Trois massacres*, et *Mathusalem, Mathieu salé.*

EMO. — V. AIME.

EMPARA. F. *v. a.* Protéger, défendre, garantir.

> Lous orphelins que ren n'*empare*
> Sont toujours remplis de défauts.

(Les orphelins que personne ne défend — Sont toujours accusés de mille défauts.) CHAPELON. *Chansons.* p. **174.**

— P. bugiste.

> Tey, pran cela gran branchi.
> Per lo ven *ampara*.

(Toi, prends cette grande branche — Pour détourner le vent.)
> *Noël de Vaux*, éd. L. Dre., p. 118.

Roman : *emparar, amparar* (Raynouard). Il est aussi cité par De Sauvages et par Honnorat comme employé dans l'ancien langage vulgaire du Languedoc et de la Provence.

Catalan, espagnol et portugais : *amparar*.

Basse latin.: « *Amparare, emparare ;* Tueri, protegere. — *Amparantia, amparatio ;* Tutela, protectio. — *Emparamentum,* Munitio, propugnaculum; nostris, *emparement,* a verbo *emparer* et *emperer,* Munire. » Gloss. Ducange.

EN, ENTE. F. *adv. de lieu.* **Où.**

> Mon Dio, veiquiat *en* m'ant lougi
> Iquelou que m'ant menagi.

(Mon Dieu, voilà où m'ont logé — Ceux qui m'ont ménagé.)
> Jac. CHAPELON, *Contrition d'un fénéant,* p. 270.

> Qu'ey devenu lou tion *ente* un simplou surgent
> Vous ori fat trembla un regiment de gent.

(Qu'est devenu le temps où un simple sergent — Aurait fait trembler un régiment de gens.)
> CHAPELON, *Testam. de Bellemine,* p. 275.

> Un rond de tabla *ente* migeou me breyze.

(Un rond de table dans lequel je mange mes bribes.)
> Ant. CHAPELON, *Bobrun,* p. 246.

> L'etiala que vous parey
> Vous mène iqui *ente* au ley.

(L'étoile qui vous apparaît — Vous amène ici où il est.)
> CHAPELON, *Noël VIII,* p. 96.

En, *enz*, *ent*, parait avoir été la forme la plus usitée en langue d'oil pour signifier *où* (v. Gust.-Fallot. p. 363), tandis qu'on disait *onte*, *ounte*, en langue d'oc. — V. ce mot. — Cependant on trouve aussi *ente* dans le Diction. provençal d'Honnorat.

ENDECHI. F. *adj.* Vicié, entaché, taré.

> Nou te direy pru *endechit*
> De sou que gy l'ey reprouchit.

(Je ne te signalerai plus comme entaché — De ce que l'ai reproché.)

Ballet forésien.

— **P.** dauphinois, *dechi* ; Faute, défaut.

> Per afin que celeu qui louz autro moquave
> Apprisse en s'eibatan iquen que meritave
> D'être fut ou prisia ; et lo foal orgoillou
> Cognusisse sa *dechi* et se fisse meillou.

(Afin que celui qui raillait les autres — Apprit, en s'ébattant, ce qui mérite — D'être évité, ou d'être prisé, et afin que le fo l orgueilleux — Connût son vice et devint meilleur.)

Lo Batifel de la Gisen. p. 58.

Langued. : *endec* ; Tare, vice, défaut. — *Endeca* ; Estropier, écloper, nouer ; maléfier.

Limousin : *endechat* ; Blessé. (Honnorat).

Roman : *decha* ; *deca*, *endecs* ; Tare, défaut. — *Endechat* ; Taré, vicieux.

Catalan : *entecat*.

Ancien français : *entecher*, *endechier*, *entechier* ; Salir, tacher. (Roquefort).

Les Espagnols et les Portugais ont un genre de poésie auquel ils donnent ce nom d'*Endechas :* c'est une sorte de complainte ou de chant funèbre.

ENFENCI. r. v. a. Infecter.

> Au lieu qu'eiquai malheur. si malheur veu s'apelle,
> Say nous a *enfenci* d'un régiment de pelle.

(Au lieu que ce malheur. si malheur on doit l'appeler. — Nous
a infectés ici d'un régiment de filles débauchées.)

> Chapelon. *La Misera*, p. 194.

Langued. et Provenç. : *enfeci, enfecir.*

Basse latin. : « *Inficiatus*; Infectus, corruptus. »
Gloss. Ducange.

Enfecimen. r. s. m. Infection ; chose qui infecte.

> Parque tant de sagnie et tant de lavamens,
> D'abiorageou et d'*enfecimens?*

(Pourquoi tant de saignées et de lavements, — De breuvages et de
choses puantes ?)

> Chapelon, *Chansons*, p. 161.

ENQUELIN. — V. anquillin.

ENGRAUNIE. r. v. a. Egratigner.

> Mon pare la tapet ; y ly saute au chavio.
> Y l'*engraunie* a la viali et s'en sauve defo.

(Mon père la frappa ; elle lui saute aux cheveux, — L'égratigne au
visage et s'enfuit hors de la maison.)

> Jac. Chapelon, *Educ. dos effans.* p. **264.**

— P. dauphinois.

> Coman voz y alla ! Eito comme celey
> Que me faut *engrounie ?*

(Comme vous y allez ? Est-ce comme cela — Qu'il faut m'égra-
tigner ?) Pastor. *de Janin*, acte I, sc. i.

— P. limousin : *engraugnar, engrougna,* cités par Honnorat et par Beronie.

On trouve aussi *engraunio* en patois languedocien,
dialecte de Sarlat, dans les Poésies de P. Rousset.

ENTREMA (s') F. EINTREMO (s'). L. R. *pron.* Rentrer chez soi, se loger.

> J'ai veu lou plus biaux jours que veyrez de l'itio
> De belitre jurat, de vilain montraquio.
> Avouai de bulle au dey, joueir de bon courageou
> Lou pen de lours effans et tout lour affanageou ;
> Et ne pas *s'entrema* que tout ne fût miugit !

J'ai vu dans les plus beaux jours que je verrai de l'été — des bélitres jurés, de vilains déguenillés. — Avec des boules aux doigts jouer de bon courage — Le pain de leurs enfants et tout leur bien, — Et ne pas rentrer chez eux que tout ne fût mangé.)

> CHAPELON, *La Misera*, p. **194**.

> Et dre vait Sant-Estève arrivant promptameint.
> Madama *s'eintrumi* deins son appartameint.

(Et droit à Saint-Etienne arrivant promptement, — Madame rentra dans son appartement.)

> ROQUILLE, *Lo Deputo manquo*, p. **21**.

> Sept prevegnis, tous sept dou mèmo bord,
> Deins la preson vant *s'eintrumo* d'abord.

(Sept prévenus, tous sept du même bord, — Dans la prison vont se loger d'abord.) Id., *Lo Pereyaux*, p. **21**.

En Dauphiné, on dit *entrema* la récolte, pour la rentrer, la mettre en ordre dans les greniers.

Langued. et Provenç. : *estremar ;* Enfermer, mettre à l'abri.

Estremaz-vous ; Rentrez, gagnez le logis. (De Sauvages).

> Lou pastre Alari
> *Estremè* soun vaseu.

(Le pâtre Alard remit son vase sous sa veste.)

> *Mireio*, ch. IV.

Roman : *estremar.*

Catalan et espagnol : *extremar ;* portugais, *estremar ;* italien, *stremare.*

EPECIER. f. *v. a.* Dépécer, mettre en pièces.

> Tous noutrous reys de paregrans
> N'ont rai veu de semblabla piera.
> Parquet voudria-vous l'epecier ?

(Tous nos arrière-grands-pères — N'ont jamais veu une semblable pierre. — Pourquoi voudriez-vous la mettre en pièces ?)

Chapelon, Requête, p. 216.

Langued. : *espessa ;* provenç. , *espeçar.*

Roman : *espessar.*

Italien : *spezzare.*

Anc. français : *especer.* « *Pecia, petia* ; Fragmentum, frustum, membrum ; nostris Pièce... Hinc *especer* et *specier* apud poetas nostrates pro In pecias seu frusta comminuere, frangere. » Gloss. Ducange.

ERENA , ENREINA. F. *v. a.* Ereinter.

> Gy t'*erenarey* d'acoulade.

(Je t'éreinterai d'accolades.)

Ballet forésien.

> Lou jour d'oparavant il aïant tant souma
> Que lou porou Minguet n'ere tout *enreina.*

Chapelon, Entrée, p. 138.

Langued. : *arena ;* provenç. , *desrenar* ; limousin, *arenar.* (Honnorat).

Anc. franc. : *errener*, Rompre , casser les reins. (Gloss. de Roquefort et Diction. de Boiste).

Errener et ses analogues précités des dialectes méridionaux étaient beaucoup mieux formés sur le radical latin que le français *éreinter*, dans lequel l'introduction du *t* est une altération sans motifs.

ESCOFFIER. L. *s. m.* Marchand de cuirs, tanneur, mé-gissier.

On le trouve dans le procès-verbal de l'élection des Consuls de Lyon de 1352.

Le Gloss. de Roquefort le donne comme usité en anc. français.

Le Gloss. de Ducange a *escofferius*, Qui vendit coria; Gallicè, Tanneur ; apud Sabaudos, Escoffier. Il en cite des exemples dans une charte de Thoissey de 1404, et dans une charte de Chalamont de 1397. Il ajoute qu'à Ambronay une place sur laquelle habitent plusieurs marchands de cuirs et de peaux s'appelle encore place de l'*Escofraie*.

ESMINE, HEMINE. L. et F. *s. f.* Mesure de grains et de liquides, suivant d'anciens titres. Je crois que ce mot a désigné aussi, dans nos provinces, une mesure de superficie; mais je ne l'ai trouvé avec ce sens dans aucun titre.

Langued. et provenç. : *emino, emina, eminal*; mesure de capacité pour les grains, les fruits, les liquides.

Roman : *emina, mina*; mesure de capacité et de superficie.

Anc. franç. : *eminal, emine, mine* ; mesure de terre, de grains et de liquides. (Roquefort).

Anc. espagnol : *emina* ; latin : *mina*.

Le Gloss. de Ducange v[is] *hemina, emina, mina*, en rappelant les nombreuses dissertations qui ont été publiées sur la valeur de l'Emine, fait observer avec beaucoup de justesse que cette valeur différait grandement dans les provinces de la France. Il indique que l'hémine de vin aux environs de Beaujeu était égale à une demi-ânée, et que l'ânée valait huit quartes ; qu'en Dauphiné l'hémine de vin était égale au setier.

Suivant Honnorat, l'*emina* en Provence valait la moitié du setier et se composait de 8 cartérées ou boisseaux. Suivant De Sauvages, en Languedoc l'*eminal* valait la moitié du setier, et l'*emino*, huitième partie de la saumée, se divisait en huit boisseaux.

ESPERA. *v. s. f.* Attendre ; affût, guet.

> Et vouei un rudou ma que de vivre a l'*espera*.
>
> (Et c'est un rude mal que de vivre d'attente.)
>
> CHAPELON, *La Misera*, p. 200.
>
> Et lou plus souvent vou s'entorne a l'*espera*.
>
> (Et le plus souvent on s'en retourne chercher de nouveau.)
>
> Id., *Mi de Moi*, p. 149.

Langued. et provenç. : *espera*; *espera*. — Ana à l'*espero*; aller à l'affût. Lou ca es a l'*espero*; le chat est aux aguets. (De Sauvages).

Roman ; *espera*.

Dans tout le midi de la France, *esperar*, et dans l'ouest, *esperer*, sont synonymes d'Attendre avec impatience. — V. De Sauvages, Honnorat et le Vocabul. du Haut-Maine.

Espérer était fort usité en ce sens en anc. français, et on le trouve encore au XVIIe siècle.

> Pour moi tout le premier je veux faire gambade,
>
> Car j'*espère* aujourd'hui don Juan d'Alvarade. —
>
> *Espérez, espérez* cet agréable époux,
>
> Moi j'*espère* la mort moins cruelle que vous.
>
> SCARRON, *Jodelet*, acte II, sc. v.

Le Gloss. de Roquefort, v° *esperer*, cite deux passages de Joinville dans lesquels Ducange a interprété ce mot par Craindre, appréhender. Je ne crois pas qu'Espérer ait jamais eu ce sens. Il signifie Attendre dans les passages cités, et notamment dans celui-ci :

J'esperoie beaucoup plus la mort que la vie, car j'avois l'apoustume en la gorge. — Joinville, *Hist. de S. Louis.*

Roquefort ajoute, v° *en espieral*, que dans le midi de la France *espieral* signifie parfois le Crépuscule, c'est-à-dire, l'instant où l'on va se mettre à l'affût. N'est-il pas possible que dans ce dernier sens le substantif *vesper* ait contribué avec le verbe *sperare* à l'étymologie de notre mot ?

ESSOUBLA, ESSOBLA, ESSEUBLA. F. ESSEBLA, ESSIBLO. L. *v. a.* Oublier.

> N'*essoublava* jamais de faire mon devey.
>
> (Je n'oubliais jamais de faire mon devoir.)
>
> Jac. CHAPELON, *Educ. des effans*, p. 265.

> Vous n'*essoublari* pas de bien faire étreiller
> Quatrou cents galapians qui arretont lou gibier.
>
> (Vous n'oublierez pas de bien faire étriller...)
>
> CHAPELON, *A M. de St-Priest*, p. 106.

> Peusson quand lou soulé a chassi lou nuageou,
> Le carme que revint fat *essoubla* l'ourageou.
>
> (Ensuite quand le soleil a chassé les nuages, — Le calme qui revient fait oublier l'orage.)   *Poëme sur le 9 thermidor.*

> Aul *essoble* qu'aul a grandzit ;
> Et par *essoubla* la viellessa,
> Au bramara jusqu'à la fin :
> Vive la joie et lou bon vin !
>
> (Il oublie qu'il a grandi, — Et pour oublier la vieillesse, — Il chantera jusqu'à la fin : — Vive...)
>
> Chans. de PHILIPPON, 1853, p. 17.

Ki etchi la malherousa ke t'a ia ekai grouin ?

E t'a pas *essoubla* lou na.

Qui est la malheureuse qui t'a fait ce grouin ? — Elle ne t'a pas
oublié le nez.)

Remou et Baroueni. p. 7.

> Ne devon pas
>
> *Esseubla* de te dire
>
> De regarda. . . .

(Je ne dois pas — Oublier de te dire — De regarder...)

Chans. de Montbrison.

> Mais, pardon si vo plait; deins quela circostanci,
>
> J'*essibloro* doux mots qu'ant assez d'eimportanci.

Roquille, *La Gorlanchia*, p. 40.

> Retiens met cet' adajo
>
> Qu'est plein d'aymo et surtout qu'est l'ami de la paix,
>
> De la tranquilito ; ne l'*essebla* jamais.

(Retiens-moi cet adage, — Qui est plein de sens, et surtout qui est
ami de la paix, — De la tranquillité ; ne l'oublie jamais.)

Hymne à la Concorde, p. 22.

— P. dauphinois : *eisubla, eisibla.*

> Et quand de cen passion u sarit accabla
>
> Sitot qu'u l'et en train, u les at *eisubla.*

(Et quand de cent tourments, *le joueur* serait accablé. — Sitôt
qu'il est en train, *de jouer*, il les a oubliés.)

Lo Batifel de la Gisen, p. 53.

> Adieu, n'*eisibla* pas de m'adure un fromageo. —
>
> J'*eisiblarai* plutot de bere u mon dina.

Pastor. de Janin, acte IV, sc. iii.

— P. bressan.

> Mai n'*essubla* pas la froce
>
> De monsu Zan Guillermin.

(Mais n'oubliez pas la froche, *espèce de surplis*, — De M. Jean
Guillermin.)

Noël de Jasseron : *Noëls bressans.* édit. Le Duc, p. 30.

— P. du Rouergue.

> Et n'*essoublidès* pas qu'avès un jouine efan
> Qu'a besoin de cultiou très ou quatre cops l'an.
>
> PEYROT, *Les quatre Saisons*, p. 120.

Le Diction. d'Honnorat donne en provençal *eissou-bliar, eichoubliar* qu'il attribue spécialement au dialecte marseillais, et il y voit une simple variante d'*oublidar*, Oublier. Je doute fort de la justesse de ce rapprochement auquel la plupart des formes que nous avons recueillies ne se prêtent pas. Je croirais volontiers qu'*essoubla* et ses analogues se rapportent à *subla*, *sibla*, dont le sens direct est Siffler, souffler, et le sens figuré Dissiper, faire disparaître.

ESSOURLIE. F. ESSORLI. L. *v. a.* Assourdir, abasourdir, étourdir.

> Que sau jou mai ? j'ai prou d'autre veyie
> Que laissou equi par ne pas m'*essourlie*.

(Que sais-je plus ? j'ai assez d'autres objets, — Que je néglige pour ne pas me casser la tête.)

> Ant. CHAPELON, *Inventoirou de Bobrun*, p. 247.

> Lou tambour, lous obois vant tous nous *essourlie*.
> (Le tambour et les hautbois vont tous nous assourdir.)
>
> CHAPELON, Noël V, p. 123.

> Musa, quiesi ton bet, te m'*essorlie*, j'ai suin.

(Muse, tais ton bec, tu me romps la tête, j'ai sommeil.)

> ROQUILLE, *Breyou*, p. 20.

Langued.. *eissourda ;* provenç. : *eissourdir*.

ETA, EITA. F. ETO. L. *v. n.* Ester, demeurer, reposer, être; subsister.

Ce verbe, dont il ne faut pas confondre l'infinitif avec

les formes patoises du participe passé du verbe Être,
été, est un dérivé du latin *stare*.

Laissie m'eila. me faide gin de frais.

(Laissez-moi en paix, ne me faites point de frais.)

Chapelon, *Requête*, p. **221**.

Leyssie m'ela voutra marea,
Que jamais je n'en vea.

(Laissez-moi là votre marée, — Que jamais je n'en voic.)

Id., *Chanson*, p. **153**.

Ne creyo pos mo faire, et n'ai pos merito
D'etre ainsi garreyi ; monsu, *laissi me eto.*

(Je ne crois pas mal faire, et je n'ai pas mérité — D'être ainsi mal-
traité ; monsieur, laissez-moi en paix.)

Roquille, *Les Ganduaises*, p. **39**.

— P. dauphinois.

Vo lui faites vergogni, alla vo promena,
Leissie l'eyta.

Pastor. de Janin. acte **V**, sc. **iii**.

— P. savoyard.

On *laisse eila* nostra vertu.

Fanfares et Courvées abbadesques.

Langued. et provenç. : *estar*.

You vou counouiei pas, ancin *laissa m'esta.*
(Je ne vous connais pas, ainsi laissez-moi tranquille.)

Lou Groulie bel esprit, acte **II**, sc. **x**.

Roman : *estar*.

Catalan, espagnol et portugais : *estar* ; Italien,
stare.

Prima i migliori e *lascia stare* i rei.

Le français *ester* n'est plus employé que dans le
langage du palais, *ester en jugement* ; mais il était d'un
emploi plus général en anc. français. La locution *laisser ester* est citée par Roquefort et dans la partie fran-

çaise du Gloss. de Ducange. On la trouve fréquemment dans les anciens auteurs.

Je vous prie, *laissez-moi ester*, car la tête me rompt.

Les quinze Joyes de mariage, p. 47.

ETAVANI. F. *v. a.* Suffoquer, étourdir, faire pâmer, faire évanouir.

Voutre fortes reysons m'en tout *etavany*.

(Vos fortes raisons m'ont tout étourdi.)

CHAPELON, *Thèse*, p. 224.

Langued. et provenç. : *estabani, estavanir.*

Estavany se trouve dans le Diction. du patois du Rouergue, qui accompagne les *Quatre Saisons* de Peyrot.

ETOGI, ETAUGI. L. et F. *v. a.* Epargner, réserver, économiser

Dans le *Lyon en vers burlesques*, 1re journée, p. 29, une batelière dit aux gens qu'elle engage à monter dans sa barque pour passer de la Croix du Sablait, quartier Saint-Georges, à l'Arsenal :

Vo gateri un sou de solards
Per volai *etogi* deu liards.

(C'est-à-d   si vous faites le tour par le pont de Bellecour, vous gâterez vos souliers pour un sou, en voulant épargner deux liards.)

E te Guillot avoy Bidault,
N'*etogie* pas lou soubresault.

(Et toi Guillot, avec Bidault. — N'épargnez pas les gambades.)

Ballet forésien.

Car sa fenna ni set n'ayant ren *etogit*.

(Car sa femme ni lui n'avaient rien économisé.)

CHAPELON. *Oraison funèb.*, p. 163.

> Traita me en couquin.
> Si j'etangeou un sou mot de mon meillour latin.

(Traitez-moi en coquin, — Si j'épargne un seul mot de mon meilleur latin.) Id., *Bouquet*, p. 230.

> Chacun mingeave de poulat;
> N'etojavant pas la pitanci.

Laxossier, *Moussue Progrès*, p. 5.

— P. mâconnais.

> Mon Di, i ne s'etojon guaire,
> An venian de se loin to tray.

(Mon Dieu, ils ne s'épargnent guère, *les Rois mages*.—En venant de
si loin tous les trois.)
Noëls mâconnais, p. 23.

— P. bressan.

> Ena garda roba
> De noyi per *etoyé*
> Lo buro qu'on y peurtera.

(Une armoire — De noyer pour enfermer — Le beurre qu'on y
portera.)
Noël de Bourg, édit. Le Duc, p. 21.

Langued. : *estuchar*; serrer, enfermer.

Provenç. : *estuiar*, *estugear*, *estoiar*.

Roman : *estuiar*.

> Aysso es aquell be que Dieus *estuia* a ssos amix.

(C'est là le bien que Dieu réserve à ceux qui l'aiment.)
Citat. du Lex. de Raynouard.

Catalan : *estogar*.

L'anc. français *estuier*, *estuyer*, *estoier*, signifiait à
la fois Enfermer et Épargner, économiser. Il est cité
avec ce double sens dans le Gloss. de Ducange, vº *es-
tugium* et vº *salvare*. On trouve notamment à ce dernier mot l'extrait suivant d'un sermon manuscrit sur
le miracle des Noces de Cana :

« Autre gent metent en avant lor bon vin et lo meil-
lor... et tu as fait le contraire, car tu as *estoïé* le meil-
lor juzca ores. » (Tu autem servasti bonum vinum usque
adhuc. — S. Jean, ch. ii, v. 10).

Estoïé a encore été employé par les auteurs français
du XVIe et du XVIIe siècle.

> Je ne suis pas un Dieu pour me changer en pluye,
> Dessous un cygne blanc mes flames je n'*estuye*.
>
> Ronsard. Sonnet 57.

> Portrait qu'au fond de l'or si chèrement j'*estuie*.
>
> Poés. de Bertaut.

Notre substantif *étui* appartient au même radical.

ETROUSSA. f. *v. a.* Déchirer, rompre, estropier, tordre,
plier.

> Lou quartier vint desert, lengun lai vo passa.
> Ni de not, ni de jour, crainti de s'*etroussa*.

(Le quartier devient désert ; personne n'y veut passer, — Ni de nuit,
ni de jour, de peur de s'estropier.)

> Chapelon. *Requête.* p. 204.

Provenç.: *troussar, trossar ;* Rompre, tordre, replier.

> Mai quau ansin brando lis euse ?
> Ai ! soun *troussa* coume de feuse.

(Mais qui ébranle ainsi les yeuses ? — Aie ! elles sont tordues comme
des fougères.) Mireio, ch. vi.

Roman · *trosar*. casser; mettre en *'ros*, en morceaux.

On trouve dans le petit Dictionn. toulousain de Dou-
jat qui accompagne les œuvres de Goudouli, et d'après
lui dans le Dict. de De Sauvages et celui d'Honnorat,
estrous, trinca d'estrous, en estrous, Trancher tout net,
entièrement.

Anc. franç.: *etrusser ;* Tronquer, mutiler, couper,
abattre (Roquefort).

On dit en français *Trousser un poulet, un levraut*, ce qui veut dire, leur briser et tordre les membres de façon à les rapprocher du corps. Le Diction. de l'Acad. 1835, qui rapporte cette expression, y voit une variante de Trousser, relever, replier. Je crois qu'il se trompe sur l'origine du mot et sur son véritable sens étymologique, qui doit être rapporté au roman *tros*, Morceau, fragment, débris.

C'est dans le même ordre d'idées que certaines maladies violentes et mortelles, telles que la colique de miserere et le choléra, étaient jadis appelées dans le style familier un *trousse-galant*, c'est-à-dire un Mal qui brise l'homme le plus robuste.

Basse latin.: « *Trossatus ;* Divisus, intercisus, interruptus. — *Strusare ;* Collidere, illidere, conterere ; Gall. Froisser. Chron. Bergom. 1406. Qui currendo cum una equa cecidit et se *strusavit* contra unam arborem. Haud scio an in Gallicum *estrusser*, eadem, ni fallor, notione. » Gloss. Ducange.

EULY, EUILLI. F. *s. f.* Aiguille.

L'*euly* ne marche plus.

(L'aiguille ne marche plus.)
> CHAPELON, *Avis par faire un relogeou*, p. 209.

Scis *euilles*.
(Six aiguilles.) Id., *Testament*, p. 182.

— P. dauphinois.: *culion* ; Aiguillon.

Quitta mey queu meti, crey me, repren l'*culion*.

(Quitte-moi ce métier, crois-moi, reprends l'aiguillon.)
> *Dialogo de dou paysan de ley Granges.*

Euly est une abréviation du roman *agullia*, Aiguillè, dont le radical paraît être le latin *acus ;* Pointe, dard.

Anc. franç.: *eswille ;* Aiguille (Roquefort).

EVARACHIE. F. *v*. *a*. Eparpiller, mettre en désordre.

> La babarauchi et lou drot
> Que farit de tous lou juchie
> Le zalène **z** *evarachie*.

,Le fantôme et l'épouvantail — Qui ferait de tous les juchoirs — Fuir les poules en désordre.)

Ballet forésien.

> Iquelous biaux chavios et lour genta coueffura
> Qu'ey sont *evarachis* et couma ey fant jartura !

(Ces beaux cheveux et leur jolie coiffure, — Comme ils souts en désordre et comme ils tombent défaits et sans grâce !)

Ant. Chapelon, *Caracterou de le fille.* p. 237.

EYGUA, eau. — V. AIGUA.

F

FACINEY. F. *s. m*. Sorcier, enchanteur.

> Si o betta ren din lou paney,
> Je m'en voi, couma un *faciney*,
> Derouba voutre poule.

(Si vous ne mettez rien dans notre panier, — Je m'en vais, comme un sorcier, dérober vos poules.)

CHAPELON. *Mi de Mai*, p. 151.

Langued.: *fachigné*.

Roman : *fachurier, fachiliera*

Anc. catalan : *fatillera*. — Portugais : *feiticeira*.

Anc. franç. *fachignier, facinier, fachil* ; Sorcier, enchanteur. — *Fachiner, enfaxciner*, Enchanter, charmer, ensorceler.

Basse latinité : « *Faccinerius* : Fascinator, prœstigiator, alias nostris *facinier*. Litt. remiss. 1456. Estoit commune renommée ou païs qu'icellui Jehan estoit sorcier et *facinier*. » Gloss. Ducange. — V. au même Gloss. *fachinerarius* et *fascinare*.

FARBELA. L. et F. *s. f*. Frange, falbala, et ironiquement, Guenille.

> Au n'aït jamais qu'un habit,
> Sa chamisi ere de *farbelles*.

(Il n'avait jamais qu'un habit, — Sa chemise était de franges, de guenilles.)

Ant. CHAPELON, *Bobran*, p. 255.

Dret qu'au s'ere pardu quauque matena *farbela*.
Jacques prenit dou so par n'en savez nouvela.

'Dès qu'il s'était perdu quelque méchante guenille, — Jacques demandait deux sous pour en savoir nouvelle. *pour la crier*.

CHAPELON. *Orezon funebra*, p. 183.

Quand ji pensou a les paures filles
Donnt chacun chople les guenilles.
Tout en voulant sans se gena
Les *farbelles* dzun leva na.

'Quand je pense aux pauvres filles — Dont chacun foule aux pieds les
guenilles. — Tout en vantant sans se gêner — Les falbalas de quelque lève-nez.,

Chans. de PHILIPPON, 1853, p. 37.

S'a dzit que moz effants trenassont la *farbella*.
S'il dit que mes enfants traînent la guenille.)

ROQUILLE, *Les Ganduaises*, p. 17.

La campagni sera purgia de celles pelles
Que depessont los nids, bettont tot en *farbelles*.

'La campagne sera purgée de ces vagabonds - Qui défont les nids et
mettent tout en pièces.,

Hymna à la Concorda, p. 33.

FARBELOUSA. L. *s. f.* Femme en guenilles, vagabonde.

Due *farbelouses* dou Molion.

ROQUILLE, *Les Ganduaises*, p. 13.

FARETTA. F. *s. f.* Provision, bombance.

Faire ses farettes ; Faire ses provisions, faire bombance, faire ses affaires.

Do tion que j'era amant, fazin bien me *farettes*.

'Du temps que j'étais amoureux, je m'en donnais à cœur joie.,

CHAPELON, *Chanson*, p. 158.

Sans trompettes.
Ni sans tamboues.
A la sordzina ji fouais mes *farettes*.

Chans. de PHILIPPON. 1842, p. 11

Faire ses farettes est aussi au *Ballet forésien*.

Provenç.: *farret* : Fagot, botte, quantité. *Faire soun farret;* Faire ses orges, son profit; remplir ses bottes. (Honnorat).

FARGINA. f. s. f. Sac, besace.

> Sins meblo, sins effets, gropos par la famina,
> O liou demore plus qu'a prindre ina *fargina*.

Sans meubles, sans effets, en proie à la faim. — Il ne leur reste plus qu'à prendre une besace *pour mendier.*

ROQUILLE, Breyou. p, 58.

— P. dauphinois.

> Pru debraillia qu'una vieilli *fargina*.

Lo batifel de la gisen, p. 47.

Ne vient-il pas du latin *sarcina?*

FARNEYRI. f. s. f. Besace, havresac, panier.

> Bargie et Bargeyre
> Courriant lou galot,
> Avouay lour *farneyre*
> Chargis de chiorot.

(Bergers et bergères — Couraient au galop — Avec leur sac — Chargé de chevreaux.)

CHAPELON, Noël III, p. 83.

> Jamais jour fut mio desirat
> Que demo lo jour qu'o sarat,
> Do bargier et bargère,
> Par mingie lour *farneyre*.

(Jamais jour ne fut plus désiré — Que le jour qu'il sera demain, — Des bergers et des bergères — Pour manger le contenu de leur havresac.)

Id., Mi de moi, p. 150.

Ce qu'ey pouyant rouba ey n'on fisiant *farneyri*.

(Ce qu'ils pouvaient voler, ils en faisaient besace.)

Poème sur le 9 thermidor.

Farneiro ou *farneira, fariniera, farneira*, désignent en langued. et en proveng. une Boite ou un coffre à mettre de la farine.

Dans nos patois, *farneyri* désigne spécialement ce petit sac que les bergers portent aux champs et dans lequel ils placent les aliments de la journée. C'est la *pera pastoralis* que portait David lorsqu'il était berger, et dans laquelle il plaça la pierre qui frappa Goliath.

FENA, FENNA, L. et F. *s. f.* Femme.

> Vique donque le z amourette,
> Vique *le fene* et le fillette.

> (Vive donc les amourettes, — Vive...)
>> *Ballet forésien.*

> Jamais je ne cheyrez aux fialars de le *fene.*

> (Jamais je ne tomberai dans les filets des femmes.)
>> Ant. CHAPELON. *Caracterou de le fille,* p. **238.**

> Pin, pan.
> Un boun vivant
> Brave la pena, lou sort et sa *fena.*
>> Chans. de PHILIPPON, 1853, p. **14.**

> Si vou cria pas ena *fena,*
> Vou baliarin ein peta que n'on vœudri la pena.

> (Si vous n'étiez pas une femme, — Je vous donnerais un soufflet qui en vaudrait la peine.)
>> LINOSSIER, *Remou et Baroueni,* p. **18.**

> Vimoun ontra Barbadaiga avouai sa *fennu.*
>> Id., *Un Boucher,* p. **2.**

> Efans, *fenes,* vieliords, proletairo, rintsi.

> (Enfants, femmes, vieillards, prolétaires, rentiers.)
>> ROQUILLE, *Breyou,* p. **68.**

— P. bugiste.

> De Poncin les *fennes,* dit-on.
> Comment les *fennes* de Cousou,

> Sont malenes, acariâtres,
> Les unes vis à vis les atres
>
> Fables du P. Froment, p. 21.

— P. dauphinois.

> Egnat point de fia u Pater de le *fena*.

(Il n'y a point de *fiat* au Pater des femmes ; *il ne faut point se fier aux femmes.*)

Pastor. de Jauin, art. V, sc. 1.

— P. savoyard.

> Quand j'arm bin per fortuna
> Atant de lengue qu'una *fena*.
>
> *Prologue par un messager savoyard.*

En réduisant à deux les trois syllabes du latin *femina*, le français a gardé l'*m* et nos patois l'*n*. Le roman intermédiaire disait *femena* et *femna*.

Langued. et provenç. : *fenno, femo. femou ; femna, fena, fenna.*

On trouve au Gloss. de Ducange *fenna*, extrait d'une Charte d'un Cartulaire de Mâcon vers 1100, et dans la partie française *fenne*, cité d'après un texte de la Chronique des Ducs de Normandie.

FERAIN, FARAIN, FARIN. L. *adj.* On appelle à Lyon *pain ferain* le pain de seconde qualité, inférieur au pain blanc et supérieur au pain bis.

On disait jadis pain *farain* et *farin*.

M. Breghot du Lut, *Mél.*, t. I, p. 299, cite deux placards de la municipalité lyonnaise du commencement du XVIe siècle, dans lesquels on lit que le pain *farin* sera de cinq et de dix deniers tournois.

Il rappelle aussi une Ordonn. municip. de 1539 citée par Paradin, *Mém. de l'hist, de Lyon*, liv. III, ch. 26, portent que les boulangers ne feraient plus que deux sortes de pain, la miche et le pain *farain* ou bourgeois ; que la miche serait « de fine fleur de bon froment à « main de boulanger, passé au plus fin et prin bariteau, « environ la tierce partie d'une asnée », et que le pain *farin* serait fait avec le reste « de l'asnée passé avec le « reprin resté de ladicte miche et dudict fin et prin « bariteau, au deuxiesme bariteau appelé bastard. »

M. Breghot, *Loc. cit.*, estime que cette expression *pain ferain* vient de *panis farreus, far*. Froment, radical de *farina*; ou de *panis forensis*, Pain forain, de marché. Je crois qu'il se trompe. *Ferrenc, ferrant, feran,* en langue romane signifie Gris, couleur de fer; *Peyra en color ferrenca,* Pierre de couleur de fer; *Un bel palafre feran.* Un beau palefroi gris. — V. Raynouard, v° *ferrenc, farrant, amblar.* — Or, le nom des autres espèces de pain, *pain blanc, pain bis,* etc , indique assez que *ferain, farain* est ici encore la désignation d'une couleur.

FEUILLETTE. L. *s. f.* Petit tonneau dont la contenance est de la moitié d'une bareille, soit de 105 litres environ. On la regardait autrefois comme équivalant à un demi-muid, ou à 144 pintes de Paris.

Cité par M. Breghot du Lut, *Mél.*, t. II, p. 136. — P. bourguignoa.

« *Fillotte* est un demi-muid de vin. On dit vulgaire- « ment à Dijon *fillette;* le bon usage est pour *feuillette.* » La Monnoye, Gloss. des *Noëls.*

Provenç.: « *Fulheta,* Feuillette, ancienne mesure « pour le vin, qui équivalait à un demi-muid ou 144 « pintes de Paris. » Honnorat.

Il ne faut pas confondre la *feuillette* encore connue

et usitée dans nos pays avec une autre mesure des liquides d'une contenance beaucoup moindre appelée *folietta*, et quelquefois aussi *feuillette*, qui est aujourd'hui hors d'usage, et dont le nom même ne vit plus que dans les souvenirs de quelques vieillards.

V. FOLIETTA.

FEYA. L. et F. *s. f.* Brebis.

> Gentilomou de pa lenguet,
> Que de sa laney furiousa
> Tuarit une *feya* focrousa.

(Gentilhomme de pas grand chose. — Qui, de sa lance furieuse, — Tuerait une brebis foireuse.)

Ballet forésien.

> Lou gros Sant Juan par dressier son epeya
> M'a approumé dou rogearons de *feya.*

(Le gros Saint-Jean, pour redresser son épée, — M'a promis deux rougerets, *espèce de fromage*, de brebis.)

Ant. CHAPELON, *Bobrun*, p. **247**.

> Et vous sarias en jouai si oz entendia biala
> Lous efans do moutons et de le porc *feye*,
> Qu'eyrant par le mesons sarvir de fricasseye

(Et vous seriez en joie si vous entendiez béler — Les petits des moutons et des pauvres brebis, — Qui iraient dans les maisons pour être mis en fricassée.)

CHAPELON, *La Careyma*, p. **189**.

> Comma quand trenta loups poursuivont ina *feya.*

ROQUILLE, *Breyou*, p. **81**.

— P. bugiste.

> Criste, fay que le *feye*
> Ne possin avorta.

Noël de Vaux, édit. Le Duc, p. **119**.

— P. dauphinois.

> Grenoblo, bona meynageyri.

> N'a pas besoin d'una bergeyri
> Par garda se *feye* du lou.
>
> *Pastor. de Janin.* acte I. sc. dern

— P. mâconnais.

> Lé *fuye*. ne lé cabri,
> De lou ne serian pliu pos.
>
> *Noëls mâconnais*, p. 42.

— Langued. et provenç. : *fedo, feda, feu*.

> Perd lou mouceu *fedo* que bramo.
>
> (Brebis qui bêle perd sa dentée.)
>
> *Mireio*, ch. II.

Roman : *fea, feda*. (Raynouard).

Basse latin. : *feda, feta, fœta*.—V. le Gloss. Ducange à ces mots.

M. Raynouard a fait observer que *Fœta* dans ce sens a été employé par Virgile. Ecloga I :

> Non insueta graves tentabunt pabula *fœtas*.

FILIAT. F. FILIATRE, FILLATRE. L. *s. m.* Beau-fils ; fils d'une première femme ou d'un premier mari , *privignus* ; gendre, *gener*.

> O vo que son *filiat* de son bein hereteyse,
> Mouyennant de paye a sous aut' ou meynat
> La souma et la pension ci-dessus denoumat.
>
> (Il veut que son gendre hérite de son bien, — A la condition de payer à ses autres enfants — La somme et la pension ci-dessus indiquées.)
>
> Jac. CHAPELON, *Testament*. p. 174.
>
> Père Baroueni, vous pouri vous vanta
> D'avé ein *filia* que sara pa on retà.
>
> (Père Baroueni, vous pourrez vous vanter — D'avoir un gendre qui ne sera pas en retard.)
>
> *Remou et Baroueni*, p. 5.

Filiat. *f. s. f.* Belle-fille, *privigna*; bru.

> Tous nous parens. ma *filiat* et ma fena.
>
> Tous mes parents, ma bru et ma femme.)
>
> Ant. Chapelon, *Bobrun*, p. 240.

Langued. : *filia*; gendre; bru; — *filiastre*, beau-fils.

Roman : *fillastre*. *filhastre*; beau-fils.

Catalan : *fillastre*; espagnol, *hijastro*; italien, *figliastro*.

Roquefort donne en anc. franç. *filatre*, *filliastre* dans le sens de Gendre et dans celui de Bru.

Pasquier. *Recherch. de la France*, viii, 50, explique ainsi ce mot : « Nos ancêtres... usèrent du mot *parastre* « comme de *marastre* pour descouvrir celuy que « nostre mère avoit espousé en secondes noces, et « semblablement de *fillastre* pour nommer le fils de « nostre mary ou femme qui estoit issu d'autre ma-« riage. »

En rappelant ce passage de Pasquier, dans lequel *fillastre* a le sens de *beau-fils*, *privignus*, M. Breghot du Lut, *Mélanges*, t. II, p. 137, dit que le mot est lyonnais et qu'il signifie *gendre* suivant Ménage, et *beau-fils* suivant Spon. Nos citations, d'autre part, ne donnent à *filiat* que le sens de *gendre*. Mais on sait que ces deux sortes d'alliances sont très souvent appelées dans les langues modernes de la même déno-mination. *Beau-fils* s'applique à toutes deux en fran-çais, et il en a été de même de *filiastre* et de ses ana-logues dans les dialectes des provinces.

Le Gloss. de Ducange a *filiaster*, *privignus*, et *filiaster*, *gener*, sur lequel il cite *filiastre* comme lyonnais avec le texte suivant de Lett. remiss. de 1419 : « Jehan du Crot *fillastre* ou gendre du suppliant. »

Il a aussi *filiaster*, pro Filio sororis, et *filiastra*, Privigna.

FIOLAI. F. *s. m.* Sifflet, flageolet.

> Y l'ayant quauque liard avouai que m'acheteron
> Pompillons et tambours et chantres et *fioliana*.

(Ils avaient quelque argent avec lequel ils m'achetèrent...)
> Jac. CHAPELON, *Educ. dos effans.* p. 265.

> Un *fiolai* de Saint-Liaudou.

(Un sifflet de Saint-Claude.)
> CHAPELON, *Testament.* p. 179.

Langued. : *fioulet*; flageolet, sifflet.

FIOLA. F. *v. n.* Siffler, jouer du flageolet.

> Mon estoumac *fiole* couma un rachal.

(Mon estomac sille comme un oiseau de proie.)
> Ant. CHAPELON, *Babvan.* p. 240.

> Douey viaule,
> Un petit tambourin et un garçon que *fiole*.

(Deux vielles, un petit tambourin, et un jeune garçon qui joue du flageolet.)
> CHAPELON. *Entrée solen.*, p. 117.

Fiola signifie aussi Boire, et particulièrement Boire avec excès, s'enivrer. Ce n'est à mon sens que le même mot pris dans une acception figurée, l'individu qui boit à la bouteille faisant un geste semblable à celui d'un homme qui joue d'un instrument à vent. C'est ainsi qu'on dit encore Flûter et Siffler un verre de vin. Il serait possible aussi que *fioler*, Boire, vînt de *fiole*, *phiala ;* et peut-être même est-ce la ressemblance des deux mots qui a donné naissance à cette métaphore populaire.

> Y *fiularant* tant durant toute la feta
>
> Qu'o n'y aït lou dou tier qui preniant ma de teta.

Ils buvaient tant pendant toute la fête, — Qu'il y en avait les deux tiers qui prenaient mal à la tête.)

Chapelon, Entrée, p. 120.

— P. bressan.

> On fara bali
>
> A Zan de la Cova
>
> La clio du celi
>
> Per fore *fioulo* dans l'etoblo
>
> A la santo de Loyi.

On fera donner — A Jean de la Cave — la clé du cellier — Pour faire boire dans l'étable — A la santé de Louis.)

Noël de Boury. édit. Le Duc, p. 15.

Langued. : *fioular* ; provenç., *fioular, fiolar* ; avec les deux sens.

Fioulato. l. *v. n.* Boire : boire avec excès.

> L'ami Blondain que *fioulate* cosi
>
> Avoué son bet mène met de ramajo
>
> Que lous jacots de tout lo voisinage.

(L'ami Blondain qui boit ainsi — Avec son bec fait plus de ramage — Que les perroquets de tout le voisinage.)

Roquille, Lo Pereyoux. p. 22.

Fiaulo, fiaula l. *adj.* Ivre.

> Ein vo veyant toutes due par trop *fiaules*.
>
> In grand blagueur, in contou de babioles,
>
> N'a profito par vo faire einragi.

(En vous voyant toutes deux par trop ivres, — Un grand blagueur, un conteur de babioles, — En a profité pour vous faire enrager.)

Roquille, Les Ganduaises, p. 19.

FIORE. f. *s. f.* Fièvre.

> Parlons de noutre *fiore*
>
> Que sai mettont le gens plus lestou que le liore.

(Parlons de nos fièvres, — Qui ici rendent les gens plus lestes, *plus maigres*, que les lièvres.)   Chapelon, La Misera, p. 201.

Ron que de n'y ponsa vou me bette les *fiores*.

Rien que d'y penser cela me donne la fièvre.)

Chans. de Philippon. 1853. p. 75.

Fiorou. F. *adj*. Fiévreux.

Vou veït tous lou jour pretres ou capucins
Confessa de *fiorou* mai de quaranta cinq.

(On voyait tous les jours prêtres ou capucins — Confesser des fiévreux plus de quarante-cinq.)

Chapelon, *La Misera*, p. 202.

Beaucoup de mots qui ont en patois cette terminaison *ore* ont leur correspondant français terminé en *vre*: *fiore*, fièvre; *siore*, suivre; *liora*, lièvre; *viore*, vivre.

Pour ces mêmes mots, le roman avait employé la forme *oure*, *fevoure*, *sieoure*, etc., dont le patois a conservé seulement l'*o*, et le français l'*u*, qu'il a changé en *v* consonne.

FIOREY. F. Nom propre de mois : Février.

Lou vettiemou *fiorey*, jour de noutra fareypi.

(Le huit février, jour de notre réjouissance. *l'entrée solennelle de M. et Mad. de St-Priest à Saint-Etienne.*)

Chapelon, p. 124 et 110.

FLA. L. et F. *s. m.* Souffle, haleine, exhalaison, odeur.

Le moindre *fla* d'un cannequier, la vortigeation d'une arthe viennent l'éteindre. Les Canelles, p. 229.

De corps taras, viox, ladrous, repoussans,
De lios defauts on se fasant une arma.
Targniessount tout de lios *flas* medzisants.

(Des corps tarés, vieux, ladres, repoussants, — De leurs défauts en se faisant une arme, — Ternissent tout de leur souffle médisant.)

Chans. de Philippon, 1853, p. 26.

Elle est noire cette chiai (cette viande)! c'est vœutrou *fla* qui la rend noire. Lanossier. *Moussue Progrès*. p. 5.

— P. dauphinois.

> Lo *fla* d'una cissela ou citoma purri.

> (L'odeur d'une aisselle ou d'un estomac pourri.)
>
> *La Batifel de la gisen*, p. 47.

Latin : *flatus*

Provenç.: *afflat* ; Faveur, caresses, soins, du latin *afflatus*.

> Gent de Prouvenço, ieu vous demande voste *afflat*.

> (Peuple de Provence, je vous demande votre faveur.)
>
> *Armana prouvençau*, 1860, p. 32.

FLAMETA. F. *v. n*. Flamber, jeter des flammes.

> Coumm'un eclair
> Ol'o l'œu que *flamete*.

> (Comme un éclair — Il a l'œil qui jette des flammes.)
>
> Chans. de Montbrison, par VIAL.

> Lo carrosse est lancî,
> Lo pavé n'en *flamete* et fai quino l'essi.

> (Le carrosse est lancé. — Le pavé en flambe et fait crier l'essieu.)
>
> ROQUILLE, *Lo Deputo manquo* p. 15.

Langued.: *flamejha*. — Provenç.: *flamegear*.
Roman : *flameiar*.
Catalan et portugais : *flamejar*. — Espagnol : *flamear*.
— Italien : *fiammeggiare*.

Notre patois *flameta* a une forme de diminutif qui lui donne un caractère différent de ses analogues cités ci-dessus et qui en fait une expression comique.

FOLIETTA, FOULIETA, FOULLETA, FEUILLETTE. L. et F. *s f*. Mesure des liquides qui paraît avoir été le quart de la pinte de Languedoc, ou l'équivalent de la chopine de Paris.

> Leston couma una marioneta,
> Surtout quand j'ai beu ma *foulieta*.
>
> Jac. CHAPELON, *Contrition d'un fénéant*. p. 271.

> La tanta Civetta
> Me dizit toujours
> De quitta l'amou:,
> Par bere quauqua *fouilletta*
>
> CHAPELON, Chanson, p. 256.

> Un pot de cinq *fouliettes*.
>
> Id., Testament, p. 178.

> Aï betta surmaizi sus *fouiietta*
>
> Elle avait mis semaise sur foliette, c'est-à-dire : Elle avait bu outre
> mesure.)
>
> Id., Chanson, p. 157.

> Mon escogriffe avole ina *foyeta*.
>
> ROQUILLE, Lo Pereyou, p. 20.

La Chevauchée de 1578 a écrit *feuillette*.

> L'hostesse print une *feuillette*
> Et en battit bien son mary.

Cochard, dans un article inséré aux Archives du Rhône
et aux *Mél.* de M. Breghot du Lut, t. II, p. 260, rapporte sur ce mot une assez jolie historiette :

« Les religieuses de Saint-Pierre (de Lyon) n'étaient point cloi-
trées, et elles vendaient elles-mêmes dans le couvent le vin de
leurs domaines, soit aux buveurs qui se présentaient, soit à pot
renversé. Une enquête qui fut faite vers la fin du XIVe siècle, à
raison du droit exclusif que les archevêques voulaient s'arroger
de vendre leur vin pendant le mois d'août, porte que les religieuses de Saint-Pierre avaient constamment joui du privilége de
débiter le leur en tout temps ; qu'un bouchon était, à cet effet,
placé au-dessus de la porte de leur monastère, et que les buveurs
étaient servis par les religieuses elles-mêmes ou par leurs servantes.
Plusieurs témoins ajoutent que le fermier du ban d'août de l'archevêque s'étant un jour présenté au couvent pour s'emparer des
mesures, les religieuses s'attroupèrent, prirent ces mesures et les
montrant au fermier par forme de menace, lui dirent : *Te los arez
celtes foliettes*. Le fermier épouvanté quitta la partie. »

La capacité de la *foliette* lyonnaise, comme celle de la

14

plupart des anciennes mesures provinciales, est aujour-
d'hui fort difficile à préciser.

Charles Estienne, dans son abrégé du Traité de La-
zare Baïf, intitulé *De l asculis* ou *De re rasenlaria*, dit :
« Lugdunenses *filletam* appellant quasi fideliam quæ di-
« micem pintam continet. »

Le Gloss. de la Chevanchée de 1578, M. Breghot du
Lut, *Mél.*, t. II, p. 136, et Roquefort, *Dict. étymol. de
la langue franç.*, v° *feuillette*, donnent aussi à cette
mesure la contenance d'une double pinte ; mais ils ne
disent pas s'il s'agit de la pinte de Paris ou de la pinte
du midi de la France.

Suivant le Gloss. de Ducange, *folietta* « apud Lug-
« dunenses est tantùm media pars pintæ, vulgo Cho-
« pine. » Mais il ne dit pas non plus de quelle pinte il
veut parler.

Le Dictionn. de l'abbé De Sauvages s'explique plus
clairement sur la *foulieto* languedocienne, dont il est
probable que notre *folietta* se rapprochait fort. Suivant
lui la *foulieto* est « la quatrième partie d'une pinte ; elle
« répond à cet égard au demi-setier, qui est également
« la quatrième partie de la pinte de Paris ; mais celle-ci
« ne pèse qu'une livre, et la chopine une livre : au lieu
« que notre pinte pesant environ quatre livres, la *fou-
« lieto*, qui en est le quart, répondra, relativement au
« poids, à la chopine de Paris. Il semble donc qu'on
« pourrait choisir entre les mots chopine et demi-setier
« pour rendre notre *foulieto*. »

C'est aussi l'appréciation du Dictionn. provençal d'A-
vril et de celui d'Honnorat, qui comparent la *foulieto*
du Midi au demi-setier pesant 12 onces, poids de table,
et équivalant à 3/5 du litre.

L'italien *foglietta* est traduit dans les Dictionnaires par Chopine.

On le fait dériver du latin *fiala* ou *phiala*.

Il faut se garder de confondre la *folietta* avec la *feuillette*, mesure de capacité beaucoup plus grande, qui, dans nos pays, a la valeur d'une demi-bareille, soit de 105 litres environ. Cette confusion avait déjà ses dangers au siècle dernier, si l'on en croit l'anecdote suivante rapportée par Cochard dans l'article précité.

« Un peu avant la Révolution, le seigneur d'un village de la Dombes avait changé la redevance d'une *folietta* de vin que lui devaient ses vassaux, en une *feuillette*, en substituant dans le livre terrier *ei* à *o*. La falsification fut découverte ; il y eut procès, mais le seigneur échappa par une transaction à la peine qu'il avait méritée. »

V. ci-dessus FEUILLETTE.

FONTANA. F. *s. f.* Estomac.

> Ey coumençont déjà a pleindre lour *fontane*.
> Y prenant ma de cœur, ne fant que rejeta !

(Elles commencent déjà à plaindre leur stomac : — Elles prennent mal de cœur et ne font que vomir.)

Ant. CHAPELON, *Caract. de le filles*, p. 237.

> Lou bon vin vio
> Echauffe la *fontana*.

(Le bon vin vieux — échauffe l'estomac.)

CHAPELON, *Chans.*, p. 156.

> Que siert-ou de jeuna lou long de la semana,
> Ma que de s'epuisie lou ventrou et la *fontana* ?

(A quoi sert de jeûner le long de la semaine, — Sinon à s'épuiser le ventre et l'estomac ?)   Id., *La Careyma*, p. 188.

> Vou gagne pas son pon,
> Vou epuise sa *fontana*.

(On ne gagne pas son pain. — On épuise son estomac.)

Remou et Barouṇi. p. 6.

Fontana, dans ce sens d'Estomac, s'employait encore communément en Lyonnais il y a trente ans ; on ne l'y entend presque plus aujourd'hui.

Il est aussi usité dans le dialecte de la Haute-Loire.

FOSSA (SE), FAUSSA (SE). F. r. *pron.* Se fausser ; c'est-à-dire, Se dérober, se dispenser, manquer à son devoir, à sa parole.

> Et vous veyri, sen *me fossa*,
> Couma gy le voy trenoussa.

(Et vous verrez, sans que j'y manque, — Comme je vais les tremousser.)

Ballet forésien.

> De tous lou maneillie pas un ne *se fossave*.

(De tous les sonneurs aucun ne manquait à son devoir.)

CHAPELON, *Entrée sol*. p. 138.

> A sept heures vou faut soupa,
> Vou eyt a que ne *me faussou* pas.

(A sept heures il faut souper, — C'est à quoi je ne manque pas.)

ID., *Chanson*. p. 171.

> Foulit lou veyre adoun quand o lou commandave,
> Couma tou yère en odre et lingun *se fossave*.

(Il fallait les voir alors quand il les commandait. — Comme tout était en ordre et personne ne manquait à son devoir.)

Poëme sur le 9 thermidor.

C'est dans le même sens qu'on dit en français *fausser compagnie* et *fausser sa parole*.

FOUR. L. *adv.* Hors, dehors.

> S'on l'avet my lever lo sey
> *Four* de la m.   en chemisy.

(Si on l'avait mis vers le soir — Hors de la maison en chemise.)

La Chevauchée de l'âne. 1566.

— P. dauphinois.

> Cellou sont *four* de jugimen
> Que n'en ont quoque pensamen.

(Ceux là sont hors de jugement, *sans jugement*, — Qui n'en ont quelque souci.)   *La vieille Lavandière de Grenoble*, p. 58.

Langued. : *foro*, Hors ; et abréviat. , Va dehors, va-t'en. (De Sauvages).

> » A tel galand on doit vrayement dire *foro* coutelas, c'est-à-dire, o toy qui es aussy mal idoine à faire l'amour et baler comme l'autre estoit à porter un coutelas. *foro, id est, va-t'en d'icy*, car en cela tu as aussy bonne grâce que le poutage sainct Bernard duquel le diable tire la gresse. »
> *Les joyeuses Recherches de la langue tolosaine.*

Roman : *fors, foras, fora.*

Catalan : *fora ;* espagnol anc., *foras ;* espagnol mod., *fueras, fuera ;* portugais, *fora ;* italien, *foras, fuera ; fuore, fuori.*

Defour , defo, defoeu. L. et F. *adv.* Dehors, hors.

> Te fere sorty ben et beau
> Jusque *defour* de la maison.
> *La Chevauchée de l'âne*, 1566.

> Vos veïs lo *defour* : tot et novo, tot brille ;
> Et portant l'ant dessus la chamise en guenille.

(Vous voyez le dehors, tout est nouveau, etc.)
> *Hymn. à la Concorda*, p. **28.**

> Ein déclinant son nom lo consely de cour
> Oute a Guichor l'einvé de lo passo *defour*.

(En déclinant son nom, le conseiller—fait passer à Guichard l'envie qu'il avait eue de le mettre à la porte.)
> Roquille, *Lo Deputo manquo*, p. **14.**

> Et peu n'erons, selon que vou ey d'usageou,
> Chanta *defo* chacun noutra chanson.

(Puis nous irons, comme il est d'usage, — Chanter dehors chacun notre chanson.)   Ant. Chapelon, *Bobrun*, p. **242.**

Un ange lou passet *defo*
Do paradis terrestre.

Chapelon, Noël VII. p. 92.

Ey l' criant apponi par lou rey d'Angleterra
Que nous fazit dedin couma *defo* la guerra.

Poëme sur le 9 thermidor.

Sus icon sortchimoun *defœus*.

(Sur cela nous sortimes.)

Linossier, *Un Boucher*, p. 6.

— P. bressan.

Y von ataquo la France
Per *defour* et per dedan.

Chans. du Duc de Savoie.

— P. dauphinois.

Si de vespro u l'entend sizina quoque mouchi,
U saute enragia, nu, *defour* de sa couchi.

(Si le soir il entend bourdonner une mouche,— Comme un enragé.
il saute nu, hors de son lit.)

Lo Banquet de le faye, p. 10.

— P. bourguignon.

Lucifar at ebasodi :
Il a *de feur* dou Pairidi
Lou treite.

(Lucifer est abasourdi ; — Il est dehors du paradis, — Le traitre.)

Noëls d'Aimé Piron, p. 55.

Langued. : *deforo* ; provenç., *defora*, *defouera*.

Roman : *defors*, *defora*.

Catalan : *defora* ; espagnol , *de fuera* ; italien , *di
fuora*.

Anc. franç. : *defors*, *deforz*; Hors, dehors; Autrefois,
de dehors. — *Fors* ; Dehors, excepté.

Defors sun cors veit gesir la buele.

(Hors de son corps il voit gir ses entrailles.)

Chans. de Rolland, édit. Genin, ch. iii, v. 809.

On ne trouve plus au Diction. de l'Acad. que *fors*
dans le sens de Excepté, hormis, à la réserve de : Ils
sont tous morts *fors* deux ou trois ; et il est cité comme
vieux.

Le Gloss. de Ducange cite *deforis*, *deforas* qui sont
un dérivé et une altération du latin *foras*. *Deforis* a été
employé dans la Vulgate :

> Et inclusit eum Dominus *deforis*.
>
> *Genèse*, vii, 16.

FREICHARET, FRECHUROU. F. *s. m.* Le *freicharet* était une
très-petite mesure des liquides.— Par extension, on a
désigné figurément sous ce nom toute chose et personne de peu de valeur, un homme très-petit, un
homme de rien.

> Vous ne trouvaria pas lou moindrou *freicharet*
> Que ne prenne lou soin de pavir davant set.

(Vous ne trouveriez pas le moindre malotru — Qui ne prenne le
soin de paver devant soi.)

> CHAPELON, *Requête*, p. 205.

> Par baillie din lou zio de quoque *frechurou*.

(Pour donner dans l'œil à quelque malotru.)

> Id., *La Misera*, p. 196.

Cette expression est aussi usitée en Dauphiné.

FRICOT. L. et F. *s. m.* Mets, pitance, bonne chère, régal,
repas.

> De la quoua do bardot
> Y n'ant fat una socissi,
> Qu'a sarvi de *fricot*
> A tonta la justici.

(De la queue du mulet — Ils ont fait une saucisse — Qui a servi de
régal — A toute la justice.)

> Ant. CHAPELON, *Chans.*, p. 260.

Vo vede bien quou fallié faire in *fricot* par nos galo.

(Vous voyez bien qu'il fallait faire un festin pour nous réjouir.)

Parab. de l'Enfant prodigue en patois de Condrieu.
par Cochard. — Notice sur Condrieu, p. 107.

Mais Cofliaux lo goliu ne peinse qu'ou *fricot*;

A se decidara sitou qu'a sera cot.

(Mais Cofliaux le goulu ne pense qu'à la bonne chère. — Il se décidera quand le diner sera cuit.)

Roquille, *Lo Deputo manquo*, p. 11.

Loz habitans deviant forgni la soupa,

Lo pan, lo vin, *fricot* et logimeint.

(Les habitants devaient fournir la soupe...

Roquille, *Lo Pereyour*, p. 5.

— P. limousin.

A quelo superbo feto
Lou *frico* ne manque pas.

(A cette superbe fête — La bonne chère ne manque pas.)

Trad. du Rat de ville et du Rat des champs, par Foucaud.

Langued. et provenç.: *fricó, fricot, freicot.*

Fricot n'est pas au Dictionn. de l'Académie; mais on le trouve dans plusieurs autres dictionnaires français.

FRIQUETA. l. *adj.* Pris quelquefois substantivement. — Gracieuse, élégante, coquette, mijaurée.

Et puis cele *friquette*, le fan le delicate.

(Et puis ces mijaurées, elles font les délicates.)

La Bernarda buyandiri, p. 13.

Langued.: *fricaou, fricous, fricaoudet;* Gentil, éveillé. *Un fricous muset*, un Minois friand. (De Sauvages.)

Provenç.: *friqueto.*

Sa femo es *friqueto* e poulido.

(Sa femme est gentille et jolie.)

Manuel, *Armana prouvençau*, 1861, p. 33.

Limousin : *fricaou*; Friand, agréable (Beronie).

Anc. franç.: *frique, friquet, frisque, frisquet;* Menu, léger, mignon, galant (Roquefort).

> *Frisques*, mignons, fruyans enfans.
>
> > Coquillart. *Droits nouveaulx.*

> Le gentil et joly duc Wincelins de Boesme, duc de Luxembourg et de Brabant qui en son temps noble, *frisque*, sage, amoureux et armeret avoit esté.   Froissart.

Frique, *fric*, signifiaient primitivement Nouveau, jeune. V. le Lexique de Raynouard, vº *fric*, et le Gloss. Ducange, vº *frischus*.

— P. dauphinois : *fricandela ;* Jeune fille vive et légère.

> Beau Dié que fat bon vei una gai *fricandela*
> Repita, sautillié com'una sautarela !
>
> > *Lo Batifel de la gisen*, p. 45.

Le Dictionn. français de Boiste a dans un sens analogue *friquenelle*, qu'il interprète Jeune femme parée au-dessus de son état.

FROCHE, flochi. l. et f. s. f. Sorte de surplis que portaient autrefois les ecclésiastiques du diocèse de Lyon et de quelques diocèses voisins.

> L'abbé du Temple, l'un des abbez de Malgouvert et sa suitte ; iceluy revestu d'une robbe longue noire et dessus icelle une *froche* faicte d'un fillé de lin à pescher poissons.
>
> > *L'ordre tenu en la Chevanchée faicte à Lyon*, 1566.

> Monsieur lou cura vint qu'aït viti sa *flochi*.
>
> > Chapelon, *Entrée solenn.*, p. 138.

(La note de l'éditeur de 1779 dit *son surplis.*)

Dans les Voyages liturgiques que Le Brun des Marettes a publiés sous le pseudonyme du Sr de Moléon, on lit, p. 47 :

« Les chanoines de St-Jean de Lyon, ont sur leur soutane un

surplis ou soupelis, ainsi qu'on prononçoit autrefois, qui a de longues manches closes comme presque tous les clers les portoient autrefois, et les chanoines de Lyon l'appellent un *froc*. En hyver ils en portent un sans manches ou à manches étroites comme celles d'une aube, et ils l'appellent un *frochon*, diminutif de *froc*. »

— P. bressan et bugiste.

> Mai n'essubla pas la *froce*
> De monsu Zan Guillermin.

(Mais n'oubliez pas la froche — De M. Jean Guillermin.)

Noël de Jasseron. — *Noëls bressans*. éd. Le Duc, p. 80.

> Alin ver la parochi
> Sona notron cura ;
> S'i n'a vetu sa *frochi*,
> S'an pouriet rancura.

(Allons vers la paroisse — Appeler notre curé ; — S'il n'a pas pris sa froche, — Il pourrait s'en repentir.)

Noël de Vaux. — Id., p. 118.

Le Gloss. de Ducange a : « *Frochia*, Species frocci « Canonicorum lugdunensium », et il cite le passage suivant de l'acte de réception de Jean, duc de Berry, comme chanoine de Lyon, vers l'an 1393 : « Dux venit « cum *frochia* et aumucia ad modum canonicorum dic- « tæ ecclesiæ. »

FROUMAILLE. F. *s. f.* Fiançailles, promesse de mariage.

> Din quauque jours d'ici contou faire *froumaille*.

(Dans quelques jours je compte me fiancer.)

Ant. Chapelon, *Caracterou de le filles*, p. 233.

> J'attendou lou paron par faire counussanci
> E pa faire *froumallie* tout c pretou d'avanci.

(J'attends les parents pour faire connaissance — Et pour faire les fiançailles tout est préparé d'avance.)

Remou et Baroueni, p. 3.

Roman : *fermalhas.*

L'anc. franç. *fermailles* et les termes de basse latinité *fermalia*, *formalia*, *fromalia*, signifiaient aussi Fiançailles, promesse de mariage. « Comme par plu-
« sieurs fois il eust été parole de faire le mariage, com-
« bien que fiensailles ne *fermailles* n'eussent pas esté
« sur ce faites. » *Litt. remiss.*, 1363. Mais on trouve aussi *fermaille* avec le sens plus général de Promesse, gageure, enjeu.

« Quand ils orent beu, firent une *fermaille* de com-
« mun accord que le premier qui diroit Oyl paieroit
« l'escot. » *Litt. remiss.*, 1375.

V. Gloss. Ducange, v° *fermalia*.

G

GALA (SE), F. GALO (SE). L. *v. pron.* S'amuser, se divertir ;
faire gala.

> Qua se ben tu t'ame *gala*,
> Gy vou amou ben de l'autrou là.

(Car si bien tu aimes à t'amuser,—Je l'aime bien d'un autre côté.)
Ballet forésien.

> Je me souai bien *gala* dempeu quatrou ou cinq jours.

(Je me suis bien amusé depuis quatre ou cinq jours.)
Ant. CHAPELON, *Caracterou de le filles*, p. 233.

> Quand vou se *gale* un jour, vou s'en sint tout un mey.

(Quand on s'amuse un jour, on s'en ressent pendant un mois.)
CHAPELON, *Entrée*, p. 115.

> Ey se *galayant* pas incoure a lou jugie.

(Ils ne s'amusaient pas même à les juger.)
Poëme sur le 9 thermidor.

> Que voulez-vous ?
> Chacun se *gale* à son goût.

Chans. de PHILIPPON, 1842, p. 21.

> J'etsins dins lo dessein de ne plus me *galo*
> A faire cou metsi bon a m'eçarvelo.

(J'étais dans le dessein de ne plus m'amuser — A faire ce métier
bon à me faire perdre la cervelle.)
ROQUILLE, *Lo Deputo manquo*, p. 5.

> Faisons bon fricot, et *galons* no bien.

Parab. de l'Enfant prodigue, trad. en patois de Condrieu
par COCHARD.

— P. bugiste.

> Car Chalande s'aprochou.
>
> E no fau bin *gala*.
>
> *Noël de Vaux*, édit. Le Duc. p. 117.

Le Diction. de l'Acad. de 1855 n'a conservé *se galer* que dans l'acception très-restreinte de *se gratter*. Mais il était, ainsi que *galer* et *galler*, très-usité en anc. franç. dans le sens général de Se réjouir, danser, se divertir; faire un festin.

> Il y aura beu et *gallé*
> Chez moy ains que vous en aillez.
>
> *La Farce de Patelin.*

> Si advient que trois ou quatre de ses commères s'esbattent en la maison de l'une d'elles pour *galler* et parler de leurs choses.
>
> *Les XV Joies de Mariage.* VIII.

Basse latin. : « *Galare* : Indulgere genio, dare se jucunditati. Ital. Far gala ; nostris *galer* et *mener gale*. » Gloss. Ducange.

Borel le dérive du grec γελαω. Roquefort présente comme étymologies possibles le latin *gallus*, le latin *vacillare* ; le grec γελαω : le bas breton *gall*.

GALOROU. F. *s. m.* Amusement, divertissement ; bon temps.

> Je n'ai jamais ren eu que lou *galorou* en téta.
>
> Jac. Chapelou, *Educ. dos effans.* p. 266.

> La moda a bien changit ; vou n'ey plus de *galorou*.

> (La mode a bien changé ; il n'y a plus de divertissements.)
>
> Roquille, *Entrée*, p. 116.

> Lous vers miox que jamais vant faire toun *galorou*.
>
> Chans. de Philippos, 1853, p. 74.

GAMACHES. F. *s. f.* Espèces de guêtres.

> A veire lour chapiaux et lour vieille *gamaches*.

Vou esse dit qu'ey veniant de detachie le vaches.

(A voir leurs chapeaux et leurs vieilles chaussures. — On eût dit qu'ils venaient de délier les vaches.)

Chapelon, Entrée, p. 141.

Langued. : *garamachos*, Espèce de bas de toile en usage avant l'invention des bas au métier. De Sauvages ajoute qu'on les appelle aussi *tricousos*, et en français *gamaches* ou *triquehouses*.

Anc. franç. : « *gamaches* ; Guêtres de toile ou de laine que l'on mettait sur les bas pour se garantir de la boue et du froid ; sorte de chaussure ; espèce de bottine à l'usage des cavaliers. » (Roquefort),

Basse latin. : « *gamacha* ; Pedulis (chausson) lanei species quae etiam superiorem pedis partem tegit; vulgo *gamache*. » Gloss. de Ducange. Il ajoute que dans le pays d'Auxerre, *gamache* est une sorte de vêtement grossier à l'usage des gens de la campagne.

On peut observer généralement que lorsqu'il s'agit de vêtements, de meubles, de mets et d'autres choses d'un usage journalier, le même mot change souvent de signification en passant d'une province à une autre et y désigne des objets assez différents.

GANDOLA. f. *s*, *f*. Burette à mettre le lait; tasse ordinairement en bois dont on se sert pour boire.

D'ecuelle, de *gandole*.
Ant. Chapelon, Bobrun, p. 248.

Y tenit si bien sa parola,
Qu'ey m'empliit una granda *gandola* ;
Qu'en depeu je n'en volou rai,
Que de grande *gandole*, ou bien d'ecüellai.

(Il tint si bien sa parole, — Qu'il remplit (de vin) une grande *gandole* ; — Depuis je n'en veux plus — Que par grandes *gandoles* ou par écuelles.)
Chapelon, Chanson, p. 160.

—— P. dauphinois.

> Chie la Gueyna a qui una *gandola* raza
> Vin mieu qu'un bel habit de cadit ou de raza.
>
> *Pastor. de Janin*, act. III. sc. u.

Langued. et provenç. : *gandolo, gandola*.

GANDOULÉE. F. *s. f.* Le contenu d'une gandole.

> Du temps que je me faisais une *gandoulée* de soupe, j'entendis
> tambuter à ma porte.
>
> LINOSSIER, *Moussue Progrès*, p. 7.

GANDUERI, GANDOIRI. L. et F. *v. a.* Tromper, abuser ;
railler, amuser.

> L'amour me *gandoire*
> Et lou vin aussi.
>
> Ant. CHAPELON. *Chanson*, p. 258.

> S'o vet par *gandueri* quoquis marchands de fruitsi,
> Je te repondo ben qu'a n'en sera de suitsi.

> (S'il s'agit de tromper quelque marchand de fruits, — Je te réponds
> bien qu'il sera tout de suite de la partie.)
>
> ROQUILLE, *Les Ganduaises*, p. 6.

Roman : *ganda* ; Tromperie, feintes. (Raynouard).

On disait en langue d'oil, *gandie*. V. le Gloss. de
Ducange, partie franç.

GANDUAISES, GANDOISES. L. *s. f.* Sornettes, fariboles, trom‑
peries.

Un recueil de diverses pièces de Roquille est intitulé
Les Ganduaises.

> On parlait du beau temps, on disait de *gandoises*,
> Pendant que je lichais ma tisane aux framboises.
>
> *Remerc. d'un canut du Gourguillon*, p. 4.

Langued. : *gandouezos*. — Provenç. : *gandoisas*.

GAPIAN, GOPIAN. L. et l. s. *m.* Sobriquet injurieux par lequel on désigne, dans le midi de la France, les employés des douanes, des contributions indirectes et des octrois.

> Voutroun gran pare ero *gapian* ?
>
> (Votre grand-père était...)
>
> *Remou et Barouèni.* p. 18.

> Et jusqu'à de *gapians* a mel sa dechoussis.
>
> (Et jusqu'à des employés presque sans chaussure.)
>
> ROQUILLE, *Lo deputa manquo.* p. 8

> Parcepteurs, receveurs, tresoris et *gapians.*
>
> *Hymna à la Concorda.* p. 34.

Gapian est dans M. Breghot du Lut, *Mél.*, t. I. p. 271, et dans *Les Canettes*, p. 211.

On s'est fort exercé sur l'étymologie de ce sobriquet.

On le fait dériver sans aucune vraisemblance du latin *capiam*, Je prendrai.

M. Breghot du Lut cite, sans l'approuver, une autre opinion suivant laquelle les emplois de cette nature auraient d'abord été remplis à Lyon par des gens de Gap, aucun Lyonnais n'ayant voulu s'en charger. Pour que cette étymologie fût acceptable, il faudrait que le mot soit usité à Lyon seulement, tandis qu'il est en usage dans tout le Midi, ou bien qu'il eût passé de Lyon dans les provinces voisines, ce qui n'est pas du tout prouvé.

Je ne crois pas non plus, malgré une certaine analogie de sens, que *gapian* vienne de *gabellerius*, ital. *gabelliere*, anc. franç. *guablier*. La forme des deux mots a trop de différence pour qu'on puisse, à défaut d'autres indications, les faire avec quelque certitude dériver l'un de l'autre.

En Provence et en Languedoc, on dit *gabian*, et c'est identiquement le nom d'une mouette, *garia* en latin, très-commune sur les côtes de la Méditerranée où les douaniers maritimes exercent leur surveillance. Ne serait-ce point cette comparaison qui aurait, dans l'esprit du peuple, donné naissance au sobriquet? Il pourrait aussi venir de *gabia*, Cage, à cause de la guérite dans laquelle les douaniers font sentinelle.

GARAUDES. F. *s. f.* Guêtres de toile autrefois à l'usage des gens de la campagne et qui faisaient office de bas.

> Bailli met me *garaude*.
> (Donne-moi mes...)
>
> CHAPELON, Noël II, p. 79.

> Son bonnet et se vieilles *garaudes*
> Que quand vou fat souley bettont les eharliaudes.
>
> (... Qui lorsque le soleil luit éblouissent tous les yeux.)
>
> Id., Testam., p. 178.

GARODON. F. *s. m.* Même sens.

> Ma s'enfoyre couma un levrie,
> Tant qu'a l'orlou de son darrye,
> Qu'o *garodon* et qu'o z eclot
> Que n'an souven ni po ni trot.
>
> (... Jusqu'aux bas et aux sabots — Qui souvent en ont ni peu ni trop.)
>
> Ballet forésien.

— P. dauphinois.

> On lou veyet en troupa courri pe la charrery,
> Lous in lq ba eq *garoda*, lous otrou san chapet.
>
> (On les voyait en troupe courir par les rues, — Les uns avec leurs bas tout défaits, les autres sans chapeau.)
>
> Dialogue de deux paysans des Granges.

—P. mâconnais.

> Et de *garode* ben a poain.

Avu lé jartire.

(Et des garaudes bien à point — Avec les jarretières.)

Noëls màconnais, p. **45**.

— **P. bressan.**

Leu causs'eran pre la sayson,
Fait a leu monde ;
Ell'eran, san comparayson.
Coman de le *garoude*.

Noëls de Pont-de-Vaux, éd. Le Duc, p. **100**.

« *Garodes, varodes* ; Sorte de guêtres de toile, sans « boutons et sans sous-pieds, à l'usage des vignerons. » Vocabul. de la langue rustique du Jura, par M. Monnier. — *Mél. sur les langues et patois*, 1831, p. 155.

Gar, garr, en bas breton, signifie Jambe. C'est, selon toute apparence, un radical celtique, lequel a donné notre mot, ainsi que l'anc. franç. *gareau, garel, gareu*, Boiteux, homme qui a les jambes torses.

GERE. F. *v. n.* Se coucher, dormir.

Dio gardema lou garson
Que leysson la viat et lou *gère*,
Par dancye avoy le bergère.

(Dieu garde de mal les garçons — Qui laissent le manger et le dormir
— Pour danser avec les bergères.)   *Ballet forésien.*

Peu vai lu j'erai me *gère*.

(Puis vers lui j'irai me coucher.)

Boyron, *Conte*, p. **12**.

Langued.: *jhaire, jaire. S'ana jhaire* ; S'aller coucher (De Sauvages).

Entre aveire soupat, avant de s'ana *jaire*,
Su lou serre vesi lou majoral pren l'aire.

(Après avoir soupé, avant de s'aller coucher, — Sur le sommet voisin
le majoral prend l'air.)   Peyrot, *Géorg. patoises*, p. **74**.

Provenç.: *jaire, jayre.*

Latin.: *jacere.* La basse latinité disait aussi *gisare.* V. Gloss. Ducange.

L'ancien français disait *gir, gehir, gesir, giser,* verbe dont il est resté au Dict. de l'Acad. la troisième personne du présent de l'indic. *gît* et quelques autres désinences.

GESINA. F. *s. f.* Maladie, état d'une personne couchée ; spécialement, Etat d'une femme en couches.

> Au prend un si grand ma de cœur
> Qu'au se mette en *gesina.*

(Il prend un si grand mal de cœur — Qu'il se met au lit.)

> CHAPELON, *Chanson,* p. **169.**

Langued.: *Jhassino, jhazan;* Femme en couches.

Roman : *Jassilhas, jacillas;* Couches. — *Jassina;* Gesine.

Gesine était usité en anc. franç. Marot l'a employé pour désigner l'Etat d'une femme en couches.

> Elle a ce qu'il fault avoir ;
> Mais je la voudrais bien voir
> En *gesine.*

> *Etrennes.*

Le Dictionn. de l'Acad. de **1835** l'a conservé comme vieux.

Basse latin.: « *Gesina, jassina;* Puerperium; Gallis alias *gesine,* ab antiquo verbo *gesir,* Jacere... Quo etiam nomine appellabatur convivium quod in sua purificatione puerpera exhibebat. » Gloss. Ducange.

Une pièce dauphinoise de Laurent de Briançon qui a quelque célébrité est intitulée *Lo Batifel de la gisen,* le Caquet de l'accouchée.

GERLA. l. et f. *s. f*. Cuvier à lessive.

> Mon buye, mon bachat, ma *gerla*.
>
> *Ballet forésien*,

« *Gerle* ; Grand vase de bois pour la lessive ; dites : Cuvier. » Molard 1810.

Langued.: *Jherlio* ; Un seau (De Sauvages.)

Comme la plupart des mots qui désignent un meuble, celui-ci change de signification en passant d'une province à une autre. Suivant Honnorat, *gerla* signifie un Seau à queue, en Languedoc ; une Cuve en bois, à la Motte du Caire ; une Jarre, à Arles.

> Dins una viellha *gerla* avion toutei lei noum
> Dei morts qu'avian passa la barca de Caroun.
>
> Coye.

« *Gerle* ; une Cuve, et dans un autre sens une Jarre, grand vase de terre. » *Dict. des express. vicieuses des Hautes-Alpes*.

Basse latin.: « *Gerla* ; Lagena, vas vinarium; item Corbis species; ital. *gerla* eâ notione. » Gloss. Ducange, On trouve encore dans ce Gloss., avec le même sens, *gella, gillo, gerula* et *zerla*.

GICLO, jiclo. l. *v. n*. Jaillir; et *v. a*. Faire jaillir, lancer.

> A va faire ou moyen d'in procedò noviau
> *Jiclo* l'ega de mauve et lo bulion de viau.
>
> (Il va faire au moyen d'un procédé nouveau—Jaillir l'eau de mauve
> et le bouillon de veau.)
>
> Roquille, *La Ménagerie*, p. **17**.

> De partot lo sang *jicle* et la peliuchi vole.
>
> (De partout le sang jaillit et le poil vole.)
>
> Id., id., p. **21**.

> Que les femmes reygliant absulamen lour lingues,

Que vos *gicliont* de mots, comma de vrays seringues.

(Que les femmes désormais règlent absolument leurs langues, —
Qui vous lancent des mots comme....)

Hymna à la Concorda. p. 35.

« *Gicler*; Lancer un fluide; mot dont on se sert dans le Lyonnais et dans plusieurs autres provinces et qui est formé, par onomatopée, comme le *jaculari* ou *jaculare* du latin, d'où nous avons tiré Ejaculatoire, Jaillir, etc. » Breghot du Lut, *Mél.*, t. II, p. 139.

V. aussi Molard, 1803.

De ses yeux n'en *giclait* une Sòne de larmes.

Les Canettes, p. 20.

Provenç. : *giscla*.

Li rai escounjura *gisclon* dins lou cristau.

(Les rayons conjurés jaillissent dans le cristal.)

Mireio, ch. II.

Le Diction. de De Sauvages donne en langued. *jhiscla*, Jeter, lancer, d'où le composé *rejhiscla*, Rejaillir. Il donne aussi *jhiscla*, Glapir; et *jhiscla* ou *jhisclassa*, Sangler à coups de gaule, houspiller.

Le Lexique de Raynouard a *gisclament*, Eclat, retentissement; *giscle*, Pousse, branche, et *sisclar*, Gazouiller.

Dans le sens de Crier, glapir, nos patois ne disent pas *gicler*, mais *sicler*.

Patois du haut Maine. « *Giler*, v. *a.* et *n.* Jaillir en filet, seringuer. Le sang lui *gilait* de la veine. — Id., *jiler*. » Vocab. du H. Maine.

GILETA. F. *s.* *f.* Girouette.

Noutrous affaire vaut, par ne pas vous fachie.

Couma va! la *gileta* au dessus do clouchie.

(Nos affaires vont, pour parler sans vous fâcher. — Comme va la
girouette au dessus du clocher.)

CHAPELON, *Avis aux échevins*, p. 210.

GIN, rien. — **V.** JIN.

GISCLOU. F. *s. m.* Espèce de serpent.

Un bâton qu'ey curit de la pay d'un vio *gisclou*.

(Un bâton qui est couvert de la peau d'un vieux *gicle*.)

CHAPELON, *Testament*, p. 179.

Provenç. « *Gisclard*; nom qu'on donne indistincte-
ment dans plusieurs pays aux gros serpents qui sif-
flent quand on les approche. » (Honnorat.)

Ce nom leur vient sans doute du langued. *giscla*,
Glapir; ou de *giclo*, *gicla*, Lancer, faire jaillir; parce
que, suivant une opinion populaire, ils se défendent
en lançant aux yeux de celui qui les attaque une liqueur
vénéneuse. — **V.** ci-dessus GICLO.

GNA, GNIATO. Nichée. — **V.** NIA.

GNIOLA. Nuée. — **V.** NIOLA.

GOBO, GOBA. L. *adj*. Engourdi, crispé, estropié, difforme.

Avey ma man *goba* et rouncuza.

(Avec ma main difforme et rogneuse.)

La Bernarda Buyandiri, p. 16.

A la dernière scène de la *Pastorale de Janin*, dans
l'énumération des sobriquets donnés aux habitants des
environs de Grenoble, on trouve les *Gobio de Saint-
Nazeiro*.

Provenç. : « *gobi*; Gourd, engourdi par le froid, en
parlant des mains. *Ai leis mans gobias* ou *gobis*; J'ai
l'onglée, j'ai les mains gourdes. » (Honnorat).

Langued. : *gaoubi, gaoubie ;* Tortu, de travers, dé
jeté. — *Gaoubia ;* se déjeter. On le dit du bois qui se
tourmente pour avoir été mis en œuvre avant d'être
bien sec. (De Sauvages).

GOGNA, GOGNI. L. et F. *s. f.* Joue, visage, trogne ; groin.

> Sa *gogni* de travars, son noz comm' in rodzi.

(Son groin de travers, son nez comme un radis.)

> ROQUILLE, *La Gorlanchin,* p. **29**.

> Y tordont bien le *gogne* en migeant lou rutsi.

(Ils tordent bien le groin en mangeant le rôti.)

> SAVEL, *Mariage de Jean,* p. **55**.

Provenç. : *gaugna.*

Langued. : *gaougnos*, les Ouies des poissons. —
Gaougno, au figuré, le Visage, la trogne. *A la gaougno fresco ;* Il a le teint frais et vermeil. (De Sauvages).

Roman : *Gaunha ;* Ouie de poisson ; amygdale.

Ce mot a de l'analogie avec le latin *gena*, Joue, qui
était usité en roman et l'est encore en italien. Je n'ose-
rais pourtant pas affirmer qu'il en dérive directement.

Gogne me parait être le radical des deux mots suivants.

GOGNAND. L. *adj., employé quelquefois substantivement.*
Imbécile, décontenancé, qui a mauvaise grâce. *Un
grand gognand ;* un grand décontenancé.

> La dama Phigenie
> Qu'un *gognan* voliet buclo.

(Madame Iphigénie — Qu'un imbécile voulait brûler.)

> Chans. de REVERONY.

> Alloz, tos de *gognands.* (Allez, tas de...)

> ROQUILLE, *Lo Pereyoux,* p. **18**.

GOGNANDISE. l. *s. f.* Bêtise, raillerie.

> Mais en réfléchissant, ce sont des *gognandises*.
>
> *Visite à l'Exposition,* p. 15.

Ces deux mots sont très-usités dans le langage canut.

GONE, GONNE. l. *s. m.* Enfant, fils ; gamin ; garçon.

> Ça fait regret de voir jusqu'à de simples *gones*,
>
> Le brûle-gueule aux dents comme de grands personnes.
>
> *Embell. de Lyon.* 2e part., p. 19.

> Si mon *gone* du moins pouvait en faire autant.

> (Si mon garçon, mon fils....)
>
> *Remerc. à l'auteur des Embell. de Lyon,* p. 4.

— P. dauphinois : *gonet.*

> Ceu *gonet* m'eit avi la migeave duz ieu.

> (Ce garçon, j'en suis sûr, la mangeait des yeux.)
>
> *Dialoguo de le quatro comare.*

On serait bien tenté de le faire venir du grec γονος, Fils, enfant, avec lequel il est presque identique par la forme et par la signification.

Je crois pourtant qu'il faut le rapporter au roman *gona*, Robe ; *gonne*, *gonelle*, en anc. franç. ; *gunna*, *guna*, *gonela*, en basse latin. ; qui est resté sous la forme de *gonela*, *gounella* dans les patois du midi de la France. Les petits enfants portent la robe, et *gounetou*, en limousin, indique particulièrement celle des enfants. C'est, suivant plusieurs étymologistes, un mot d'origine celtique. Il désignait dans la Gaule un long vêtement de peau. *Gown*, signifie encore Robe, en anglais.

GORLANCHI. l. *v. n.* Flâner, vagabonder ; polissonner.

> Adzo la vielly ructa
>
> Onte lez autre vé j'allove *gorlanchi*.

> (Adieu la vieille ruelle — Où autrefois j'allais polissonner.)
>
> ROQUILLE, *Ballon a essai,* p. 9.

T'einvito donc a ne plus te galo.
A *gorlanchi*, corrato le charrères.

(Je t'engage donc à ne plus t'amuser. — A ne plus flâner, courir les
rues.)   Id., *Les Gandoises*, p. 19.

Gorlanchi me paraît un composé de *gourla*, *groula*,
Savate, vieux soulier ; Traîner la savate. — V. GROLE.

GORLANCHIA, GORLANCHARI. L. *s. f.* Flânerie, vagabondage.

Un des poëmes de Roquille a pour titre : *La Gorlanchia* ; la flânerie. Il finit par ce vers :

Voué preindre ina bouchia,
Et j'arai tarmino ma longa *gorlanchia*.

(Je vais manger une bouchée — Et j'aurai terminé...)
p. 36.

Pour la *gorlanchari* su voutron general.

(Pour le vagabondage, je suis votre général.)
Id., *Ballon d'essai*, p. 27.

GORLANCHI. L. *adj*. Vagabond, flâneur.

Gorlanches de l'indrè onte ma vieilli more
Me fit vére lo jour.

(Vagabonds du pays où ma vieille mère — M'a fait voir le jour.)
Id., *Ballon d'essai*, p. 25.

GOUGIE. F. *v. a.* Ebranler, remuer.

Un rond de tabla ente migeou me breyse ;
Lou *gougie* pas crainti qu'o renverseyse.

(Un rond de table sur lequel je mange mes rogatons, — Ne l'ébran-
lez pas, de peur qu'il ne se renverse.)
Ant. CHAPELON, *Inventoirou*, p. 246.

Si vous *gougie* tant se po la teta , vous m'alla decuchie et tout
lou mondou *gougearat* la teta coutha vous.

(Si vous branlez tant soit peu la tête, vous allez me perdre de réputation, et tout le monde branlera la tête comme vous.)
CHAPELON, *Epit. à M. de St-Priest*, p. 113.

Limousin : « *goudza, v. n.* Se dit d'une chose qui ne tient pas ferme dans l'endroit où elle est enfoncée. *Goudza din lou mantse ;* Branler au manche. » Dict. de Béronie.

GOUR, GOURD. L. et F. *s. m.* Trou rempli d'eau, gouffre dans une rivière. On le dit particulièrement d'un lieu disposé dans une rivière pour y attirer et prendre les poissons.

> Alor o pechara deins cou *gour* a son aiso.

(Alors il pêchera dans ce trou à son aise.)

> ROQUILLE, *Discours.* p. 6.

Il est très-fréquent dans notre province comme désignation de lieu : *Le gour d'enfer*, chute du Furens, près de Saint-Etienne. — *Le grand gour de Mousu* (Roquille, *La Gorlanchia*) — *Le gourd à Bertaud* (Cochard, *Notice sur Loire*).

— P. dauphinois.

> L'esperit n'ayant pru l'honeta ocupation
> Qu'u l'aviet a cherchie lou pleisi de natura.
> S'est aussito lancia a la malaventura
> Din lo *gour* de maufat.

(L'esprit n'ayant plus l'honnête occupation — Qu'il avait en cherchant les plaisirs naturels,—S'est aussitôt lancé à la malaventure — Dans le gouffre des méchantes actions.)

> *Lo Batifel de la gisen*, p. 37.

Languedoc : *gour, gourp, gourgo* —Limousin : *gour*.

— P. du Rouergue.

> Al bord d'un pichot *gourp* jettares la lignetto.

> PEYROT, *Georg. patoises*, p. 79.

Provenç. : *gourg, gour*.

> En gros *gours* s'y pren lou gros pey.)

(Dans les gros trous on prend les gros poissons.)

> *La Bugado prouensalo.*

Roman : *gore*. — *Gore* es loc preon dins fluvi ; Gour est lieu profond dans un fleuve. (Raynouard).

Catalan ; *gorg*. — Italien : *gorgo*.

La plupart des Dictionn. le font dériver du latin *gurges*.

Basse latin. « *gordus*, Gurges, locus in fluvio coarctatus piscium capiendorum causâ : *gors*, *gort* et *guort*. » Gloss. Ducange.

Le Diction. de l'Acad., 1835, a retenu *gord* dans le sens de Pêcherie, lieu disposé pour la pêche. C'est une acception restreinte de cet ancien mot qui est resté dans nos patois avec son sens beaucoup plus général.

GOURD. l. *adj.* Engourdi , perclus par le froid ; lourd , inepte.

On trouve cet adjectif fréquemment appliqué comme sobriquet à des personnages lyonnais.

Vers **1555**, la veuve de Jean Cléberg se maria en troisièmes noces à noble Claude Vincent, dit *le Gourt*.

Sur ce mot, M. Breghot du Lut , dans sa Notice de l'Homme de la Roche, *Archiv. histor. du Rhône*, t. V, p. **297**, et *Mél.* , t. I , p. **234** , a la note suivante : « Lisez *gourd*. Ce mot, qui remonte à la plus haute antiquité , puisqu'il vient de l'ancien espagnol *gurdus* (Quintilien, *Instit. orat.*, I, 5), signifiait Roidi , perclus, rendu immobile par le froid. Il n'est plus usité. *Engourdir*, *engourdissement*, *dégourdir*, etc., lui ont survécu. Ce sont des rejetons qui conservent leur vigueur, quoique la racine ait péri. »

Le passage de Quintilien rappelé par M. Breghot du Lut porte : « *gurdos* quos pro stolidis accipit vulgus ex

Hispania duxisse originem audivi. » Il prouve, quelle que soit l'origine première du mot, que le peuple à Rome disait *gurdus* dans le sens de Sot, épais, inepte.

Le langued. dit *gourd*, dans le sens de Gras, bien nourri, et dans le sens de Engourdi. L'espagnol et le portugais disent *gordo* seulement dans le premier sens.

En bas breton, *gourd* signifie Rude, inflexible ; et *gour* est un vieux mot à peu près inusité aujourd'hui, qui signifiait Homme, personne. Si pareille expression se retrouvait dans la langue de l'ancienne Espagne, on aurait là une explication du fait indiqué par Quintilien. Le peuple romain se serait servi dans un sens injurieux d'un mot qu'il entendait fréquemment sortir de la bouche des Espagnols. C'est un procédé que les peuples ne s'épargnent guère les uns aux autres. C'est ainsi qu'en France le peuple appelle les Anglais *Goddam*, les Allemands *Meinherr*, etc., etc.

Le Diction. de l'Acad., 1835, a conservé *gourd*, mais seulement au sens de Perclus par le froid, et comme usité dans cette locution : *Avoir les mains gourdes*. Il est certain que le mot avait autrefois en français et a conservé encore dans nos patois une signification beaucoup plus étendue.

GOURRER, tromper. — V. AGOURRA.

GOURRINA. F. V. N. Rôder, vagabonder, aller en quête.

> Vous savez que vou ev una misera,
> Quand o va *gourrina* chiez le gens.

(Vous savez que c'est une misère — Quand on va quêter chiez autrui.)
CHAPELON, *Mi de Moi*, p. 149.

Langued.: *gourina, gourrinar* ; Errer, battre le pavé.

Provenç.: *gourrineja*.

Per camina dins l'oumbro et per *gourrineja*.

(Pour cheminer dans l'ombre et pour vagabonder.)

Mireio, ch. v.

GOURRIN. F. *adj. employé substant.* Pauvre diable, vagabond.

Vou n'y a rai de *gourrin*, tant *gourrin* seya-t-ai,
Que ne prete sa men, si o n'a rai de metai.

(Il n'y a point de pauvre diable, si pauvre soit-il. Qui ne prête pour cela son bras, s'il n'a point de métal, *point d'argent*.)

CHAPELON, *Requête*, p. 214.

Basse latin.: « *Gorrinare*; Decipere, surripere; undè *gorrinus*; Subductor., raptor fraudulentus; Gall. Escroc. *Litt. remiss.*, an 1395. Dicens quod ipse non erat vispilio *gorrinus*, nec consueverat aliquem *gorrinare* vel decipere. » Gloss. Ducange.

GOYETA, GOYARDE. L. *s. f.* Petite serpe de vigneron.

L'un armo d'in tranche, l'autro d'ina *goyeta*.

ROQUILLE, *La Gorlanchia*, p. 40.

Goyarde est cité par M. Breghot du Lut, *Mél.*, t. II, p. 66.

— P. mâconnais.

Avu de sarpe et de *goyete*.

Noëls mâconnais, p. 57.

Anc. franç.: *goiart, goie, gouet, goy*; Serpe, petite faux, petite bêche (Roquefort).

J'empoignay d'allegresse un *goy* dedans la main.

RONSARD, *Eglog*.

Basse latin.: » *Goia*; Falcis species; Gall. Serpe, alias goie, goe, goy, goye. *Litt. remiss.* 1456. Le suppliant feri un coup d'un *goy*, autrement appelé Vougesse....

Hinc diminutivum *gouet. Gouyer*, eodem sensu. *Goyardus*, nostris *goyart*; Falcis species. *Litt. remiss* 1405. Un *goyart* que le suppliant avoit accoustumé de porter quand il aloit dehors abattre ou couper les buissons et hayes. *Guoya*: Falcis species; Gall. Serpe; alias *goie*. » Gloss. Ducange.

V. aussi le Gloss. des Noëls de La Monnoye, v° *gouiso*, Serpette.

GRAFFIGNER. V. Egrafiner.

GROLE, groula. L. et F. *s. f.* Vieux soulier, savate.

> Douey vieille *groule* et dou matru soula,
> Vou l'y a doux ans que le i lio carrela.

(Deux vieilles savates et deux mauvais souliers, — Il y a deux ans que je les ai fait ressemeler.)
Ant. CHAPELON, *Inventoirou*, p. 248.

> Meynats, faudra passa la *groula*.
> (Enfants, il faudra faire courir la savate.)
Ant. CHAPELON, *Bobrun*, p. 241.

(*Passa la groula* désigne un jeu qui consiste à faire courir un soulier parmi les joueurs placés en rond, tandis que l'un d'eux cherche à deviner quel est celui qui le détient. L'éditeur de Chapelon de 1779 raconte qu'à St-Etienne les gens qui passaient la nuit auprès d'un mort se divertissaient de cette façon.)

> Quand soune avouai lous ans l'houra de la resoun,
> Von n'y veut guerou mais qu'au toué de sa maisoun;
> Vou ame soun chïn, soun chat, soun canarit, ses *groules*

(Quand sonne avec les ans l'heure de la raison, — On ne voit guère plus loin que le toit de sa maison; — On aime son chien, son chat, son canari, ses pantoufles.)
Chansons de Philippon, 1853, p. 74.

« *Groles*, dites Mauvais souliers. » Molard, 1803.

Langued. et provenç.: *groulo, groula.*

> Touto sabato ven *groulo.*
> (Tout soulier devient *grole.*)
>
> *La Bugado prouensalo.*

(Les mots *sabato* et *savato* ont pendant longtemps désigné, dans le midi de la France, ce qui s'appelle aujourd'hui un Soulier, et n'ont pris qu'assez tard l'acception méprisante qu'ils ont de notre temps : on disait alors *groulo* pour Mauvais soulier.)

Anc. franç.: *groules, grolles* ; Savates, pantoufles. (Roquefort).

Basse latin.: « *Grolerius,* Veteramentarius, sutor ; Gall. Savetier ; Provinc. et Occit. *groulier.* » Gloss. Ducange.

Lou groulie bel esprit ; le Savetier bel esprit, par Pelabon, est une des comédies en dialecte marseillais les plus connues : elle est de la fin du siècle dernier.

GROLLON. l. *s. m.* Grosse savate.

> Car des souliers tout neufs, me semble, valent plus
> Que tous les vieux *grollons* qu'on vend au Pipelus.
>
> *Visite à l'Exposition,* p. **3.**

GOURLA. l. *s. f.* Comme *grola ;* Savate, vieux soulier.

> Alor l'einfortsuno plus jauno qu'ina courla
> Degniche de son coin, ein trerassant la *gourla.*

(Alors l'infortuné, plus jaune qu'une courge, — Sort de son coin en trainant la savate.)

> ROQUILLE, *Lo deputo manquo,* p. **27**

GOURLEYI. l. *v. a.* Frapper d'un coup de savate.

> Par in hommo paré s'etre vu *gourleyi !*

(Par un homme pareil s'être vu frappé d'un coup de savate !)

> ROQUILLE, *Les Ganduaises,* p. **8.**

GUINOCHI, ɢᴜɪɢɴᴏᴄʜɪ. ʟ. et ꜰ. *s. f.* Détente d'une arme à feu ; pièce de fer qui fait partir le chien quand on la presse.

> Vou lai s'en trouvet un qu'en touchant la *guinochi*
> Soufflet en memou tion dedin lou bassinet ;
> Se l'y arrapet lou na et lou coupet tout net.

(Il y en eut un qui, en touchant la détente, — Souffla en même temps dans le bassinet ; il s'y prit le nez et se le coupa net.)

CʜᴀᴘᴇʟᴏN, Entrée solenn., p. 119.

> Et preparant l'eindex par tsiri la *guignochi*.

(Et préparant l'index pour tirer la détente.)

Roqᴜɪʟʟᴇ, Lo Pereyoux, p. 16.

Provenç.: *guignocha*. — Honnorat le fait dériver de *guigner*, Remuer.

Le Gloss. de Ducange donne une autre étymologie : « Ginochium, geniculum ; Gall. Genou. Ital. Ginocchio. Hinc fortè *guignoche*, Baculum recurvum vocabant nostri, cujus forma sic describitur in *Litt. remiss.*, an 1456 : Ung baston de houx fourché et reployé par le bout, vulgairement appelé *guignoche*, que le suppliant avoit fait pour soy esbattre a getter des pierres ou motes de terre au loing. »

Quelle que soit l'étymologie première du mot, on peut conclure du passage cité que la Guignoche de nos fusils qui, elle aussi, lance des projectiles, a reçu son nom par analogie avec le bâton recourbé employé jadis à lancer des pierres.

H

HARQUETA. — V. ᴀʀǫᴜᴇᴛᴀ.

HASTE. — V. ᴀᴛᴏᴜ.

HAUSTAU. ꜰ. *s. m.* Maison, domicile ; logis, hôtel.

> Chacun sen dezordre
> Lou seguit pas à pas jusqu'à dins son *haustau,*
> Autramen vez chic set, a parla couma au faut.

(Chacun sans désordre — Les suivit pas à pas jusque dans leur maison, — Autrement, jusque chez eux, pour parler comme il faut.)

Cʜᴀᴘᴇʟᴏɴ, Entrée solenn., p. 137.

— **P. bressan.**

> Pre me ze gardere l'*outo,*
> Car ze ne pou ple guer' alo.

(Pour moi, je garderai la maison, — Car je ne puis plus guère aller.)

Noëls bressans, éd. Le Duc, p. 110.

— **P. bourguignon.**

> Et peu l'*oustau* se remboito,
> To comme si de ran n'éto.

Virgille virai. ch. ᴠɪ.

Langued. : *oustaou. ostal, oustau.*

> Cad'un es meste en soun *oustau.*

(Chacun est maître en sa maison.)

D'Asᴛʀᴏs, Lou Trimfe de la lengouo gascouo.

Provenç. : *houstau.*

> Voulen plus tourna dins nostis *oustau,*
> Que noun de l'Anglès veguen la desbrando.

(Nous ne voulons plus retourner dans nos maisons — Avant que de l'Anglais nous n'ayions vu la déroute.) Mireio, ch. ɪ.

16

Roman : *hostal, ostau.*

Anc. catalan et espagnol : *hostal.* — Italien : *ostello.*

C'est notre français *hôtel.* Il vient du latin *stare, statio.* De Sauvages cite un titre latin où *stare* a exactement le sens de *haustau* : « Hoc factum in villâ S. Ægidii in *stare* Comitis Bermundi. » — V. aussi Gloss. Ducange, v° *stare, estare;* Domus ; et v° *hostilia ;* Domus, mansio.

Anc. franç. : *hosteil.*

HEURS. L. *s. m.* ?

Cochard, dans sa Notice sur le canton de Saint-Symphorien-le-Château , p. **193**, et à l'art. concernant le village de Meys, a le passage suivant :

« Les jardins étaient hors des murs du village ; aussi appelle-t-on encore le chemin qui passe au bas de l'enceinte *sous les heurs,* par corruption du mot latin *hortus* , jardin. »

Je doute fort de cette explication du mot *heurs,* parce que je ne trouve cette forme employée pour Jardin dans aucun patois des provinces voisines. On dit *huert,* en Dauphiné; *hort, houert* en Provence et *ourté* en languedocien, etc. *Courtil* et *curtil* sont les formes les plus usitées dans nos pays.

On appelait *hourds* dans la construction des châteaux au moyen âge des pièces de charpente que remplacèrent, plus tard, les machicoulis en pierre. Ne seraient-ce pas là les *heurs* de Meys ?

I

IAORE, Maintenant. — V. ORE.

INCHI. — V. ANCHI.

INQUEU, ENQUEU, ONQU'UN. L. et F. *adv.* Aujourd'hui, maintenant.

> Tu te sint mal, tu ne viorez plus gairou,
> Vou faut *enqueu* faire ton inventoirou.

(Tu te sens mal, tu ne vivras plus guère ; — Il faut aujourd'hui faire
ton inventaire.)
Ant. CHAPELON, Bobrun, p. 245.

> Tau que se tint dret
> Pot *inqueu* ou demò faire lou tracoulet.

(Tel qui se tient droit, — Peut aujourd'hui ou demain faire la cul-
bute.) CHAPELON, La Misera, p. 203.

> Car à l'heure d'*inquieu* fo pa se rapporta
> A la faussa apparence, en veiant la biota.

(Car à l'heure d'aujourd'hui, maintenant, il ne faut pas se rapporter
— A la fausse apparence, en voyant la beauté.)
SAVEL, Mar. de Jean, p. 27.

> Si l'an passo par me voz cutes d'eindulgenci,
> *Inqueu* j'oso compto su la mem' obligeanci.
ROQUILLE, Discours, p. 3.

> *Enqueu* chanta l'accord que fat lo vray bonheur.
> Pardonna noblamen ou passo son erreur.

(Chante aujourd'hui l'accord....)
Hymna à la Concorda, p. 22.

On dit maintenant à Saint-Etienne *onqu'un* , mais c'est une prononciation tout à fait dégénérée.

Si ji souais pas quoque veya dzins lou gouvernament d'*onqu'un.*

(Si je ne suis pas quelque chose dans le gouvernement d'aujour-d'hui.)

Chans. de PHILIPPON, 1853, p. 62.

Tou lou mondou fasi bombanci ,

Onqu'un sai faut creva de fon.

(Tout le monde faisait bombance; — Aujourd'hui ici il faut crever de faim.)

LINOSSIER, *Moussue Progrès*, p. 5.

— P. dauphinois.

Me bevon, me comare,

Et laisson per *enqueu* cetou menuez afarc.)

(Mais buvons, mes comères — Et laissons pour aujourd'hui ces menues affaires.)

Lu Banquet de le faye, p. 7.

Enqueu n'est autre qu'une forme locale de l'anc. français *ancui, encui, ancué*, dont le sens véritable est Aujourd'hui, dans ces jours : *eu* répondant dans nos patois à l'anc. français *hui*.

Le fene a la journa d'*eu*

Amon l'uzelcry.

Ballet forésien.

Roquefort, trompé par la syllabe *anc* à laquelle il donne le sens de Avant, a traduit *ancui* par Avant ce jour; puis v° *encui*, il a substitué à cette traduction celle de, Avant la fin de ce jour, qui n'est pas plus exacte.

V. Ducange, au Gloss. franc. v[is] *ancui, enqui, enquoi, encui.* — Gust. Fallot, p. 492, — et Lexiq. de Raynouard, v° *anc.*

On disait aussi en roman de langue d'oc *anca nuech* ;

en roman de langue d'oyl *enquenuit*; Ce soir, cette nuit;
dans plusieurs patois, *Encanot*.

— P. dauphinois.

> Eyet prou devisa, venez voz asseta ;
> Voz avri *encanot* leisi de jacqueta.

(C'est assez deviser, venez vous asseoir ; — Vous aurez ce soir loisir
de babiller.)

Pastor. de Janin, acte V, sc. III.

V. ANUY.

INTRAFICHI , EINTRAFICHI (s'). L. *v. pron.* S'enchevêtrer,
s'embarrasser.

> Musa, beta d'in lo qou detail inutsilo ;
> N'essorly pos le gins que reposont tranquilo,
> In volant t'exprimo sur lo ton reflechi :
> Porla nayivament et sins t'*intrafichi*.

(Muse, mets de côté ce détail inutile ; — N'assourdis pas les gens
qui reposent tranquilles, — En voulant t'exprimer sur le ton ré-
fléchi : — Parle naïvement et sans t'embarrasser.)

ROQUILLE, *Breyou*, p. 9.

> A forci d'allongi quela dzura semonci,
> L'orateur s'*eintrafiche* et sa voux devient ronci.

(A force d'allonger cette dure semonce, — L'orateur s'embarrasse
et sa voix devient rauque.)

Id., *La Ménagerie*, p. 16.

> Se dins s'etsant *intrafichi*.

(Ses dents s'étaient enchevêtrées.)

Id., *Ballon d'essai*, 36.

Langued. : *entrafegar*. — Limousin : *entrafigar*. —
Embarrasser, intriguer, enchevêtrer.

IORE, Maintenant. — V. ORE.

J

JAIVI. F. GÈVE. L. *s. f.* Cage.

La *jaivi* d'un uzai qu'a ben prou de cousins.

(La cage d'un oiseau qui a beaucoup de cousins, *d'un couvou*)

CHAPELON, *Testam.*, p. 179.

Aucuns buydons, *geves* ou cages a tenir poulailles.

PARADIN, *Hist. de Lyon*, p. 191.

— P. dauphinois : *geivi*.

Et comme un passerat cicapa de la *geivi*.

(Et comme un passereau échappé de sa cage.)

Lo *Batifel de la gisen*, p. 31.

Langued. et provenç.: *gabi, gabio, gabia.*

Vau may istar oussou de bouesc qu'oussou de *gabi.*

(Il vaut mieux être oiseau de bois qu'oiseau de cage.)

La *Buyado prouensalo.*

Roman : *gabia.*

Catalan : *gabia.* — Italien : *gabbia.*

Basse latin.: *gabia, gaia, jaia.* V. Gloss. Ducange.

Anc. franç.: *gaiole, jajeole, jaiole.*

JALENA, ZALENA. F. *s. f.* Poule.

O l'allave de not apia quauque *jalena*
Qu'au venit peu mingie entre lu et sa fena.

(Il allait de nuit marauder quelque poule — Qu'il venait ensuite
manger avec sa femme.)

Jac. CHAPELON, *Educ. dos effans*, p. 268.

> Adude dins noutron pancy
> De zieux ou de *jalène*.

(Amenez dans notre panier — Des œufs ou des poules.)

> CHAPELON, *Mi de moi*, p. 152.

> La babarauchy et lou drot
> Que farit de tous lou juchie
> Le *zalène* zevarachie.

(Le fantôme et l'épouvantail — Qui ferait de tous les juchoirs — Fuir les poules en désordre.)   *Ballet forésien.*

— P. dauphinois : *gialina*.

> Vou zcussia veu ciplet remena le babine,
> Eicarterié chapon, cicropiona *gialine*.

> *Lo Batifel de la gisen*, p. 29.

Langued. et provenç.: *galino, gallina.*

> Va ben mau dedins un houstau,
> Quand la *galino* fa lou gau.

(Une maison va bien mal — Quand la poule fait le coq.)

> *La Bugado prouensalo.*

Roman : *galina.*

Catalan, espagnol et italien : *gallina.* — Portugais : *gallinha.* — Latin : *gallina.*

Anc. français : *geline, gheline.*

> Je vous avois piéçà bien dit, de par tous les diables, que vous lissiez fermer nostre poullier, où la martre a mangé trois de nos mères *gelines* couveresses.

> *Les XV joies de mariage.*

Geline a été conservé comme vieux par le Dictionn. de l'Acad. 1835.

JALENEY. F. *s. m.* Poulailler.

> Si eyl'ant quauque jalena
> Au *jaleney*.

(S'ils ont quelque poule — Au poulailler.)

> CHAPELON, *Noel V*, p. 87.

Anc. franç.: *gelinier.* « Le suppliant monta en un *gelinier* où il y avoit deux gelines, lesquelles il tua. » *Lett. remiss.*, 1399. — V. Gloss. Ducange, v° *gallinarium.*

JAMBEROTTE. L. Sauter, marcher à la *jamberotte*, c'est Sauter, marcher sur une seule jambe, *à pied coupé*, comme on dit dans d'autres provinces.

Cette locution est citée par Molard, 1803.

Jamberotte est une forme francisée de l'italien *gamba rotta*, Jambe rompue, jambe cassée. Son origine est absolument semblable à celle du français *banqueroute*, en italien *banca rotta*.

JANGOLLIE, JANGOUILLIE. L. et F. *v. n.* Bavarder, parler à tort et à travers ; railler.

> Je vio que bien de gen se firont grand pleysir
> De vous entendre tous *jangouiller* a lisir.

(Je vis que bien des gens eurent grand plaisir — A vous entendre tous babiller à votre aise.)

Chapelon, Thèse, p. 226.

> La viala et lous chamins criant pleins d'etrangier
> Que s'en tourneront tous sens oza *jangouillier.*

(La ville et les chemins étaient pleins d'étrangers — Qui s'en retournèrent tous sans oser se moquer.)

Id., Entrée solenn., p. 137.

Dans sa Notice sur Condrieu, p. **104**, Cochard cite *jangollie* comme appartenant au patois de cette ville. *E jangollie*; il ne sait ce qu'il dit.

Langued. : *jangoular, janguecillar.*—Anc. provenç. : *janglar.*

Roman : *janguelhar*; Médire.

Anc. franç.: *jangler, jengler, gengler*; Mentir, jaser, railler.

Quant nous avons longuement *janglé* et parlé avec les aultres.

L'Internelle consolation, III. ch. xx.

Basse latin.: « *Jangularia*; Garrulitas, nugæ, a veteri gallico *jangle*, undè *jangler*, Garrire, vulgò Jaser, caqueter. *Litt. remiss.*, 1389. Comme iceux se feussent prins à parler et *jangler* ensemble de guerres, impositions et gabelles. — *Joculari*; Jocari a Joculus pro Jocus. Nostris alias *gengler*. *Litt. remiss.*, 1410. Lequel Grimaut dist à icellui Vincent : Pourquoy ne s'en viennent Jehannin et Collinet, et que puent-ils tant *gengler* après nous ? » — Gloss. Ducange.

JARTOU. F. JARDOU. L. *adj.* Bancroche, qui a les jambes torses.

Lou pru groulut, lou pru *jartou.*
(Le plus difforme, le plus bancroche.)

Ballet forésien.

Bossua, torsa, guerly, bigueyzy,
Jartouza, goueitrouza, puneyzy.

Id.

A dzizié que to trez efans
Etsant *jardoux* et degotans.

(Il dise't que tes trois enfants — Etaient bancroches et dégoûtants.)

ROQUILLE. *Les Ganduaises*, p. 16.

C'est la forme patoise de l'ancien français *jarreté*, Qui a les jarrets coupés, mot qui a été conservé par le Diction. de l'Acad., 1835, mais avec un sens restreint : « *Jarreté*; il se dit de tout quadrupède qui a les jambes de derrière tournées en dedans et si peu ouvertes que les deux jarrets se touchent presque en marchant. *Je ne veux point de ce mulet, il est jarreté.* »

Basse latin.: « *Esgarrare ;* Poplites incidere ; nostris *esgarter, esjarrer, esgerreter* et *esjarreter.* Joinville, *Vie de saint Louis,* édit. imp. roy., p. 69. « Monseigneur Raoul de Wanon avoit esté *esjarreté* à la grand bataille. » Gloss. Ducange. V. aussi v^{is} *sgarretare* et *sgarlatare.*

JARTURA, JARTSURA, JARTZURA. F. *s. f.* État d'un objet qui est brisé, défiguré, tordu.

> Iquelous biaux chavios et lour genta coueffura
> Qu'ey sont evarachis et coumat ey fant *jartura.*

(Ces beaux cheveux et leur jolie coiffure, — Comme ils sont en désordre et tout défaits.)

Ant. CHAPELON. *Caracterou de le filles.* p. 237.

> Seun chapais fit tant *jartsura*
> Qu'au n'osait plus s'ou sarvi.

(Son chapeau fut si défiguré — Qu'il n'osa plus s'en servir.)

Chans. de PHILIPPON. 1853, p. 60.

> Faide un miraclou ou dous par ma candzidatzura
> Par que moun moundou et me ne fasiant plus *jartzura.*

(Faites un miracle ou deux pour ma candidature, — Afin que mon monde et moi ne marchions plus à l'inverse l'un de l'autre.)

Id., id., p. 66.

JASERON. L. *s. m.* Chaîne de cou à mailles et en or que portaient jadis presque toutes les femmes de nos campagnes. C'était leur bijou de fondation, et le nombre des rangs de la chaîne indiquait la richesse ou le luxe de la maison.

M. Breghot, qui cite ce mot, *Mél.*, t. II, p. 66, dit qu'on le trouve dans plusieurs décrets, instructions et ordonnances relatifs à la garantie des matières d'or et d'argent.

On disait en anc. français *jaseran.* Le mot avait d'abord servi à désigner les cottes de maille des hommes de guerre :

L'osberg *jazerenc :* (le haubert jaseran.)
Chanson de Roland, ch. iii, v. 210.

Il devint ensuite, par imitation, le nom d'un bijou qui avait une disposition analogue.

Juno m'a donné charge en passant que je luy apporte quelque dorure, quelque *jaseran*, ou quelque ceincture à la nouvelle façon, s'il y en a point là-bas.
Bonav. Des Periers, *Cymbalum mundi*, dialogue I.

C'est ce qui est très-bien expliqué par La Monnoye dans le Gloss. de ses Noëls au mot *gorgeire* : « Les gorgères
« des femmes avoient emprunté leur nom des gorgères
« des gens de guerre, lesquelles faisoient partie de l'ar-
« mure, et c'est ce que depuis on a nommé Hausse-cou.
« Il en est de même des *jaserans*, ou colliers tissus les
« uns à maille d'or, les autres à maille d'argent, à la ma-
« nière des jaserans de guerre, ainsi nommés parce que
« c'étoient des cottes tissues à mailles d'acier, en espa-
« gnol *azero*, d'où le mot *jazeran* ainsi écrit ancienne-
« ment a été formé. Ces colliers ou jaserans étoient plus
« ou moins ornés suivant la qualité des personnes. »
Langued. : *jhazeran ;* Collier de femme, bracelet.
Roman : *jaseran ;* Cotte de mailles.
Espagnol : *jacerino.* — Italien : *ghiazzerino.*
V. aussi Gloss. Ducange, v° *jazeran.*

JICLO. — V. giclo.

JIN, gin. l. et f. *conj.* Point, ne pas, rien. — Et *adj. rel.*, Personne, aucun.

A n'iquel empoucison vou n'ya *gin* de remedou.

(A ce poison il n'y a point de remède.)
Ant. Chapelon, *Caracterou de le filles*, p. **234**.

Vou n'y a *gin* de si bella.

(Il n'y en a point d'aussi belle.)

CHAPELON, Noël I, p. 77.

Vou se ly e trouvat de gens que ne gatont *gin* de bericlou.

(Il s'y est trouvé des gens qui n'usent point de lunettes.)

Id., *Epit. à M. de St-Priest*, p. **112**.

La mort ne fazant *gin* de graci,

A cha po tout changeai de placi.

(La mort ne faisant point de grâce, — Peu à peu tout changea de place.)

Chans. de PHILIPPON, 1853, p. 32.

Ou gni faut san retar treuva de numeraire;

A n'a *jin* dans sa borsa, ou gni au faut emprunta.

(Il lui faut sans retard trouver du numéraire; — Il n'en a point dans sa bourse, il lui faut en emprunter.)

SAVEL, *Mariage de Jean*. p. **33**.

Y n'ant *jin* fat de mò par etre ainsi pugnis.

(Ils n'ont point fait de mal pour être ainsi punis.)

ROQUILLE, *Breyou*. p. 25.

N'esporgnons *jin*; ovet l'odre do re.

(N'épargnons personne; c'est l'ordre du roi.)

Id., id., p. 81.

Enfin o tout lo jue vos qu'aides loz atouts;

Que *jin* ne pont riquo, vo que lo riquo tous.

(Enfin à tous les jeux vous qui avez les atouts, — Vous qu'aucuns ne peuvent battre et qui les battez tous.)

Id., *Discours*, 1858. p. 9.

— P. dauphinois : *gin*.

Veicy un terriblo sabat;

N'est *gin* a mon avis per fare

De le pòre gen louz afare.

(....Ce n'est pas, à mon avis, pour faire — Des pauvres gens les affaires.)

La Vieille Lavandière, p. **55**.

Ne vaut *gin* la pena de vou tan demena.

(Ce n'est pas la peine de tant vous démener.)

Dial. de le quatro comare.

Langued. : *Jhes.* — *Jin*, dans Aubanel de Nimes.

Provenç : *gen*, *gis*, *ges*.

Roman : *gens*, *ges*.

Ella s fen sorda, *gens* a lui non atend.

(Elle se feint sourde, point à lui ne fait attention.)

Citation du Lex. de Raynouard.

Catalan : *gens*.

Suivant Honnorat, qui a suivi en cela l'opinion d'autres étymologistes, « *ges* fut d'abord dit pour *gens*, « Gens ; puis, à l'imitation du *minimè gentium* des « Latins, on l'employa dans le sens de Point, en le joi- « gnant à une particule négative : Nullement, aucu- « nement. »

Je ne puis me persuader que notre *jin*, *gin*, ait la moindre parenté avec le latin *gens* et le *minimè gentium*. Je n'y vois qu'une prononciation locale de l'ancien français *nient*, Rien (italien, *niente*) pour lequel on disait aussi *giens*.

Li reis Yram vint veer sa terre et ces chastels, mais *nient* ne li plourent.

(Egressus est Hiram de Tyro ut videret oppida quæ dederat ei Salomon et non placuerunt ei.)

Les IV Livres des Rois, liv. III, ch. ix, p. 269.

Puis avint que la riviere sechad, kar *giens* de pluie ne vint en terre. (Post dies autem siccatus est torrens, non enim pluerat super terram.) Id., liv. III, ch. xvii, p. 310.

Mis sires ne volt *giens* prendre Naaman. (Mon maitre n'a rien voulu recevoir de Naaman. — Pepercit Dominus meus Naaman Syro isti ut non acciperet ab eo quæ attulit.)

Id., liv. IV, ch. v, p. 364.

K

KARE, Chercher. — V. QUARRE.

L

LA. F. LO. L. *s. m.* Côté.

> Fezon tou dou a qui myo myo,
> Te de ton *la* et me do myo.

(Faisons tous deux à qui mieux mieux, — Toi de ton côté et moi du mien.)

Ballet forésien.

> Iquen cy ma fey lou vrai *la*,
> Par s'alla faire pendoula.

(Ceci est, ma foi, le vrai côté, *le vrai moyen,* — Pour aller se faire pendre.)

Jac. CHAPELON, *Contrition d'un fénéant*, p. 272.

> J'ai mon chaliet que ne tint que d'un *la*.

(J'ai mon bois de lit qui ne tient que d'un côté.)

Ant. CHAPELON, *Invent.*, p. 245.

> L'a emmena
> Do *la* de Tarantaisy.

(Il l'a emmenée — Du côté de Tarantaise.)

CHAPELON , *Chanson* , p. 165.

> Veyouns tout do boun *la*.

(Voyons tout du bon côté.)

Chansons de PHILIPPON, 1842, p. 19.

Cependant ou ne faut viri de quoque *là*.

(Cependant il nous faut nous retourner de quelque côté.)

SAVEL, Mar. de Jean, p. 3.

Marchant d'in po lygi, lo cosquo suz in *lo*.

(Marchant d'un pas léger, le casque sur un côté, sur l'oreille.)

ROQUILLE, Ballon d'essai, p. 14.

De tous los *los* dija depond la villi corda
Dont j'aytions encoblos par la laidi discorda.

(De tous les côtés déjà se défait la vieille corde — Dont nous étions
liés par la laide discorde.)   *Hymna à la Concorda*, p. 27.

Roman : *latz*, Côté.

Anc. catalan : *lat*. — Espagnol et portugais : *lado*. —
Italien : *lato*. — Latin : *latus*.

Anc. franç.: *lé*, *lez*. Il est substantif, Côté :

Le pauvre homme sans dire mot
S'enfuyra en un autre *lé*.

Les droits nouveaulx sur les femmes. Anc. poés. fran-
çaises, t. II, p. 125.

et adverbe, A côté de, auprès de. C'est en ce sens qu'il
est employé dans les noms de lieu, *Plessis lez Tours*.
Villeneuve lez Avignon.

V. Gust. Fallot, *Recherch.*, p. 546. V. aussi le Gloss.
Ducange, v^is *latus* et *leda*.

Nos paysans, pour désigner un individu frappé d'une
paralysie partielle, disent énergiquement qu'il est *mort
d'in lo*, mort d'un côté.

LAINGAINA, LINGAINA. F. *s. f.* Bande d'étoffe.

A veire sur lour front *laingaina* sur *lingaina*,
Vou ci si bien arrangi qu'o semble una quinquaina.

(A voir sur leur front bandelette sur bandelette, — Tout est si bien
arrangé qu'il semble que ce soit une quintaine.)

CHAPELON, La Misera, p. 196.

Provençal : *lingueina*.

Ce mot peut venir de *lingua*, Langue, qui est souvent synonyme de Bande, par exemple, une Langue de terre ; ou de l'ancien français *linge*, *lingre* ; Menu, mince, délicat, d'où *lingeané*, Qui est rendu mince et léger. (Gloss. de Roquefort.)

LAMOU. F. LOMO. L. *adv.* Là haut.

> Lou bon Dio après la maladi
> Nous menara *lamou* dedin son paradi.

(Le bon Dieu, après la maladie, — Nous mènera là haut dans son paradis.)

CHAPELON. *La Misera*, p. 202.

> J'ai *lamou* su ma cheminea
> Lou gran saprou de Patassoun.

(J'ai là haut sur ma cheminée — Le grand sabre de Patasson.)

LINOSSIER, *Moussue Progrès*, p. 7.

> T'esse sur de monto par qui *lomo* din nau.

(Tu es sûr de monter ainsi là haut, *en paradis*.)

ROQUILLE, *Ballon d'essai*, p. 14.

— P. dauphinois : *la mon*.

> La *mon* u près de Venci en tirant vers Chatroussa.

(Là haut auprès de Vence, en allant vers Chartreuse.)

Lo Banquet de le faye, p. 1.

Langued. et provenç,: **ailamoun, eilamount.**

Lamou et *lomo* sont des composés altérés du roman *amon*, En haut ; littéralement, A la montagne. On disait en anc. français *amont*, pour le contraire de *aval* et pour signifier le Côté d'où la rivière vient. Le Dict. de l'Acad. 1835 l'a rapporté, mais en expliquant qu'il n'est plus usité que dans le langage des gens de rivière.

LARMUSA, LARMUZA. F. LARMISE, LARMUYSE. L. *s. f.* Lézard gris des murailles.

> L'un pren un mousqueton et l'autre un'arquebusa
> Par tua de parpallons ou ben quauque *larmusa.*
> CHAPELON, *Entrée solen.*, p. **119**.

> Gras couma una *larmuza.*
> CHAPELON, *La Careyma*, p. **187**.

M. Breghot du Lut, qui cite *larmise, larmuyse, Mél.*, t. I, p. **226**, l'a trouvé dans une traduction, imprimée à Lyon au XVIe siècle, d'un ouvrage italien d'Isabelle Sforza, intitulé *De la vraye tranquillité d'esprit* :

> Ne te deulx, père, d'avoir perdu ces yeulx qui te estoient communs avec les mouches et les *larmuyses* et avec les sourys.

Larmise et *larmuse* sont cités dans le Dict. des expressions vicieuses des Hautes-Alpes.

Provenç : *larmusa*. Honnorat y voit une abréviation de *lagramusa*, qui a le même sens dans plusieurs dialectes du midi de la France, et qui ne serait lui-même qu'une transformation de *lagart mura*, Lézard des murs. Catalan : *llagart.* — Espagnol et portugais : *layarto.* — Latin : *lacerta.*

LEEN. F. LEANS. L. *adv.* Là dedans.

> Y diont qu'cyl'cy *léen,*
> Dedins un chiratey.

(Ils disent qu'elle est là dedans, — Dans une masure.)
CHAPELON, *Noël I.* p. **78**.

> Et même jusqu'à leurs enfans,
> Tous étoient bien reçus *léans.*
> *Noël sur la maladie contagieuse de* 1581.

— P. dauphinois : *leyen.*

> *Leyen* coma d'anchois lo mondo ere chouchat.

(Là dedans on était pressé comme des anchois.)
BLANC LA GOUTTE, *Epître sur les réjouissances*, p. **20**.

— P. bressan : *léem*.

> La Matia se coitave
> De risola *leem*
> Peyre, chatagn'e rave
> Au Di de Betleem.

(La Mathia se pressait — De rissoler à l'intérieur — Poires, châtaignes et raves — Pour le Dieu de Bethléem.)

> Noël de Vaux. — *Noëls bressans*, éd. Le Duc, p. 121.

Léans était en anc. français le contraire de *céans*, et tous deux étaient composés de la même manière : *lai ans*, Là dedans ; *çai ans*, Ici dedans. On disait aussi *léenz, laiens, laïans*.

Léans a encore été donné par Boiste ; mais il n'est plus au Dictionn. de l'Acad. de 1835.

LENGUN, LEINGUN, LINGUN, LEIGUN, LEGUN. F. *adj.* Aucun, *avec ou sans négation.* Personne, nul.

> *Lengun* n'entreprondra ce que n'entreprondrons.

(Personne n'entreprendra ce que nous entreprendrons.)

> CHAPELON, *Entrée solenn.*, p. **117**.

> *Leingun* n'at eu tant de temeritat que met.

> CHAPELON, *A M. de St-Priest*, p. **113**.

> Vouci vrai que la vartu ne sat plus ou s'econdre ;
> Tou lou mondou la fut, *lengun* l'y vot repondre.

(Il est vrai que la vertu ne sait plus où se cacher ; — Tout le monde la fuit, personne ne veut lui répondre.)

> Id., *La Misera*, p. **190**.

> Par malheur vou n'y aït *lingun* par lou défondre.

(Par malheur il n'y avait personne pour les défendre.)

> *Poëme sur le 9 thermidor.*

> *Legun* ne me cret plus, *legun* n'a po de met.

(Personne ne me croit plus, personne n'a peur de moi.)

> Chans. de PHILIPPON, 1853, p. **65**.

Mais qui chople *legun* pot bien viore ou repo.

(Mais qui ne foule personne peut bien vivre en repos.)

Id., id., p. 75.

Sans onportchuna *leigun*.

(Sans importuner personne.)

Lanossier, *Moussue Progrès*, p. 3.

Cette forme est particulière au dialecte forésien. Le lyonnais disait *nigon*; plusieurs dialectes voisins disent *nengun*, *negun*; d'autres *degun*. — V. ci-dessous Nigon.

LENCIO, lensio. f. Linge de lin, drap de lit.

Par de *lencio* n'ai jamais eu de troupe ;
N'ay trey piassit que sont je crey d'étoupe.

(Pour des draps, je n'en ai jamais eu beaucoup ; — J'en ai trois déchirés qui sont, je crois, en étoupe.)

Ant. Chapelon, *Bobrun*, p. 245.

Un gro vio
L'envorpe et lou rigotte
Dins un carou de *lensio*.

(Un gros vieux — L'enveloppe et le réchauffe — dans un morceau de linge.) Chapelon, Noël II, p. 80.

— P. dauphinois : *leincieu, lenceu.*

Lous uns de lor *leincieu* fazian posa de tente.

(Les uns avec leurs draps faisaient poser des tentes.)
Blanc la Goutte, *Epit. sur les réjouissances*, p. 4.

Linceul, anc. franç. *linceu* et *linsuel* était jadis usité dans le même sens général. C'est depuis le XVIIe siècle qu'il signifie exclusivement le Drap dans lequel on ensevelit un mort.

Langued. : *lensaou.* — Provenç. : *linsoou.*

Aco dit, sauto leu de soun blanc *linçoulet.*

(Cela dit, elle saute légère de son petit drap blanc.)

Mireio, ch. viii.

Roman : *linsol.*

Catalan : *llensol.* — Portugais : *lançol.* — Italien : *lenzuolo.* — Latin : *linteolum.*

Basse latin. : « *lenziolus, lenzolus, lenzonum ;* Linteum lecti. Gall. Linceul. » Gloss. Ducange. V. aussi V^{is} *lensia, lencius.*

LENTIBARDANER. *v. n.* SE LENTIBARDANER. *v. pron.* L. Lanterner, flâner; perdre son temps à des riens.

> Puisque le magasin ne peut rien nous donner,
> Eh ben, profitons-en pour *lentibardaner.*
>
> *Les Embell. de Lyon,* p. 4.

LENTICANER. *v. n.* SE LENTICANER. *v. pron.* sont comme les précédents fort employés dans le langage canut et avec le même sens.

Le Diction. de l'Acad. a *lantiponner* qui, ainsi que *lanterner*, a beaucoup d'analogie avec eux.

LINGAINA. — V. LAINGAINA.

LINGUN. — LENGUN.

LIORA. F. LOIRA. L. *s. f.* Lièvre.

> Qnand ey m'ayant nouma, courin couma una *liora.*

(Quand ils m'avaient nommé, je courais comme un lièvre.)
Jac. CHAPELON, *Educ. dos effans,* p. 265.

> Parlons de noutre fiore
> Que sai mettont le gens plus lestous que le *liore.*

(Parlons de nos lièvres — Qui ici rendent les gens plus lestes que des lièvres.)
CHAPELON, *La Misera,* p. 201.

> Voué ce que rond les geons porous couma de *liores.*

(C'est ce qui rend les gens peureux comme des lièvres.)
Chans. de PHILIPPON, 1853, p. 75.

Cochard, dans sa *Notice sur Condrieu*, p. 104, donne *lua loira*, un Lièvre, comme usité dans le patois de cette ville.

V. notre observation sur le mot FIORA.

LIUN, Lundi. — V. LUN.

LO, Côté. — V. LA.

LOMO, Là-haut. — V. LAMOU.

LONE. L. *s. f.* Petit bras de rivière qui pénètre dans les terres et dont l'eau est à peu près stagnante.

Cité par M. Breghot du Lut, *Mélang.*, t. II, p. 67.

La *lône du Rhône* au bois de la Tête-d'Or était jadis connue de tous les Lyonnais et très-fréquentée par les baigneurs pendant l'été. Cette dénomination s'applique aux bras du Rhône dans toute l'étendue de son cours.

Langued. : *lona*, lieu où l'eau est profonde et tranquille ; Lagune, mare, flaque. (Honnorat).

Roman : *lona* ; même sens. (Lex. de Raynouard).

Anc. franç. : *laune*.

On trouve au Gloss. de Ducange *launa*, extrait d'un titre de Bourg-St-Andéol,—*lona*, extrait d'un Cartulaire de Saint-Victor de Marseille, — et *launestellus*, qui paraît être un diminutif, extrait d'un titre se rapportant à Sechilienne, près Vizille en Dauphiné.

Lona, launa, est une forme abrégée du latin *lacuna*, Fosse, Mare, qui a donné aussi notre français *lagune*.

LUN, LIUN. L. et F. *s. m.* Lundi.

> Cy gey lo rey do Palenguns
> Que tous sous jours criont de *luns*.

(Ci gît le roi des vauriens,—Dont tous les jours étaient des lundis.(

Ant. CHAPELON, *Bobrun*, p. 255.

(Chapelon veut parler de l'usage où est un trop grand nombre d'ouvriers de célébrer le lundi, en ne travaillant pas et en faisant la débauche. Ce chômage du lundi est souvent observé avec beaucoup plus de fidélité que le repos régulier et ordonné du dimanche.)

Veiquia dont ey venu l'origina do *lun*.

(Voilà d'où est venue l'origine du lundi.)

CHAPELON, *A M. de Saint-Priest*, p. 116.

Bartaud plus sageou
Chante avouais courageou.
Au soun de l'onclun,
Quand vou n'e pas *lun*.

(Bertaud, plus sage, — Chante avec courage, — Au son de l'enclume, — Les autres jours que le lundi.)

Chans. de PHILIPPON, 1853, p. 14.

Et lo *liun* revenu, l'un repique sos boux,
Los autros lous metis.

(Et le lundi revenu, l'un repique ses bœufs, — Les autres leurs métiers.)

Hymna à la Concorda, p. 29.

Lun est pour *dilun* (V. ce mot), *lunœ dies*. On peut, à ce propos, appliquer à nos pays les remarques que l'abbé De Sauvages, dans son Diction. languedocien, v° *lus*, fait sur les dénominations des jours de la semaine.

« *Lus* en vieux langage : ancien nom du second
« jour de la semaine, appelé depuis *dilus*. Les jours
« suivans s'appeloient de même aussi simplement
« *mar, mecré, jhoou, venré salé* et *merghé*. »

On trouve aussi *lus, mars, mercres*, au Lexique roman de Raynouard.

M

MA QUE. L. et F. *conj.* Pourvu que, à condition que; excepté; sinon; *littéralement*, Mais que.

Le procès-verbal de l'élection des consuls et échevins de Lyon du 13 décembre 1352 leur donne pouvoir d'établir des impôts, « *mès que* il seit del conseil et de la volunta de la majeure partia « des mestres des mestiers » (pourvu que ce soit de l'avis et de la volonté de la majorité des maîtres des métiers.)

Notes pour servir à l'hist. de Lyon, par M. Péricaud.

Lou galopin qu'a tot fat *ma que* biau ten.

(Le galopin qui a tout fait excepté le bien.)

Parab. de l'Enfant prodigue en patois de Condrieu,
par Cochard.

> Quand la misera vous talonne,
> Vou ne trouve lengun que donne.
> *Ma que* lou gros mots de couquin,
> Et de maraud et de faquin.

(Quand la misère vous talonne, —On ne trouve personne qui donne, — Autre chose que les gros mots de coquin, — Et de...)

Jac. Chapelon, Contrition d'un fénéant, p. 269.

> Dins un trablai j'ai maître Aliboron,
> De tous metiers se diont *ma que* do bon.

(Dans un tableau j'ai maître Aliboron, — Propre à tous métiers, dit-on, excepté aux bons.)

Ant. Chapelon, Bobrun, p. 246.

> Que siert-ou de jeuna lou long de la semana.
> *Ma que* de s'epuisie lou ventrou et la fontana?

(A quoi sert de jeûner tout le long de la semaine, — Sinon à s'épuiser le ventre et l'estomac?)

Chapelon, La Careyma, p. 181.

Cette locution *mais que* était fort usitée en français jusqu'au commencement du XVIIe siècle où elle fut proscrite par l'Académie dans ses *Observations sur Vaugelas.*

Je te donray ce que je t'ay promis, j'accompliray mes paroles, *mais que* tu demeures et persévères jusques à la fin loyal en mon amour.

L'Internelle Consolation, liv. II, ch. III.

Un homme sage sert bien en une telle compagnie, *mais qu'*on le veuille croire.

Comines. liv. I, ch. XII.

Mais que les bêtes ne mordent point, leur compaignie est plus plaisante que celle des hommes.

Nouv. de la Reine de Navarre, Nouv. XV.

On la trouve dans tous les patois.

— P. bressan.

> Et pi de son bon vin viu,
> Que z'è sovente fay biu,
> Et bayré, s'il plait à Di,
> *Mai qu'*i m'an vulié bali.

(Et puis de son bon vin vieux, — Que j'ai bu bien souvent, —Et que je boirai, s'il plait à Dieu, pourvu qu'il veuille m'en donner.)

Noëls bressans, édit. Le Duc, p. 6.

— P. dauphinois.

> De celci ne me chau, *ma que* tu seye miena.

(Peu m'importe cela, pourvu que tu sois à moi.)

Pastor. de Janin, act. 1, sc. I.

— P. bourguignon.

> *Ma que* tu me veuille gadai
> Lai promesse que tu m'e fai.

Virgille Virai, ch. II.

— P. provençal.

> Tant que vourras amic.

Mes que la bousso non toques.

(Ami tant que tu voudras, — Pourvu que tu ne touches pas à la
bourse.)

La Bugado prouensalo.

Le Lexique de Raynouard et le Glossaire de Roquefort en donnent plusieurs exemples.

MAI, MET, MAY, MAIS, MAIT. L. et F. *adv.* Plus, davantage,
encore, mieux.

Un po *mai* d'iquela varmina,
Sai mettrit bientôt la famina ;
Si t'y ame *mai*, prend ton parti
Tout dret vez lou Mississipi.

(Un peu plus de cette vermine — Mettrait bientôt ici la famine ; —
Si tu l'aimes mieux dirige-toi de suite — Tout droit vers le Mississipi.)

Jac. CHAPELON, *Contrition d'un fénéant*, p. 272.

Chapelon termine la jolie dédicace de ses Noëls patois *Aux effans de Sant-Etiéve* par ces mots :

Quand voutrou parent veyrant que vou alla a la messa, au cate-
cime, a l'ecola, que vou apprency bien a leyre et a preye Dio, y
vous amarant bien ; et *may* met. (...Et moi aussi.)

Lou tion m'a *mai* dura de vous avez pas veu
Que si j'aïn resta trey jours sens avez bu.

(Le temps m'a plus duré....)

Id., *A M. de St-Priest*, p. 104.

L'ombition etoffe
Mais dzun philosophe
Que se dzit counton
Dzun mouçais de pon.

(L'ambition étouffe — Plus d'un philosophe — Qui se dit content —
D'un morceau de pain.)

Chans. de PHILIPPON, 1853, p. 14.

Les mois ne leur durient pas *mai* de demi-heure.

Les Canettes, p. 17.

O y a met de tre me que n'ai po bu boteilli.

(Il y a plus de trois mois que je n'ai pas bu bouteille.)

Roquille, Ballon d'essai. p. 7.

> L'ami Blondain que fioulate cosi
> Avouai son bet mene *mait* de ramajo
> Que lou jacots de tout lo visinajo.

(L'ami Blondain qui boit de cette façon — Avec son bec fait plus de ramage — Que les perroquets de tout le voisinage.)

Id., Lo Pereyaux, p. 22.

> Menos, me vequia *mais* ; vequia lo vio garçon
> Que vient vo cancorno de vars de sa façon.

(Amis, me voilà encore ; voilà le vieux garçon — Qui vient vous débiter des vers de sa façon.)   Id., Discours, p. 3.

> O faut exagero trenta vey *mais* qu'o gnia.

(Il faut exagérer trente fois plus qu'il n'y en a.)

Hymna à la Concorda, p. 37.

Le Gloss. de Ducange relate *mais* dans ce sens comme d'un usage courant en Lyonnais : « *mais*, pro Plus, davantage, etiamnunc dicunt Lugdunenses. » Il aurait pu ajouter que la plupart des patois l'ont également.

— P. bressan.

> Bon Di, vo li av' apray
> Son devay ;
> Mai l'an vuli *mai* savay.

(Mon Dieu, vous leur aviez appris — Leur devoir ; — Mais ils ont voulu en savoir davantage.)

Noëls bressans, p. 46.

— P. bugiste.

> Ten *me* lli acordara, *me* i fara per ne,
> *Me* nos li cassarens la teta.

(Plus il nous accordera, plus il fera pour nous ; — Plus nous lui casserons la tête.)

Fables du P. Froment, p. 14.

Langued. et provenç. : *mai*. (De Sauvages et Honnorat).

Mais était aussi très-usité avec cette signification en roman (Raynouard) et en anc. français.

Repaire a tun lit et se l'um t'apele *mais*, respund.

(Retourne à ton lit et si l'on t'appelle encore, réponds. — Vade et dormi, et si deinceps vocaverit te, dices.)

Les quatre livres des Rois, liv. I, ch. III.

Il ne me fist villenie, *mais* que le père qui me engendra.

(Il ne m'a pas plus fait de mal que le père qui m'a engendré.)

Le Livre du Cheval. de la Tour, édit. Jannet, p. 56.

Le Diction. de l'Acad., 1835, l'a conservé comme familier, et seulement dans les locutions où il se joint au verbe Pouvoir par une négation ou une interrogation : *Il n'en peut mais*.

On le fait dériver du latin *magis*, et Scaliger a observé que, comme on dit en français : *Il n'en peut mais*, on disait en latin : *Non potest magis*. — V. Scaligerana sec., p. 436.

MAINA. — V. MEINAT.

MANELIER, MANILLIER. L. et F. *s. m.* Sonneur; sacristain.

Lour *manelie* beyrant si eyl ant bien travaly.

(Les sonneurs boiront s'ils ont bien travaillé.)

Jac. CHAPELON. *Testament*, p. 275.

Tous notron *manelier*
Vaut passa la not ou clouchier.

(Tous nos sonneurs — Vont passer la nuit au clocher.)

CHAPELON, Noël V, p. 90.

— P. dauphinois : *maniglié*.

Et ja lo *maniglié*
Avian carillona vepre a Sainct-André.

Lo Batifel de la gisen, p. 52.

Manelier, dans nos patois, signifiait d'abord exclusivement Sonneur, et différait de *marguillier*, nom par lequel on désignait les Sacristains et les autres individus chargés de la garde des églises.

> En memou tion je vio lous *marguillier*
> Qu'etiant segus de tous lous *manelier*.

(En même temps je vis les marguilliers — Qui étaient suivis de tous les Sonneurs.)

Ant. Chapelon, *Bobrun*, p. **241**.

Mais les deux mots se sont confondus, par suite probablement d'une confusion fréquente des deux fonctions dans les paroisses de campagne; et l'on trouve fréquemment les expressions de *manelier*, *marrelier*, et *marguillier*, employés pour désigner tantôt les Sonneurs, tantôt les Sacristains et autres gardiens de l'église, tantôt les Fabriciens. J'ai trouvé même, dans plusieurs actes du Beaujolais, *marguilliers* et *maniliers* expressément indiqués comme synonymes.

Manillier me paraît avoir le sens de Sacristain dans le passage suivant de Rabelais, liv. IV, ch. v :

> « Durant la messe seiche d'Homenaz trois *manilliers* de l'ecclise, chascun tenant un grand bassin en main, se promenoient parmy le peuple. »

et dans le compte de la dépense faite à l'enterrement de Jacques Moyron , de Lyon, 1656 , rapporté par Pernetty dans les *Lyonnais dignes de mémoire*, t. II, p. **51** :

> « Aux *manilliers* de Saint-Paul pour louage de plusieurs bancs et chaises pour ceux qui ont assisté au service. »

Le Gloss. de Ducange, v^{is} Maniglerius, *manillier ;* — matricularius, *maneglier*, *marglier* ; — marrelarius , *marlier* ; — marcaclarius, *marclier*, *mareglier*, *mar-*

guillier, donne à tous ces mots le sens de OEdituus, custos et conservator œdis sacræ.

Malgré les indications de plusieurs étymologistes, notre *manelier* ne me paraît pas se rapporter à *matricularius* qui a tout au plus produit *marguillier*. Dans son sens primitif de Sonneur, il se rattache au latin *manus*, Main ; et au roman *maneblar, maniblar ;* Manier, mouvoir, agiter. — V. ci-dessous MANILLE.

MANILLE, MANELY, MANELLI, MANEILLI. L. et F. *s. f.* Anse d'un panier et d'un vase.

> La *manely* d'un sey.
>
> (L'anse d'un seau.)
>
> CHAPELON, *Testam.*, p. 178.

> Vou fodri bere a toun poutet
>
> Sans broussoun ni *maneilles*.
>
> (Il faudrait boire à ton pot — Sans bec et sans anses.)
>
> Chans. de PHILIPPON, 1853, p. 9.

> Ein tchupin sans *manelli*.
>
> (Un pot sans anses).
>
> *Remou et Baroueni*, p. 9.

Manille est cité par M. Breghot du Lut, *Mél.*, t. II, p. 61 et 67 : il l'a noté dans un passage de Rubys, *Hist. de Lyon*, p. 402. « Portant le benot par les *manilles.* »

Langued. et provenç. : *manillo, manelha*.

Maneille est cité dans le Diction. des Expressions vicieuses des Hautes-Alpes.

Manille est rapporté par plusieurs Dictionnaires comme appartenant au langage spécial de certaines professions ; mais il n'est pas au Diction. de l'Académie.

C'est certainement un dérivé du latin *manus*.

On dit aussi à Lyon, dans le même sens, *manette*, qui est moins spécial au midi de la France que *manille*, mais qui n'est pas non plus dans la langue officielle.

MANGANA. L. *s. f.* Canaille, vaurien, gueux.

> J'ai vu l'offroux moment, quoique fina *mangana*,
> Que ma via ne teigné que par un fi de lana.

(J'ai vu l'affreux moment, quoique rusée canaille, — Où ma vie ne tenait qu'à un fil de laine.)

Roquille, *Breyou.* p. 70.

Provenç. : *mangano;* Trahison.

Langued. : *magagno;* Vice, défaut.

Roman : *magagnar;* Blesser, infecter.

Italien : *magagna;* Ruse, tromperie, vice; — *magagnare,* Tromper.

Basse latin. : « *manganus, mango*... Seductor... Capitul. Caroli magni : ut isti *mangones* et cogciones qui sine lege omni vagabundi vadunt. Ejusmodi sunt quos *gueux* vocamus. » Gloss. Ducange.

On le fait dériver de l'allemand *mengen*; Mêler, mélanger, brouiller.

MARCIA. — V. MERCIA.

MARE NU. F. Tout nu, absolument nu.

> Bon Dio que say etes venu
> A ce qu'ey diont tout *mare nu.*

(Bon Dieu, qui êtes venu ici-bas, — A ce qu'on dit, dépouillé de tout.)

Chapelon, Noël VII, p. 93.

> Un proucès m'a runa, je souai tout *mare nu.*

(Un procès m'a ruiné, je suis à nu.)

Id., *Requête,* p. 206.

Mare nu se trouve en patois dauphinois dans le *Batifel de la gisen*, p. **50**.

On explique ordinairement cette expression en donnant à *mare* le sens du latin *mater*, c'est-à-dire, **Nu** comme en sortant du sein de sa mère, le *nudo nato* des Italiens. Mais le sens véritable de *mare nu* n'est-il pas plutôt *merè nudus*, purement nu ?

Mer en roman, *mer, merra* en provençal et en catalan, *mero* en italien, en espagnol et en portugais ont le sens du latin *merus*, Pur. C'est aussi l'interprétation que le Diction. de l'Académie donne au français *mère*, dans les deux locutions *mère goutte*, le premier vin qui sort de la cuve, et *mère laine*, la plus fine laine.

Il faut cependant observer que dans ces dernières locutions, *mère*, qu'on trouve écrit aussi *maire*, est rapporté par plusieurs étymologistes au latin *major*. Il a évidemment cette dernière origine dans l'expression *maire aage*, Majorité, ainesse ; — et dans ce passage cité par le Gloss. de Ducange : « Comme ce soit « *mère* péché, *mère* pénitence lui soit donnée, » traduction de l'extrait suivant des Statuts de l'église de Tours : « Cum *majus* constat esse peccatum. *major* ei injungatur pænitentia. » Dans tous les cas, ce n'est pas à *major* que notre *mare nu* peut se rapporter.

MARPAILLI. L. et F. *v. a.* Gâter, souiller ; *figur.* Mépriser, honnir.

A pena coumoncia, sa veya se *marpaille*.

(A peine commencé, son ouvrage se gâte).

Chans. de Philippon, 1853, p. 70.

In *marpaillant* l'odre que m'est donno.

(En méprisant l'ordre qui m'est donné).

Roquille, Ballon d'essai, p. 40.

Chaque gredin du lieu d'une dent venimeuse
Vient mordre à la famille, et plus ou moins crûment
De la société *marpaille* un fondement.

Embell. de Lyon, II, p. 7.

Les saigneurs de la fabrique
Nous *marpaillont* puis trop fort.

Les Canettes, p. 107.

MARRAIN, MARAIN, MARIN. L. *s. m.* Débris de mur, décombres.

Un maçon, nommé Didier, en travaillant à la Chamarrerie, fut accablé sous les ruines d'une muraille où il demeura plus de deux heures et demie, avant qu'on eût pu enlever environ cinquante charretées de *marrain*, sous lesquelles il fut retrouvé sain et sauf, à cause d'un vœu qu'il dit avoir fait à la Croix. Sur sa demande, le Chapitre lui permit de faire dire une grand'messe à la Tribune et de sonner la grosse cloche.

Le P. Menetrier, cité dans les Notes et Documents sur Lyon
de M. Péricaud, année 1511.

Plus luin al aparciout doze bouches d'airain
Que fant d'ina meson in cuchon de *marain*.

(Plus loin il aperçoit douze canons — Qui font d'une maison un tas de décombres.)

Roquille, Breyou, p. 59.

Marain est rapporté par Molard, 1810, et par M. Breghot du Lut, *Mél.*, t. II, p. 140, qui l'écrit *marin*.

Roquefort cite *marrian*, *marrein*, *marrien*, qu'il traduit par « tous matériaux propres à bâtir, et spécialement bois de construction. » Il les rattache au latin *materiamen*.

Le Gloss. de Ducange, v° *marrianum*, cite aussi

marrien, merrien, marrian, marren, et leur donne le sens de Materia lignea ædibus ædificandis idonea, qui est celui du français *merrain*. Mais il ajoute qu'ils signifient aussi « Quodvis materiamen ; undè vocabuli origo. »

Ces explications me font croire que, dans ses formes diverses, notre *marrain*, qui n'a jamais le sens de Bois de construction, s'est quelquefois confondu, soit avec le français *merrain*, soit avec le patois *maière*, qui ont cette signification. — V. ci-dessous MAIÈRE, MAYÈRE.

MATAFAN, MATAFON, MATEFAIN, MATEFIN. L. *s. m.* Gâteau de blé noir ou de froment cuit dans la poêle. On l'appelle *crêpe* à Paris.

> Et puis de grandes tables
> Pleines de *matefins*, de roi-bois, de grobons.
>
> *Les Canettes*, p. 15.

> Quelu vio jardou que fat de *matafons*.
>
> (Ce vieux bancroche qui fait des matefains.)
>
> ROQUILLE, *Les Ganduaises*, p. 32.

Il est employé comme injure, et sans doute comme synonyme de Paysan, manant, dans le passage suivant du *Lyon en vers burlesques*, part. I, p. 20.

> Mais, monsieur, n'est-il pas raison
> Que vous m'ajugez une pension,
> Pour nourrir la mère et l'enfant,
> Aux dépens de ce *matafan* ?

Mattefaim est cité par Molard, et se trouve aussi dans le Gloss. de Roquefort.

— P. bressan.

> Avoui cinq u si *matafan*

De farena de pur froman.

Noël de Polliat, édit. des Noëls bressans de Le Duc,
p. 52.

Languedoc : *matofan*. — Provenç. : *matafan*. De Sauvages et Honnorat lui donnent le sens général de Tout mets destiné à apaiser une grosse faim.

La signification directe du mot est, en effet, Qui mate, qui tue la faim.

C'est celle que lui attribue le Gloss. de Ducange, d'après J.-B. Bruyerin Champier qui l'a cité dans son traité *De re cibaria*, comme appartenant au Lyonnais : « Scribit Joannes Bruxerinus Campegius, lib. VI, De « re cibaria, cap. ix, p. 421, Lugdunenses quoddam « panis genus in sartagine confectum *mallafanos*, seu « *matefaim*, vocare, quasi famis domitores ac victores, « qui messoribus fossoribusque suavissimè mandun- « tur. »

MATROULIE, MATROLLIE. F. *v. a.* Mâcher ; manger.

> Vou faut pesa lou pen, de po de trop mingie,
> Et ren dourmir de not, fauta de *matroulie*.

(Il faut peser le pain, de peur de trop manger, — Et ne pas dormir la nuit, faute d'avoir joué des mâchoires.)

CHAPELON, *La Careyma*, p. 187.

> Vou ne dort que fort po, vou ne *matrollie* guerou.

(*Quand on est vieux*, on ne dort que fort peu, on ne mange guère.)

Id., *Avis*, p. 208.

Langued. : *mastulia*, *mastulhar ;* Mâcher lentement et mollement.

MATRU. F. MOTRU. L. *adj.* Malotru, chétif, mauvais, méchant.

> Je n'ai que de regret au lion

De tant de *matrue* tentation.

(C'est pour moi une cause de perpétuels regrets que le temps —
De tant de mauvaises tentations.)

Jac. CHAPELON, *Contrition d'un fénéant*, p. 269.

Mais je fio iquai cot dins una *matrua* luna.

(Mais je fis ce coup dans une mauvaise lune.)

Ant. CHAPELON, *Caract. de le filles*, p. 234.

Y nous creyont *matrus*, vou n'ey qu'en apparenci.
Sant-Etièye ey le gens lou meillour de la Franci ;
Vou n'y a ren de si franc, ni de si amitou.

(Ils nous croient méchants, ce n'est qu'en apparence : — Saint-
Etienne est le peuple le meilleur de la France ; — Il n'y a rien de
si franc, ni de si amical.)

CHAPELON, *La Misera*, p. 192.

Voua bon trop *matrua* façoun
De demeura viox garçoun.

(Cela a bien trop mauvaise façon — De demeurer vieux garçon.)

Chans. de PHILIPPON, 1853, p. 1.

Et vo pouede compto qu'ina *motrua* bambochi
Pora voz attiri tota noutra parrochi.

(Et vous pouvez compter qu'un malotru repas — Pourra vous gagner
toute notre paroisse.)

ROQUILLE, *Lo Deputo manquo*, p. 14.

Vo ne m'aï po solomen dono in *motru* chouro.

(Vous ne m'avez pas seulement donné un méchant chevreau.)

Parab. de l'Enfant prodigue en patois de Condrieu,
par COCHARD.

Langued. : *malestruc*.

Roman : *malastruc*.

Les étymologistes font dériver le français *malotru*,
les uns de *male astrosus*, Mal favorisé par les astres ;
les autres de *malè structus*, *malè astructus*, Mal bâti ;
et encore de *malè instructus*, Mal dressé, mal appris.
Genin, *Récréat. philolog.*, t. II, p. 82, fait observer,

à cet égard, que dans l'anc. français, *malostru*, malheureux, et *malestru*, Mal bâti, sont deux mots différents par la forme et par le sens.

Quant à notre *matru*, *motru*, il est certainement un composé de *âtrut* (V. ce mot), forme moderne du roman *astruc*, heureux. Mais sa forme et sa signification primitives se sont confondues avec celles du *malostru* et du *malestru* français.

MAUTRAIRE. F. *v. n.* Vivre mal, *au physique et au moral;* Vivre dans la peine et le tourment : *malè trahere.*

> Se veyant sus sa fin, ne pouvant plus drugie,
> Pressa d'un flux de sang que lou fat delougie,
> N'ayant plus que l'esprit que coumence a *mautraire*,
> Au vo davant sa mort regla tous sous affaire.

(Se voyant sur sa fin, ne pouvant plus faire bombance, — Pressé d'un flux de sang qui le fait déloger, — N'ayant plus que l'esprit qui commence lui-même à aller mal, — Il veut avant sa mort régler toutes ses affaires.)

Chapelon, Testamsnt, p. 177.

> Par te delivra do boulet
> Que te farit *mautraire*.

(Pour te délivrer du boulet — Qui te ferait mener une triste vie.)

Chans. de Philippon, 1853, p. 10.

Mautraire, *maoutraire* ont aussi ce sens dans les dialectes du midi de la France. Ils signifient, en outre, Mal augurer, craindre pour quelqu'un. — *Es pas de mautraire;* Il n'est pas à plaindre, il ne risque rien, il ne faut pas être en peine de lui.

Anc. français : *mautraire*, *maltrère*; Vivre mal. — V. Roquefort.

C'est un composé de TRAIRE. — V. ce mot.

MAYÈRE, MAYERI. L. et F. *s. m.* Poutre, travon ; bois de construction.

> Vou ne lai veut ni planchie, ni *mayère*.
>
> (On ne voit là ni planches, ni poutres.)
>
> CHAPELON, Noël VI, p. 91.

> A tous notrous paurous viox,
> Qui lio fat leva lous yox
> Aussi hiaut que la *mayeri*?
>   Una neri,
>   Una granda neri.

> (A tous nos pauvres vieux, — Qu'est-ce qui fait lever les yeux — Aussi haut que la poutre du plafond ? — Une bouteille, une grande bouteille.)
>
> Chans. de PHILIPPON, 1842, p. 6.

Des actes du XVIe et du XVIIe siècle, concernant les communes d'Oullins et de Sainte-Foy, constituent à divers habitants un droit de bois et *mayère*, c'est-à-dire, Bois de chauffage et bois de construction, sur les brotteaux du Rhône.

M. Champollion-Figeac donne en patois dauphinois *maieri* qu'il traduit, Longue perche.

Honnorat donne en provençal *maiera* qu'il traduit, Bois propre ou destiné aux instruments aratoires.

Basse latin. : « *maeria* ; materia quævis lignea sive ædificationi sive loco accommoda. Pactum inter Joan. Dalph. et Petrum Barral ann. 1315. Quod ipsi possint cindere in nemoribus trabes, postes et alias *maerias* facere deportare pro chalfagiis et œdificiis suis. « Gloss. Ducange. On y lit encore, v° *mayeria* : « Dombensibus *mayère* diciter ramus salicis excisus. »

Notre mot a beaucoup d'analogie avec le français *merrain*, Bois de construction qui a eu en anc. fran-

çais des formes très-rapprochées de *mayère*. — V. ci-
dessus MARRAIN.

MÉ, MEY. L. et F. *s. m.* Milieu.

> Et pos plu tout reindzu, lochant la soveintreri,
> Mon gredein los accule ou *mé* de la charreri.

(Et pas plutôt arrivé, lâchant la sous-ventrière, — Mon gredin les
renverse au milieu de la rue.)

> ROQUILLE, *Lo Deputo manquo*, p. **23.**

> Sus un troussun de fein au bay *mey* de l'ourdura.

(Sur un tas de foin au beau milieu de l'ordure.)

> CHAPELON, Noël **VI, p. 99.**

> Riouns de l'populanci
> Que crève de dégout,
> Au *mé* de l'aboundanci,
> Quand nous manquons de tout.

> Chans. de PHILIPPON, **1853, p. 24.**

Langued. : *mié, miei, miech, meg.* — Provenç. :
mieg.

Anc. franç. : *mei, my.*

> Car le commencement,
> Le *my*, la fin de tout mon parlement.

> *Le Testament d'un amoureux.*
> Anc. poés. franç., t. **IV, p. 194.**

My est le radical de *parmi*, dont le sens est Par le
milieu.

Le dos *par my* me fend. (Il me fend le dos par le milieu.)

> *Miracle de Clovis.* Théât. franç. du moyen âge, p. **646.**

> Marsille vient *par mi* une vallée.

(Marsille vient à travers une vallée.)

> *Chanson de Roland*, ch. **III, v. 12.**
> Edit. de Genin, p. **124.**

On disait aussi dans le même sens *emmi, en mi.*

Comme les mères perles vivent *emmi* la mer.
Introd. à la vie dévote. Préface.

V. MITAN, et MEJOUR.

MEINAT, MEYNAT, MEYNA. F. *s. m.* Réunion d'enfants, de jeunes gens ; les jeunes gens, la jeunesse.

La *meynat* de mon tion criant pleins de galerou.

(Les enfants de mon temps étaient toujours disposés à s'amuser.)
Jac. CHAPELON, *Educ. des effans*, p. 264.

Chapelon, dans la jolie Dédicace de ses Noëls patois aux *effans de Sant-Etieve*, les interpelle sous cette dénomination, *petita meynat* ; et dans l'*Entrée solennelle* de M. de St-Priest, il décrit, sous le titre de *Devartissamen de la meynat*, la compagnie de petits garçons qui parcourut la ville pendant la fête.

Durand tout iquai tion saiqu'une matrua racy.
Autramen sio voulez de petita *meinat*,
Firont un drolou tour fort bien imaginat.
p. 141.

Oz estes estima
Tant par le vielles gens couma par la *meyna*.

(Vous êtes estimé — Aussi bien par les vieilles gens que par la jeunesse.) Id., *A M. de St-Priest.* p. 106.

C'est le même mot que l'anc. français *mesgnie, maignie, magnie, maisnie, maignée, maisnée,* etc., dont le sens est exactement celui du latin *familia*, c'est-à-dire, l'ensemble des gens, enfants et domestiques composant une famille, une maison. Il signifie aussi Race, lignée.

Partissez vus par vos lignages et par les *maignées.*

(State coram Domino per tribus vestras et per familias.)
Les IV livres des Rois, liv. I. c. 10.

Ta femme, les enfants, les servans, la *maignie*
Ne donneraient pour toy une pomme pourrie.
Débat du corps et de l'âme. Anc. théât. franç., t. III, p. 327.

Cette race ou *megnie* d'Archambaut ;
Plus il y a en a, moins elle vaut.
La Comédie des Proverbes, act. II, sc. II.

Nous desp...... nostre Seignour
Qu'il nous donne du pain au four :
Sy nourrirons nostre *mesgnye*.
Chanson normande. — OEuvres d'Olivier Basselin.

V. Roquefort, v^{is} *magnie*, etc., et le Gloss. Ducange,
v^{is} *maugneya*, *maisnada*, etc.

Langued. : *Mainado*. — Provenc. : *mainada*, *mei-nada*.

Roman : *maynada*, *mainada*..

Espagnol : *Masnada*. —— Italien : *mesnada*, et *mas-nada* dans Dante. *Inferno*, XV, 41.

Ce mot, qui a son analogue dans la plupart des patois et qui a produit en français *mesnil*, *manoir*, etc., parait se rattacher à un radical commun à toutes les langues indo-européennes : *man*, sanscrit, Demeurer, habiter : *manere*, latin : μενειν, grec : *mann*, bas breton.

MAINA, MEYNAT, MENA. F. MENO. L. *s. m.* Enfant ; garçon ; jeune homme, jeune gaillard.

O vo que son liliat de son bein hereteyse,
Mouyenant de paye a sous autrou *meynal*
La souma et la pension ci-dessus denoumal.

(Il veut que son gendre hérite de son bien, — A la condition de payer à ses autres enfants — La somme et la pension ci-dessus indiquées.)
Jac. CHAPELON, *Testament*. p. 274.

Venez, *meynat*, venez treitou,
Venez veyre noutron Seignou.

(Venez, enfants, venez tous, — Venez voir notre Seigneur.)

CHAPELON, *Noël VII*, p. 92.

Dis donc, Thomas,
Sas tu que vé la villo
L'y a de *menas*
Que ne badinoun pas.

(Dis donc, Thomas, — Sais-tu qu'à la ville — Il y a des gaillards —
Qui....)

Chans. de Vial, de Montbrison.

Lo *menu* que commande a de que vo payi.

(Le gaillard qui commande a de quoi vous payer.)

ROQUILLE, *Lo Deputo manquo*, p. 24.

Au commencement d'un discours il signifie Amis, compagnons, enfants : c'est le *Quirites*, le ανδρες αθηναιοι de l'orateur patois.

Menos, me vequia mais ; vequia lo vin garçon
Que vient vo cancorno de vars de sa façon.

(Amis, me voilà de nouveau ; voilà le vieux garçon.....)

ROQUILLE, *Discours*, p. 3.

Menas, par viore heroux sur terra,
Babochi a trouva lou mouyon.

(Amis, pour vivre heureux sur terre — Babochi a trouvé le moyen.)

Chansons de Philippon, 1853, p. 17.

Je trouve cette expression dans un passage de l'excellente notice de Cochard sur le village de Loire. (*Alman. de Lyon*, 1824.) L'auteur y rappelle un ancien usage dont il est intéressant de conserver le souvenir :

« Au retour de la cérémonie funèbre (d'un enterrement) on traite les parents qui y ont paru ; mais toutes les viandes qu'on sert sont bouillies en signe de tristesse. J'ai assisté, il y a plus de trente ans, à l'un de ces repas funèbres sur la hauteur de Loire, près d'Echalas. Les conviés en rentrant se mirent à genoux auprès du lit qu'avait occupé le mort, et, après une courte prière, mangèrent la soupe dans un profond silence et un grand recueillement. Cela fait, le matador de la compagnie se lève et, après avoir ordonné de remplir les verres, il leur adresse cette singulière invitation : MAINA, *e no faut beire a la santa du pouro defunt*. A l'instant, les verres sont vidés et la joie vient faire trève à la tristesse. Avant de se séparer, ils se mirent de nouveau à genoux et récitèrent à haute voix le *De profundis*. »

(Ces repas donnés dans la maison du défunt après un enterrement étaient jadis d'un usage assez général dans les pays catholiques, ainsi que la coutume d'y prier pour le mort et de n'y point servir de viandes rôties. — V. *Traité des Cloches*, de Thiers, p. 257.)

Notre mot a son analogue dans la plupart des patois de notre voisinage.

— P. bressan : *meygna*.

> Veni, *meygna*, veni, molette,
> Veni adoré c'li gran ray.

(Venez, jeunes garçons, venez, jeunes filles, — Venez adorer ce grand roi.)   *Noëls bressans*, p. 57.

« Rustici Dombenses etiam nunc famulos suos *meignats* vocant. »—Gloss. Ducange, v^{is} *maynerius, maignerius*.

— P. dauphinois : *meina, meinau, meno*.

> Et se notron Seignou per sa bona amitanci
> No tramet de *meina*.

(Et si notre Seigneur par sa bonne amitié — Nous transmet des enfants.)   *Lo Batifel de la gisen*, p. 34.

Lou *meinau* d'ujourdhen son tou de deeevablo.

(Les garçons d'aujourd'hui sont tous des trompeurs.)

Dialoguo de le quatro comare.

— P. savoyard : *meygna.*

Honou, *meygna*, Di vo garday,
Que je sai joyou de vo vay.

(Salut, amis, Dieu vous garde, — Que je suis joyeux de vous voir)

Farsa de Touannou dou Trou.

Anc. Langued. et provenç. : *meina, meinat.* (De Sauvages et Honnorat.)

MEISELIER. L. *s. m.* Boucher.

Je trouve ce mot dans le Procès-verbal de l'élection des consuls de Lyon de 1352.

Mazelier en langued. ; *mazeller*, en roman, ont le même sens.

Italien : *macellaio.*

Anc. franç. : *maselier, macelier, maiselier, macheclier.* — V. Roquefort et le Gloss. Ducange, v° *macellarius..*

MEJOUR, MEYJOUR, MEINJOUR, MEJOUO. L. et F. *s. m.* Midi.

De vez sey, ou de vez matin,
Ou a *mejour.*

(Le soir, ou le matin, ou à midi.)

Jac. CHAPELON, *Contrition d'un fénéant*, p. **271.**

Courdrey de bon matin, a *mey jour*, sus lou tard.

(Je courrai de bon matin, à midi, sur le tard.)

CHAPELON, *A M. de St-Priest*, p. **107.**

Ji m'invitou a djinà, ji vindré a *mejouo.*

(Je m'invite à diner, je viendrai à midi.)

Remou et Bároueni, p. **5.**

A l'heura de *mejour*, heura bien dezirabla,
Venon, formon le cerclie a l'entour de la tabla.

SAVEL, *Mariage de Jean*, p. 5.

Entr' onz' hiore et *meinjour*, seins que rien lo detraque,
Choque Pereyoux preind et so cliquo et so claque.

(Entre onze heures et midi....)

ROQUILLE, *Lo Pereyoux*, p. 22.

— P. dauphinois.

Meijour cre sona, et déjà d'Alison
Fermiolave de gen la cour et la meison.

(Minuit avait sonné, et déjà d'Alison — La cour et la maison four-
millaient de gens.)

Lo Batifel de la gisen, p. 28.

Provençal : *mie jour, met jour*.

Roman ; *mieg jorn, miey jorn*. On disait aussi en
roman *media, meidia, mieg dia*. (Raynouard).

Anc. catalan : *mit jorn*. — Italien : *mezzo giorno*.

MEYNOT, MENOT. F. *s. f.* Minuit.

Vez la *meynot* n'orons lou regalageou.

(A minuit nous aurons le repas.)

Ant. CHAPELON, *Bobrun*, p. 242.

Menot allave souna.

(Minuit allait sonner.)

Chans. de BOYRON, p. 12.

Jamais j'aïn tant veu de geons par le charcyre à la *meynot*.

(Jamais je n'avais vu tant de gens dans les rues à minuit.)

LINOSSIER, *Un Boucher au grand festival*, p. 6.

On trouve *mée nut* en anc. franç. dans une chanson
du XIIIe siècle, recueillie par M. Leroux de Lincy.
Chants histor., t. I, p. 213.

MENO. — V. MEINAT.

MENTO, MOUNTAU, MOUNTO, MOUTŒU. F. *adv.* Peut-être, probablement.

> O l'annoncet ma crisa en mon settiemou,
> Et que *mento* j'erin jusqu'au noviemou.

(Il annonça ma crise au septième jour, — Et que peut-être j'irais
jusqu'au neuvième.)

Ant. CHAPELON, Bobrun, p. 241.

> *Mountau* qu'o vint dos cies
> Par chassie de sur terra
> Lous proucès, lous hussies,
> Les dettes, la misera.

(Peut-être qu'il vient des cieux, — Pour chasser de la terre....)

Chans. de PHILIPPON, 1853, p. 12.

> Souais capablou de tout avant d'etre capo ;
> J'essayerai *mounto* quoquous toues de Bosco.

(Je suis capable de tout pour éviter d'être capot ; — J'essaierai probablement quelques tours de Bosco).

Id., id., p. 66.

> Ke t'é kela boutelli ? voué *moutœu* de piquetta ?
> Voyoun si ji me trompou.

(Qu'est-ce que cette bouteille ? c'est peut-être de la piquette ? —
Voyons si je me trompe.)

Remou et Barvueni, p. 6.

Je ne connais dans les patois voisins aucun analogue
à ce mot dont je ne m'explique pas l'origine. Je remarque seulement que *mento* ressemble beaucoup à BENTO,
(V. ce mot) qui a le même sens.

MENUSE. F. *s. f. plur.* Morceaux, débris.

> Emplide noutron pancy ;
> Bette l'y tant de *menuse*
> Que nous en lichion lou dey.

(Emplissez notre panier ; — Mettez-y tant de petites friandises, —
Que nous nous en léchions les doigts.)

CHAPELON, Mi de mai, p. 150.

Provenç. : *menusas* ; Fressures , menuailles, débris
de viande.

Menuise en anc. français signifie De petits poissons,
et toute espèce de petites choses. *Menuiserie* a la même
origine.

Basse latin.: « *Menusia* ; Parvus et minutus piscis.—
Minutia, orum ; Minutæ merces, res vilioris pretii. »
Gloss. Ducange.

MERCIA, MARCIA. L. *s. f.* Averse.

Cochard donne *mercia* comme usité à Condrieu : *Vi-
quia una mercia* ; Voilà une averse. *Notice sur Condrieu,* p. 104.

> A son aiso lisant dans les ruels les insignes,
> Son chapiau n'ara pou d'ina *marcia* de bugnes.

(L'étranger à son aise lisant dans nos rues les enseignes, — Son chapeau ne redoutera pas une averse de bugnes.)

Hymna à la Concorda, p. 41.

Ce mot vient-il du latin *mergere , immergere , im-
mersio ?*

MET, Plus. — V. MAI.

MITAN. L. *s. m.* Milieu.

> Chocun jite in coup-d'œil su son chor eclatant
> Qu'avironde l'cindre, pu s'arrete ou *mitan.*

(Chacun jette un coup-d'œil sur son char éclatant — Qui fait le tour
du village, puis s'arrête au milieu.)

ROQUILLE, Lo deputo manquo, p. 17.

> Aussi bien deins lo jour qu'ou *mitan* de la no.

(Aussi bien dans le jour qu'au milieu de la nuit.)

Id,, Discours, 1859, p. 4.

— P. bressan : *moitan, maytan.*

> Adam nos ave predu,

Au s'antlan dan la siance,
    U *moitan*
Du paradi de playsance.

Noels bressans, p. 45.

El'e dedan na vili etoblo
U *maytan* d'en'on'et d'on boux.

(Il est dans une vile étable — Au milieu d'un àne et d'un bœuf.)

Id., p. 58.

— P. bugiste.

Dou *moten* de la montagne
    De Shanfromi,
Tot a cop y veyont veni
    L'ennemi.

(Du milieu de la montagne — De Champfromier, — Tout à coup ils
voient venir — L'ennemi.)

Fables du P. FROMENT, p. 62.

Provenç.: *mitan*.

Le Glossaire de Roquefort donne *mitan*, Milieu,
comme en usage dans le langage de la Franche-Comté,
de la Picardie et du Perche. Il cite un acte de 1576 re-
latif à la rue Froidmantel, à Paris, où il est parlé de
« deux corps de logis, une cour au *mitan.* »

Le Glossaire des *Noëls* de La Monnoye donne aussi
mitan, Milieu.

On trouve au Gloss. de Ducange, vᵒ *mitarius*, *La
mitan*, pour La moitié, et *mitanier*, dans le sens de
Métayer. V. Mé, Milieu.

MODO, MODER. L. MOUDA. F. *v. n.* Partir, s'en aller.

A *modiit* et a s'en vegni trovau son paure.
(Il partit et s'en vint trouver son père.)

Parab. de l'Enfant prodigue, trad. en patois de St-Sym-
phorien-le-Château, par COCHARD.

Et de cou pos a *mode* prevegni

Lo directeurs de choque compagni
Dou biau projet, dou brillant stratagemo.

(Et de ce pas il va prévenir — Les directeurs de chaque compagnie...)
ROQUILLE, *Lo Pereyoux*, p. 7.

Ma vouex *mode* comm'ina franda,
Ein prononçant cou fameux nom.

(Ma voix s'élance comme une fronde — En prononçant...)
Id., *La Gorlanchiu*, p. 38.

Pas min vou faut, avant que de *mouda*,
Que dizou adio an iquetou bas mondou.

(Néanmoins il faut, avant de partir, — Que je dise adieu à ce bas
monde.)
Ant. CHAPELON, *Bobrun*, p. 153.

Et l'ordre do major pourtave qu'a meyjour
Vou falli tous *moudar* et siore lou tambour.

(Et l'ordre du major portait qu'à midi — Il fallait tous se mettre en
route et suivre le tambour.)
CHAPELON, *Entrée solenn.*, p. 125.

Legun portant *moudave* sans ron dère.

(Personne pourtant ne s'en allait sans dire quelque chose.)
Chans. de PHILIPPON, 1853, p. 30.

Les mariniers de la Saône disent encore aujourd'hui :
J'ai fait une *mode*, deux *modes*, pour exprimer qu'ils
ont fait une ou deux fois sur la rivière tel trajet déter-
miné.

Les crocheteurs qui remontent les bateaux dans la
traversée de Lyon forment une compagnie qui porte le
nom de Compagnie des *Modères*.

Ces dénominations se rapportent manifestement à
moder.

— P. bressan.

Dret que l'outo de l'Ecu

Viu qu'on *modou'* à la lena.

(Dès que l'hôte de l'Ecu — Vit qu'on partait au clair de lune.)

Noëls bressans, édit. Le Duc, p. 5.

— P. bugiste.

Des rais, des empereurs qu'amavant les corbettes,
Ou lliar de la vreta, sont *modas* sans trompettes.

Fables du P. Froment, p. 61.

— P. mâconnais.

Modain don vite ansan.

Noëls mâconnais, p. 16.

— P. dauphinois : *moda, mouda.*

Car depi lou moman que patron Jean iet *mouda,*
Je crerin sur ma foié d'être ansourcela.

Bleze lo Savali, p. 22.

(Dans le *Groulie bel esprit,* pièce provençale dont *Bleze le Savali* est une traduction dauphinoise presque littérale, il y a ce passage :

Car despuy lou moumen que Tribor est parti...)

L'abbé Tuet, *Matinées senonaises,* p. 165, parlant de l'expression picarde *Je suis hodé,* la dérive sans hésitation du grec οδος, Chemin. Ch. Nodier, *Examen des Dictionnaires,* enchérit encore sur cette hardiesse en donnant la même étymologie à notre *moder.* Il se trompe au surplus, sur la forme même de ce mot, lorsqu'il avance qu'en quelques parties de la Savoie on dit *Oder,* Partir, et *je m'ode,* Je m'en vais. En Savoie, pas plus qu'en Lyonnais on ne dit *je m'ode, tu t'odes, il s'ode;* mais *je mode, tu modes, il mode.* Je ne crois pas que οδος soit pour rien dans notre mot, et j'y suis d'autant moins porté que je ne trouve pas *mouda* dans les dialectes du midi de la France, sur lesquels le grec a eu une influence marquée.

MODURA. f. *s. f.* Mouture ; la Part de farine que prélève le meunier pour son salaire.

> Ne prenez pas danci *moudure* en un sac.
>
> (Ne prenez pas deux moultures en un sac.)
>
> CHAPELON. *Requête*, p. 221.

Provenç.: *mooudura*.

Roman : *mollura, moldura*.

Catalan : *mollura*. — Portugais : *moedura*.

Basse latin.: « *Modura*. Tabular. Cartusiæ Bellilarici. Dedit quatuor bichetos *moduræ* super molendina. » Glos. Ducange.

MOLO, MOULER. L. *v. a.* et *n.* Lâcher, abandonner, céder.

> A revere, Zobet ! *molo* ma viely rossi,
> Avoué sou chavio gris, son coué tors et sa bossi.
>
> (A revoir, Isabeau ! Je quitte ma vieille rosse,—Avec ses cheveux gris, son cou tors et sa bosse.)
>
> ROQUILLE, *La Gorlanchia*, p. 29.
>
> A me parli si franc, si net, qu'o me semblove
> Vère sortzi dou cœur choque mot qu'a *molove*.
>
> (Il me parla si franchement, si nettement, qu'il me semblait — Voir sortir de son cœur chaque mot qu'il prononçait, *qu'il lâchait*.)
>
> Id., id., p. 20.

M. Breghot du Lut, *Mél.*, t. I. p. 228, cite *mouler*, auquel il donne le sens de S'affaiblir, mollir, et qui a aussi celui de Quitter, abandonner.

— P. dauphinois.

> Enfin pe centz endreit lo Drac s'eyt ecoula ;
> Semble que l'Isera ne voudrit pas *mola* ;
> Cependant maugra ley et de dépit hontousa,
> Eilli s'en va grondant din sa couchi bourbousa.
>
> *Grenoblo malhérou.* p. 12.

Provençal.

> Siou esta vouastré fiou, et despui moun enfanço,
> Vous ay *moula* ei pé moun ancro d'esperanço.

(J'ai été votre fils, et depuis mon enfance — J'ai jeté à vos pieds mon ancre d'espérance.) *Lou groulie bel esprit*, acte II, sc. II.

De Sauvages et Honnorat citent en languedocien le substantif *molo*, *mola*, Relâche, rabais ; et cette locution *Y a molo*, Il y a eu baisse, cela a baissé de prix, le prix a cédé.

Le sens de *moulter* dans ce vers de la Reconnue de Belleau :

> Je vous en feray bien *moulter*.
>
> Acte III, sc. II. — Anc. Théâtre-Français,
> t. IV, p. 380.

paraît être celui de notre mot.

MOTRU. — V. Matru.

MOUNTAU — V. Mento.

MOURINA. f. s. f. Pourriture, crasse, maladie.

> Un curi pied, una matrua poussery,
> Et mon chavet qu'ey fat de sarpeliery,
> Que sont si pleins de *mourina* et de fun,
> Que pesariant dou quintaux plutôt qu'un.

(Un couvre-pied, une mauvaise paillasse, — Et mon chevet qui est fait d'une serpillière, — Qui sont si pleins de pourriture et de fumier — Qu'ils pèseraient deux quintaux plutôt qu'un.)

Ant. Chapelon, *Bobrun*, p. 245.

> Vou eyt iqui qu'o trouvet de gen de bouna mina,
> Par etre tous sourtis do fond de la *mourina* ;
> Vou s'entend do soudar, non pas doz officiers.

(C'est ici qu'il trouva des gens de bonne mine — Pour être tous sortis du fond de la crasse ; — Cela s'entend des soldats, non pas des officiers.) Chapelon, *Entrée solenn.*, p. 138.

La *mourina* se verit.

(La crasse se verrait.)

Chans. de Philippon, 1853, p. 21.

Anc. franç.: *murine, morine*.

Jo i leverai un altel a nostre Seignur, si estancherai a tant la *murine* et l'ocision.

(J'y éleverai un autel à Notre-Seigneur; j'appaiserai ainsi la contagion et la mort.)

Les 4 *livres des Rois*, lib. II, ch. xxxiv, p. 219.

(Le traducteur du XIIe siècle a combiné ici, comme dans plusieurs autres passages, le texte du *Livre II des Rois*, qui porte *ut cesset interfectio*, avec le texte correspondant des *Paralipomènes*, liv. I, ch. xvi, v. 22, dans lequel on lit *ut cesset plaga a populo*.)

Morinou, morinousa. l. *adj*. Crasseux, noir, malade.

In certain Pereyoux
Que vegni me trovo lo gruin tot *morinou*,

(Un certain mineur — Qui vint me trouver le groin tout crasseux.)

Roquille, *Ballon a'essai*, p. 5.

A dzit, pu secouyant sa teta flametousa,
Sa borba cremilla, sa faci *morinousa*.

(*Moloch* dit; puis secouant sa tête enflammée, — Sa barbe à demi brûlée, sa face noirâtre.)

Roquille, *Lo Pereyoux*, p. 10.

Ancien franç.

Les noires brebis dolereuses,
Lasses, chetives, *morineuses*.

Roman de la Rose.

N

NAIDIU. l. *interj*. Certes.

Dans le *Lyon en vers burlesques*, chaque fois qu'un boucher parle, il commence son discours par cette exclamation.

> *Naidiu,* etai de la façon
> Qu'on habille lo viau, masson ?

(....Est-ce de cette façon — Qu'on habille les veaux, maçon ?)
1re part., p. 26.

> *Naidiu,* venant de Sainte-Fay,
> Je te juro en bonna fay
> Sur ma cavala avoi deux viaux,
> Je me rompi tou lo musiau.
Id., p. 32.

C'est, suivant toute apparence, une abréviation d'une exclamation fort usitée en anc. français sous des formes diverses, *m'aist Dieu, que m'aist Dieu,* etc., et dont le sens est *Que Dieu m'aide.*

> Ainsi *m'aid' Dieu.*
Villon, *Grand Testament*, xvi.

> *Maidieux,* il t'en doit souvenir.
Moralité de charité. — Anc. théât. franç.,
t. III, p. 389.

On la rencontre presque à chaque page dans la *Farce de Pctelin* sous ces formes *m'aist Dieu, se m'aist Dieu, ainsi m'aist Dieu.*

Le languedocien et le provençal ont *mai Diou* (De Sauvages) et *mai Di* qu'Honnorat fait venir sans nécessité du grec μα Δια. Par Jupiter.

NARE. f. *adj.* Mauvais plaisant, sot, fou.

> Messieurs de Saint-Chamon
> Faide plus de fanfares ;
> Vous faide ren de bon,
> Vous êtes tous de *nares*.

(Messieurs de Saint-Chamond , — Ne faites plus de fanfares ; — Vous ne faites rien de bon ; — Vous êtes tous de mauvais plaisants.)   Ant. Chapelon, *Chanson*, p. **260.**

> Vou l'y a de *nare* ,
> Faites d'una façon,
> Que maugra pare et mare
> Segont tous lou garçon.

(Il y a des folles—Faites de telle façon—Que malgré père et mère. — Elles suivent tous les garçons)
     Chapelon, *Chanson*, p. **162.**

Philippon a employé la même expression, *les paures nares*, les pauvres folles, dans sa chanson *Lous Coumis*, 1853, p. 21.

Limousin : *natre*, Plaisant, facétieux : *faire lou natre*, Faire le plaisant.

Basse latin. : « Narire ; Nares fricare ; subsannare... *Nariller*, ou *mouquer*... Hinc præterea *nare* ; Irrisio, ludibrium ; et *faire des nares*; Deridere, ludificari.... Litt. remiss. 1420. Lequel Jehan dist au suppliant. Que vous faites de *nares* et de fredaines pour le port que vous prenez... de vostre neveu. » Gloss. Ducange.

Est-ce l'allemand *narr*, Fou, qui a donné ce mot à notre patois ?

Ne vient-il pas plutôt, comme l'indique le passage cité de Ducange, de *narra* qui en roman et dans les dialectes du Midi signifie Nez, narine ? Bien que ce soit là l'étymologie la plus probable, on peut toutefois s'étonner de ce que le nom du nez qui, dans le langage populaire, est l'organe indicatif de la prévoyance et de la finesse, ait donné naissance à un adjectif qui qualifie la sottise et l'indiscrétion. *Narus* en basse latinité signifie *sciens, peritus*; (Gloss. Ducange) et en languedocien *narut*, signifie encore Rusé, subtil, adroit.

NAYER un tonneau. *v. a.* En Beaujolais, c'est Boucher les fentes d'un tonneau avec du chiffon ou de l'étoupe.

On le trouve dans Joinville, par les commentateurs desquels il n'a pas été compris :

> Puis reclost l'en la porte (de la nef) et l'en boucha si bien, aussi comme l'en *naye* un tonnel.
>
> (Puis il ferma la porte du vaisseau et la boucha complétement, comme l'on *naye* un tonneau.)
> *Hist. de S. Louis*, édit. Didot, 1859, p. 40.

Je dois ce mot et l'interprétation ci-dessus du passage de Joinville à notre savant et regrettable compatriote M. D'Aigueperse.

NAZILLY. l. *v. a.* Regarder quelqu'un curieusement; regarder quelqu'un sous le nez, ou en mettant le nez sur son visage.

> Si me vin guerou *nazilly*.
> Je ly baray cent cou de poin, de pi, de testa.
>
> (S'il me vient regarder sous le nez, — Je lui donnerai cent coups de poing, de pied, de tête.)
> *La Bernarda buyandiri*, p. 17.

Langued. : *nazilia* ; Aller à la découverte ; *naziliaire*, *nasilhaire* ; Curieux, impertinent.

V. NARE.

NIA, GNA. L. et F. *s. f.* Nichée.

Venez. venez vais met, paura *nia* de raclorous.

(Venez, venez vers moi, pauvre nichée de râcleurs.)

Chans. de PHILIPPON, 1853, p. 65.

Keuna *nia* etou ekon ?

(Quelle nichée est cela ?)

Remou et Baroueni, p. 18.

Lou diablou zai lez effronta,
Et lo mary que ne san pas domta
La passion de semblable levrire,
Et jetta cela *gna* touta den la revire.

(Le diable emporte les effrontées — Et les maris qui ne savent pas dompter — Les passions de semblables coureuses — Et jeter toute cette nichée dans la rivière.)   *La Bernarda buyandiri*, p. 14.

— P. dauphinois.

Una *nya* de parole.

Lo Batifel de la Gisen, p. 29.

Provenç.: *niau* ; *niaya.*
Roman : *niu, nieu, nis.*
Anc. franç.: *nyée.* — V. Gloss. Ducange, v° *nidalis.*
« *Litt. remiss.* 1428. Jehan Blanchet estoi monté en un arbre pour avoir une *nyée* d'estourneaux estans audit arbre. »

GNIATO. L. *s. f.* Même sens.

Et déjà lo carrosse avoué rapidzito
Luin de vait Saint-Etsève emporte la *gniato.*

(Et déjà le carrosse avec rapidité — Loin de St-Etienne emporte la nichée.)   ROQUILLE, *Lo Deputo manquo*, p. 13.

— P. limousin : *niado.*

NIGON. L. *adj.* Aucun, personne, nul.

> E ne fau plu *nigon* flata :
> Dizon tou ceu que nou sçavon.

(Il ne faut plus flatter personne, — Disons tout ce que nous savons.)

La Chevauchée de l'Ane, 1566.

— P. dauphinois : *nengun.*

> Le pore gen ont tant de charge,
> Que si no .tron Rey ne décharge
> Cetteu païs de tant d'impo,
> *Nengun* ne sarat en repo.

La vieille Lavandière, p. 72.

— P. bressan : *nion.*

> *Nion* de vo n'a-t-i vu lous anzo,
> Que quincarnovan brovaman ?

(Personne de vous n'a-t-il vu les anges—Qui chantaient gentiment ?)

Noëls bressans, p. 149.

Langued.: *nengun, negun, degun.*

Roman : *negus, degus, nesus, neus.*

Anc. franç.: *nesun, nezun, nesung, neuns, nuns.*

> Qui sert commun, il sert *nesun.*

Encyclopédie des proverbes, par Hilaire-le-Gai,
p. 187.

Anc. catalan : *nesu, degu.* — Catalan mod.: *ningu.* —
Espagnol : *ninguno.* — Portugais : *nehum, ninguem.* —
Italien : *nesuno, niuno.* — Latin : *ne unus.*

En Forez on dit *lengun, legun.* V. ce mot.

NIO, NYO, NIOBEN. F. *adv.* Encore, même, aussi.

> *Nioben* echandirit le gen
> Qu'arian la mort entre le den.

(Il échaufferait même les gens — Qui auraient la mort entre les dents.)

Ballet forésien.

Tan que la segla
Se donne par cinq so de regla.
Nyo par se liard lou carteron.

(Jusqu'à ce que le seigle — Se donne pour cinq sous de règle, — Même pour six liards le quarteron.)

Id..

N'aïn pas *nio* dix mey que counissin ma mare.

(Je n'avais pas seulement dix mois que....)

Jac. Chapelon, *Educ. dos effans*, p. 264.

Vet so lou pot de vin et, sio lour plait, tanto
Y lou vendrant *nio ben* plus chier de quauque so.

(Huit sous le pot de vin, et, si cela leur plait, bientôt — Ils le vendront encore plus cher de quelques sous.)

Chapelon, *La Misera*, p. 198,

Qui n'a pas *nio* par se, pot legun soulagie.

(Qui n'a pas même pour soi ne peut soulager personne.)

Chans. de Philippon, 1853, p. 70.

Langued.: *neus.*

Roman : *neis, neys, neus, negueis.*

Anc. franç.: *neis, neiz, nis.*

A David trestut dunad sa spée, sun arch, *neis* sun baldred li baillad. — (Dedit David reliqua vestimenta sua, usque ad gladium et usque ad balteum.)

Les 4 livres des Rois, lib. I, cap. 18.

Le Saint ama tant vérité que *neis* aux Sarrazins ne voult-il pas mentir.

Joinville.

Honnorat fait dériver ce mot du latin *in ipso* ; mais on ne voit guère comment s'est opérée cette dérivation. L'étymologie, proposée par le Gloss. de Ducange, du latin *necne*, est beaucoup plus vraisemblable.

NIOLLA. f. gniola. l. *s. f.* Nuage, nuée.

Su lou cot par le *niolles*

La luna fut cachia.

(A cet instant par les nuages — La lune fut cachée.)
Chanson de PHILIPPON, 1853, p. 56.

In clacajo de mons fat redondo le *gnioles*.

(Un battement de main fait retentir les nues.)
ROQUILLE, *La Ménagerie*, p. 7.

Déjà l'ardent Petou ne ve plus qu'ina *gniola* ;
Déjà sa leinga sort.

(Déjà l'ardent Petou, *à qui l'on serre la gorge*. ne voit plus qu'un
nuage ; — Déjà sa langue sort.)
ROQUILLE, *Les Ganduaises*, p. 8.

Langued.: *nioul, nivoul, niboul.*—Provenç.: *nioula,
nioul, niol, niou.*

Roman : *niola, niol, niul.*

NOTROUN FO. — V. TRONFO.

O

OLIER. f. ouiller. l. *v. a.* Remplir.

> N'en volou bère et m'en *olier*.
>
> (Je veux en boire et m'en remplir *jusqu'au gosier*.)
>
> Chapelon, *Chanson*, p. 154.

Ouiller, Remplir, cité par Molard, 1803.

— P. dauphinois : *ouilla.*

> U s'ere de defour *ouilla* en la monciri
> Qu'u ne poyet chavi en touta la charreiri.
>
> (Il s'était hors de chez lui rempli de telle façon — Que la rue n'é-
> tait pas assez large pour le contenir.)
>
> *Lo Banquet de le faye*, p. 11.

Oliar, en provençal, signifie Huiler, oindre d'huile.
Mais il a aussi la signification de notre mot. *Oliar,
ouiller* un tonneau, c'est le Remplir jusqu'au sommet,
achever de le remplir lorsqu'il y reste un vide : et plai-
samment on le dit d'une personne qui a bu du vin autant qu'elle peut en porter et en contenir.

Ces significations diverses appartiennent à un seul
et même mot. Dans le midi de la France, quand les vases
contenant certains liquides sont à peu près remplis, on
ajoute au-dessus un peu d'huile pour empêcher l'éva-
poration.

Roman et catalan : *oliar.* — Espagnol et portugais :
olear.

Le Gloss. de Roquefort a « *eullage*, Remplissage, action de remplir une chose qui ne l'est pas, du verbe *eullier*, Remplir jusqu'au bondon d'un tonneau. »

Le Gloss. de Ducange, v° *implagium*, cite un texte de 1322 où *aeullier*, *eullier* ont ce sens : « Quand les deux tonneaux sont devalez de la nef dedenz les charrettes et illec aemplis et *aeulliez* par le marchant, que il ne les sont depuis tenus a emplir ne *eullier* en meson ne en cellier. »

ONT, ONTE, OUNTE. L. et F. *adv.* Où. — D'ONT ; D'où.

> Lay *ont* ils voudrant.

(Là où ils voudront.)
Procès-verbal de l'élection des consuls de Lyon. 1352.

> O vet dens çu chomïn *onte* tendont lo pos
> De celles joines gens.

(C'est dans ce chemin que tendent les pas — De ces jeunes gens.)
Hymna à la Concorda, p. 27.

> Ah ! j'afficho de luais el vo n'ein rides tous :
> Eh bein voz alloz vere *onte* sont loz atous.

Ah ! j'affiche des lois, et vous en riez tous : — Eh bien, vous allez voir de quel côté sont les atous, *qui est le plus fort.*)
ROQUILLE, *Lo Pereyoux*, p. 15.

> Mais *d'onte* dzablo sort quela boncta blanchi ?

(Mais d'où diable sort ce bonnet blanc ?)
Id., *Lo deputo manquo*, p. 23

> Un ange lou passet defo
> Du paradis terrestre,
> *Onte* ey voudriant bien etre.

(Un ange les mit dehors — Du paradis terrestre — Où ils voudraient bien être encore.) CHAPELON, Noël VI. p. 92.

> Un jour de lour frary je n'en vio un au treyvou
> Que bourrave un mousquet avouay l'alla d'un coueyvou :

Vou ere ciqui lou plezir de lou veire empachi
De la tourna sourti *d'onte* au l'aït fichi.

(Un jour de leur réunion. j'en vis un au carrefour — Qui bourrait
un mousquet avec l'aile d'un balai : — C'était un plaisir de le
voir fort empêché — Pour la faire sortir d'où il l'avait plantée.)

Id., *Entrée solenn.*, p. 19.

Ma lou maitre d'on hio que marque lou moumont
Ounte dè coumoncie et fini lou tourmont.

(Mais le maitre d'en haut qui marque le moment — Où doit commencer et finir la peine.)

Poëme sur le 9 *thermidor*, p. 9.

La via n'è qu'una mascarada
Onte chacun fat sa parada.

(La vie n'est qu'une mascarade — Où chacun fait sa parade.)

Chans. de Philippon, 1853, p. 37.

Avisa seulamont *d'onte* ji sortou.

(Regarde seulement d'où je sors.)

Id., p. 61.

— **P. dauphinois.**

Per mi je savo bien *onte* lo bât me blesse.

Dialog. de le quatro comare.

Langued. et provenç. : *ounte, ont, vount, mounte.*

Roman : *ont, on.*

Dont, d'ond était aussi usité en anc. français.

Mon amy *dont* viens tu a ceste heure ?
Reponds moy *d'ond* es tu ?

Rabelais, liv. II, ch. vi.

On demandait un jour *d'ont* ceste coustume avoit pris son commencement.

Amyot, *Traduc. de Plutarque.*

Catalan : *on.* — Anc. espagnol ; portugais , italien :
onde. — Espagnol moderne : *de onde*, D'où. — Portugais, italien : *donde*, D'où.

Latin : *undè*.

V. ci-dessus ENTE.

ORA. F. *s.* /. Air, vent.

> Lou pey, lous orgeous et l'avena.
> En metta mon corps
> Si conflou d'*ora*...

(Les pois, l'orge et l'avoine — Ont rendu mon corps — Si gonflé de vent...)

CHAPELON, *Chanson*, p. 153.

— P. dauphinois.

> Si jamais filli fut en pena, j'u seu ore ;
> Car je seu eybranda, com'un boci de lez *ore*.

(Si jamais fille fut en peine, j'y suis maintenant ; — Car je suis agitée comme un bois battu par le vent.)

Pastor. de Janin, act. II. sc. 1.

> Pertau ne te marquora,
> Si de mi te n'a eu uncora ven ni *ora*.

(Aussi ne te tourmente pas, — Si de moi tu n'as eu encore vent ni souffle.)

La Vicutenanci du courtizan, p. 27.

Il existe en Dauphiné un lieu exposé à tous les vents qui a pour nom *La Croix de toutes ores*.

— P. bressan.

> Mai l'*aura* que lo soflove
> Per mai de tranta golet,
> Tant de co qu'i se bechove
> Fasé cère son bonnet.

(Mais l'air qui soufflait sur lui — Par plus de trente trous, — Chaque fois qu'il se baissait, — Faisait choir son bonnet.)

Noëls bressans, édit. Le Duc, p. 35.

Cette orthographe, *aura*, est préférable à celle qu'ont employée les écrivains de notre province, car c'est évidemment au latin *aura* que se rattache notre mot.

Langued. et provenç. : *aura, aoura, auro.*

De souleu en souleu et d'*auro* en *auro* voi
Un plan païs immense.

(De soleil en soleil et de vent en vent, c'est-à-dire, du levant au
couchant et du nord au midi, — Elle voit une plaine immense.)

Mireio, ch. x

Le latin *aura* était resté identiquement en roman ;
et il est aussi conservé en catalan, en espagnol, en
portugais et en italien.

Aure était usité en anc. français. Le Gloss. de Ducange, partie française, en donne un exemple tiré de la
Chronique des Ducs de Normandie ; et le poète For-
cadel a dit :

Je ne me pais de l'*aure* populaire.

ORE, ORES, IORE, IAORE. L. et F. *adv.* A présent, maintenant, tantôt, aujourd'hui.

Celuy an qui *ores* commence.

Procès-verb. de l'élect. des consuls de Lyon, 1352.

Grabiella, voc *ore* lou jour
Que vou fau trateye l'amour.

(Gabrielle, c'est maintenant le jour — Qu'il faut faire l'amour.)

Ballet forésien.

Je vous en sorez grat *ore* et a l'avenir.

(Je vous en saurai gré maintenant et à l'avenir.)

CHAPELON, *Requête,* p. 207.

Par se para quoque emouais,
Maria quau faut de tra ouais !
Jore n'ai qu'a me gala.

(Pour se préparer du tourment, — Marié, combien ne faut-il pas
de travail ! — Maintenant je n'ai qu'à me réjouir.)

Chans. de PHILIPPON, 1853, p. 5.

Eh ben par ainconduitze *iaore* n'a plus de bien.

(Eh bien ! par inconduite aujourd'hui elle n'a plus de bien.)

SAVEL, *Mar. de Jean.* p. 36.

— **P. dauphinois.**

Si jamais filli fut en pena, j'u seu *ore*.

(Si jamais fille fut en peine, j'y suis maintenant.)

Pastor. de Janin. acte II, sc. 1.

Come lo changimen qui *ore* nouz aproche
A la cima du cie, et *ore* nou deiroche
Jusqu'u fin fond d'enfer.

(Comme le changement qui tantôt nous élève — Jusqu'au ciel, et tantôt nous précipite — Jusqu'au fin fond de l'enfer.)

Lo batifel de la gisen, p. **53**.

— **P. savoyard.**

Vo me prendria per quaque cler,
U per quaque mavai sudar,
De me vi *ore* tan bragar.

(Vous me prendriez pour quelque clerc, — Ou pour quelque mauvais soudard, — En me voyant aujourd'hui si faraud.)

Farsa de Touannou dou trou. p. 5.

Provenç. : *ora, oras.*

Roman : *aora, adoras.*

Ces formes et les suivantes indiquent assez que notre mot vient du latin *hora* ; *hac horâ,* ou plutôt *ad horam.*

Anc. espagnol : *agora.* — Espagnol mod. : *ahora.* — Portugais : *agora.* — Italien : *a ora, ad ora.*

L'anc. français disait : *ore, or, ores.* Il est resté dans les composés, *désormais.* qu'on écrivait jadis *des ores mais,* et *dorénavant*, qu'on écrivait *d'ores en avant* et *des ores en avant.*

Mais *ore* te pri ; porte od mei mun pecchié. (Sed nunc porta, quæso, peccatum meum.)

Les IV livres des Rois, liv I, ch. xv.

20

Des ore cumencet l'ocisium des altres.

Alors commença la mise à mort des autres.)

Chans. de Roland, ch. v.

Retire toy, je ne veux plus
Estre *d'ores* le sociable
Avec toy.

Jacques JACQUES, *Le Démon travesty*, p. 327.

Ainsi nous le créons estre *des ore mais*.

Miracle de Clovis. Théât. franç. du moyen âge.
p. 665.

Receif l'enfant que serve Deu *des ore en avant*.

(Reçois l'enfant pour servir Dieu dorénavant.)

Les IV livres des Rois, liv. I, ch. I.

On trouve dans les titres latins du moyen âge Dorénavant exprimé par *de ista hora in antea*.

Tout ore, toutoeure, toutherou. F. totoure. L. *adv*. Tout
à l'heure, Tout de suite, à l'instant.

Faides m'un remedou *tout ore*

(Donnez-moi un remède tout de suite.)

Jac. CHAPELON, *Contrition d'un fénéant!*,
p. 271.

Vou l'y a long tion que me runou en proumesses,
Et si j'aï tout ce que j'ai proumey,
Vou payarin *tout ore* par ma fey.

(Il y a longtemps que je me ruine en promesses, — Et si j'avais tout
ce que j'ai promis, — Je vous paierais, par ma foi, tout de suite.)

CHAPELON, *Requête*, p. 221.

Ji vouai me parmena, beta lou djina couaire.
Toutœure, en revenan, parlaroun miœu d'affaire.

(Je vais me promener, faites cuire le diner, — Plus tard, quand je
reviendrai, nous parlerons mieux d'affaires.)

Remou et Baroueni, p. 9.

Ha dzet, porou gaguet, n'allons vere *toutherou*

Lou ré prendre de gants par salüa lou porou.

Dis donc, pauvre gaga. nous allons sans doute voir tout à l'heure —
Les rois prendre des gants pour saluer les pauvres.)

Chans. de Philippon, 1853. p. 75.

Corajo, moz amis, corgniflons, fons ripailli,
Et *totoure* n'erons sur lo champ de batailli.

(Courage, mes amis, mangeons, faisons ripaille. — Ensuite nous irons
sur le champ de bataille.)

Roquille. *Lo Deputa manquo*. p. 25.

— P. dauphinois.

Je ne focy que sorti de la couchi *tout ore*.

(Je sors du lit à l'instant.)

Pastor. *de Janin*, acte II, sc. II.

— P. bressan.

No l'iran vay *totore*,
Su on pou de fan.

(Nous irons le voir dans un instant — Sur un peu de foin.)

Noëls bressans, édit. Le Duc, p. 53.

ORPA. — V. Arpa.

ORPAY. F. *s. m.* Oripeau, cuivre doré.

Una cointuri d'or plus bella que d'*orpay*.

(Une ceinture d'or plus belle que du cuivre doré.)

Chapelon, *Entrée sol.*, p. 125.

Le sens propre et primitif d'*oripeau*, conservé par le
Dictionn. de l'Acad. franç. 1835, est celui de Lame de
cuivre très-mince, polie et brillante qui de loin a l'éclat
de l'or. Figurément et par extension, il a désigné ensuite tout objet brillant qui a peu de valeur.

C'est dans le sens primitif que doivent être entendus
le provençal *aurpel, auripel, auripeou;* le roman *aurpel;* le bas latin *auripellum;* l'anc. catalan *oripell;*

l'espagnol *oropel*, le portugais *ouropell* ; l'italien *orpello*.

L'Académie de la Crusca le dérive d'*oro*, Or, et de *pelle*, Peau ; c'est-à-dire Superficie d'or.

OUILLER, Remplir. — V. OLIER.

OULA, OULLA. F. *s. f.* Pot de terre, marmite.

> Una petita *oulla*
> Qu'ey lou meillour dou meublou par la goula.

(Une petite marmite. — Qui est le meilleur des meubles pour le gosier.)
> Ant. CHAPELON, *Bobran*, p. 246.

Saint-Bonnet-les-Oules, village du Forez, doit son nom à l'industrie de la poterie en terre qui occupait jadis ses habitants.

Cochard donne la même étymologie au nom du village d'*Oullins*, près Lyon. — *Voyage à Oullins*, p. 6.

— P. dauphinois : *ola, oulu.*

> Puisqu'u n'a pas de que fare bien bulh. l'*ola*.

(Puisqu'il n'a pas de quoi faire bien bouillir la marmite.)
> *Pastor. de Janin*, acte III, sc. 1.

> U l'eycumon lou plat et le servente l'*oula*.

(Ils écument les plats, et les servantes la marmite.)
> Id., acte V, sc. III.

— P. mâconnais.

> Deu chodire, une *oule* e un gri.

(Deux chaudières, une marmite et un gril.)
> *Noëls mâconnais*, p. 46.

— P. bressan : *eule.*

> Quete l'*eule* e lo quemoclio.
> Barta, se t'y voui alé.

(Quitte la marmite et la crémaillère, — Bertaud, si tu veux y aller.)
> *Noëls bressans*, édit. LE DUC, p. 84.

Langued. et provenç.: *oulo, oula.*

Cadun sçau que bouille dins son *oulo.*

(Chacun sait ce qui bout dans sa marmite.)

La Buyado prouensalo.

Roman : *ola.*

Catalan et espagnol : *olla.* — Portugais : *olha.* — Italien et latin : *olla.*

Ancien français : *ole, olle, oule.*

Le curé s'en va acheter force courées de veau et de mouton et les mit toutes cuire dans une grande *oulle.*

Bonav. Des Periers, *Nouv.* 36.

Oulle est resté dans plusieurs dialectes de la langue d'oïl. On le trouve dans le Vocabul. du Haut-Maine.

Le Dict. de l'Acad. ne l'a pas conservé, mais il donne *ollaire*, qui se dit d'une pierre tendre et facile à tailler, propre à faire des pots : *Pierre ollaire.*

OUNTE, Où. — V. Ont.

OURA, OUVRE. L OEURA, AORA. F. *s. f.* Ouvrage, travail.

L'*oura* vet Var de Gi va tota de travar.

(L'ouvrage à Rive-de-Gier va tout de travers.)

Roquille, *Ballon d'essai,* p. 5.

Si j'étais que de toi, j'écrirais en satire ;
L'*ouvre* ne manque pas, et ton vers franc et net
A chacun dirait prou son article et son fait.

Embell. de Lyon, 2ᵉ part., p. 4.

Par quand l'*œura* vindra, j'apretou mon metzie.

(J'apprête mon métier pour le jour où l'ouvrage viendra.)

Chans. de Philippon, 1853, p. 72.

Incouère ne rien dzère, ou san que gnia plus d'*aora.*

(Encore il ne faut rien dire, ou sans quoi il n'y a plus d'ouvrage.)

Savel, *Mariage de Jean.* p. 4.

9 782329 607252